南开现代项目管理系列教材

国际项目管理协会主席主编并亲自编写多部著作
亚洲最优秀项目管理教育团队倾力奉献

南开现代项目管理系列教材

项目管理法律法规及国际惯例

（第 3 版）

何红锋　赵军　著

南开大学出版社

天　津

图书在版编目(CIP)数据

项目管理法律法规及国际惯例 / 何红锋，赵军著.
—3 版. —天津：南开大学出版社，2013.6（2020.1重印）
（南开现代项目管理系列教材）
ISBN 978-7-310-04171-8

Ⅰ.①项… Ⅱ.①何… ②赵… Ⅲ.①项目管理－法
律－中国－高等学校－教材②项目管理－国际惯例－高
等学校－教材 Ⅳ.①D922.297②F224.5

中国版本图书馆 CIP 数据核字(2013)第 082016 号

南开大学出版社出版发行
出版人：陈敬
地址：天津市南开区卫津路 94 号 邮政编码：300071
营销部电话：(022)23508339 23500755
营销部传真：(022)23508542 邮购部电话：(022)23502200
＊
天津泰宇印务有限公司印刷
全国各地新华书店经销
＊
2013 年 6 月第 3 版 2020 年 1 月第 15 次印刷
230×170 毫米 16 开本 18.5 印张 2 插页 317 千字
定价：35.00 元

如遇图书印装质量问题，请与本社营销部联系调换，电话：(022)23507125

《南开现代项目管理系列教材》编委会名单

总　主　编：戚安邦

编委会成员：于仲鸣　　李金海　　何红锋

程莉莉　　焦媛媛　　杨　坤

杜倩颖

总　策　划：胡晓清

总　序

随着全世界的经济逐步向知识经济迈进,创造和运用知识开展创新活动成了全社会人们创造财富和福利的主要手段。由于任何企业或个人的创新活动都具有一次性、独特性和不确定性等现代项目的特性,因此人们的各种创新活动都需要按照项目的模式去完成。任何项目都需要使用现代项目管理的方法去进行有效的管理和控制,因此现代项目管理成了近年来管理学科发展最快的领域之一。近年来甚至有人提出现代管理科学可以分成两大领域,其一是对于周而复始的日常运营的管理(Routine Management),其二是对于一次性和独特性任务的项目管理(Project Management)。因为实际上人类社会的生产活动就有这两种基本模式,而且至今人类创造的任何成就和物质与文明财富都始于项目,都是先有项目后有日常运营。只是过去人们从事项目的时间很短而从事日常运营的时间很长,然而在信息社会和知识经济中人们从事项目的时间变长,所以现代项目管理就获得了长足的发展。

现代项目管理实际上始于 20 世纪 80 年代,最重要的标志是 1984 年以美洲为主的项目管理协会(PMI)推出了现代项目管理知识体系(PMBOK)的草案,随后在 1996 年他们推出了 PMBOK 的正式版本,国际标准化组织于 1997 年推出了相应的 ISO10006 标准。最近十年是现代项目管理发展最快的时期,这主要表现在两个方面。其一是现代项目管理的学术发展十分迅速,不断形成了自己独立的学科,而且学科知识体系建设得到飞速发展,全球数百家大学已经设立了相关系科或研究院所。20 世纪 80 年代以来,管理学界许多新的学术领域的发展都是与现代项目管理有关的,"虚拟组织"、"学习型组织"、"项目导向型组织与社会"都属于此列。其二是现代项目管理的协会和资质认证大发展,全球不但有以美洲为主的项目管理协会(PMI),还有以欧洲为主的国际项目管理协会(IPMA),各国的项目管理协会也相继成立。他们一方面不断组织自己的会员开展现代项目管理的研究,而且分别推出了自己的项目管理知识体系。另一方面,他们在现代项目管理职业教育方面推出了大量的课程和资质认证,这方面既有 PMI 的项目管理专业人员资质认证(PMP),也有 IPMA 的国际项目管理人员资质认证(IPMP)。这些对于推动现代项目管理的发展起到了巨大的作用,从而使得现代项目管理成了近年来发展最快的管理学科专业领域之一。

我国的现代项目管理学科发展最早始于 20 世纪最后几年,国内最早的现代项目管理译著应该是由南开大学张金成教授于 1999 年翻译出版的《成功的项目管理》。随后 PMI 和国家外专局的培训中心以及南开大学商学院于 1999 年夏天共同在南开大学举办了国内首次引进 PMI 现代项目管理知识体系（PMBOK）和项目管理专业认证（PMP）的新闻发布会。紧接着在 2001 年春节南开大学戚安邦教授等受国家外专局委托主持了在中央电视台播出的"现代项目管理"讲座，并且以 PMBOK 的 1996 年版为蓝本出版了国内最早的《现代项目管理》一书，该书成为国内 PMP 认证的指定教材。接下来 IPMA 也在中国开展他们的 IPMP 认证和推广工作，而且随着这些推广工作的开展，国内现代项目管理教育和培训的热潮空前高涨和迅猛发展。到了 2004 年国务院学位办和国家教育部全面认识到了中国信息社会与知识经济发展的需要，从而在充分论证的基础上专门开设了（现代）项目管理工程硕士的专业学位教育，并且当年首次就授权 72 家高校开办这一专业硕士学位的教育，到 2005 年经国务院学位办和教育部批准的项目管理工程硕士教育主办单位就已经超过了 MBA 专业学位教育经过 15 年批准的主办单位的总数。现代项目管理教育的这种快速发展充分说明，在当今信息社会和知识经济中现代项目管理是最为重要和发展最为迅速的管理学专业领域之一。

　　南开大学是国内最早开展现代项目管理研究和教育的著名高校之一，由此而形成了一个非常强大的研究创新群体和现代项目管理师资队伍。他们不但完成了许多国家和企业委托的科学研究和应用研究的课题，而且由南开大学出版社组织出版了一系列的现代项目管理专著、译著和教科书。最早他们于 2001 年就出版了《21 世纪工程造价管理前沿丛书》一套 8 本专著；2003 年他们出版的《项目管理学》（戚安邦主编）获得了"天津市社科成果奖"并且是天津市精品课教材（也是天津市 2005 年推荐申报国家精品课的教材）；2004 年他们又出版了《南开·现代卓越项目管理普及丛书》一套 4 本；2005 年他们出版了《南开现代项目管理译丛》一套 6 本，全面介绍了国际上最新的现代项目管理研究成果，为此国际项目管理协会前主席，现任《国际项目管理杂志》（*International Journal of Project Management*）主编的 J. R. Turner 教授还专门为他们作了英文序言。本次出版的《南开现代项目管理系列教材》已经是我们第四次出版现代项目管理的系列丛书了，由此可见南开大学和南开大学出版社在现代项目管理的研究和出版事务中具有深厚的积累和很强的实力。因此我们对于本套系列教材的质量和成功都信心十足，因为这是我们多年在现代项目管理领域的研究和教学的积累成果的体现。

　　本套《南开现代项目管理系列教材》主要是面向现代项目管理工程硕士和现代项目管理本科专业以及现代项目管理高自考本科段教学的，所以它包括三个层面的教材。第一个层面的是现代项目管理的基础课教材，如《项目管理学》、《项目评估学》、《项目设计与计划》、《项目仿真模拟》和《项目管理法律法规及国际惯例》等。第二个层面的是现代项目管理的专业基础课教材，如《项目成本管理》、《项目时间管理》、《项目质量管理》、《项目采购管理》、《项目风险管理》和《项目沟通管理》等。第三个层面的是现代项目管理的专业课教材，如《建设项目管理》、《IT 项目管理》、《研发项目管理》和《金融项目管理》等。本套现代项目管理教材的知识体系框架是按照 PMI 最新发布的 PMBOK2004 版组织的，所以本系列教材是与国际上现代项目管理的最新发展同步的。另外，本系列教材的最大特色是整个系列教材中的基础课和专业基础课都是面向一般项目管理的，即都是针对各种一次性和独特性任务的现代项目管理的，而不是传统以工程项目管理为核心内容的，所以本系列教材具有很强的普遍适用性。

　　当然，由于编者自身的水平所限和编写时间紧迫，所以本套系列教材难免会存在某些不足之处。我们真诚地希望广大读者和使用本系列教材的教师与学生，能够诚恳地指出我们的不足和失误之处。我们会在随后的出版工作中予以纠正，因为本系列教材将不断修订和推出最新的版本，以供广大的现代项目管理工作者使用。我们认为，现代项目管理的学科建设和教育发展是我们中华民族在走向信息社会和知识经济中必须倚重的一个专门的学问，开拓和发展现代项目管理事业既是我们大家的神圣职责，也是为我们伟大祖国贡献聪明才智的最好机遇。因为这是一个我国未来十分需要，而现在又相对较新和发展迅速的领域。我们希望能够与本领域的所有人共同合作，去做好这一份伟大的事业。

　　　　　　　　　　　　　　　　　　　　　　《南开现代项目管理系列教材》编委会

目录

1

第一章 概述

【本章导读】本章介绍了法的基本知识、项目管理法律法规的概念和调整对象、项目管理中的基本法律制度,使读者对我国法律体系和项目管理法律关系有一个基本的认识。

第一节 法的基本知识

一、法的概念

关于法的概念和本质,在法学研究史上曾有过多种不同的观点。如古罗马的法学家赛尔苏斯认为法是"善良公正之术",英国法学家边沁认为法是"主权者的命令"等。马克思主义法学家则认为,法是由一定的国家机关制定或认可,并由国家强制力保障实施的行为规则的总和。对法的这一界定被我国法学界普遍接受。

广义的"法律"一词是与"法"通用的。但狭义的"法律"则仅仅是指有立法权的国家机构颁布的规范性文件,在这种情况下,它与"法"的概念存在着以下的区别:(1)法律是具体的行为规范,而法是抽象的概念;(2)法律的范围较小,如国务院颁布的条例是法的表现形式,但不是此含义下的法律。

二、法律规范
(一)法律规范的概念

法律规范是统治阶级按照自己的意志,由国家机关制定或认可,并由国家强制力保障实施的具体行为规范。"法律规范"这一概念与"法"的区别在于法是由一定的国家机关制定或认可,并由国家强制力保障实施的行为规则的总和,而法律规范则强调的是行为规则中的某一个方面的具体的规则。

当然,法律规范作为法的基本构成单位,更多地是与法的相同与联系。

(二)法律规范的结构

法律规范在逻辑上是由假定、处理、制裁三部分构成的。

1.假定

假定是指在法律规范中,确定适用该规范的条件和环境的部分。它指明了法律规范在什么时间、地点或者条件下可以适用。例如,《建筑法》第20条规定:"建筑工程实行公开招标的,发包单位应当依照法定程序和方式,发布招标公告。"这里的"建筑工程实行公开招标的"就是法律规范中的假定部分。

2.处理

处理是指行为规则的本身,是法律规范确定的允许做什么、禁止做什么、要求做什么的部分。如上述法律规范中的"发包单位应当依照法定程序和方式,发布招标公告"就是法律规范的处理部分。

3.制裁

制裁是法律规范的后果部分。它说明的是违反法律规范时,国家将给予怎样的处置。在很多情况下,法律规范的假定、处理与制裁部分不在同一个法条中。例如,《建筑法》对公开招标进行规范的法律规范,其制裁部分规定在《建筑法》第65条中。但是,只有制裁与假定、处理合在一起才能组成一个完整的法律规范。

(三)法律规范的种类

按照不同的标准,法律规范可以分成不同种类。从法律规范确定的行为规范性质角度讲,可以把法律规范分为禁止性规范、义务性规范和授权性规范三类。

1.禁止性规范

禁止性规范是指规定人们不得做出某种行为的法律规范。如果有人做了这些行为,就构成了犯罪或者违法,应当承担相应的法律责任。

2.义务性规范

义务性规范是指人们必须做出某种行为的法律规范。在具备一定条件后,这些行为是义务人必须做出的行为,否则也应承担相应的法律责任。

3.授权性规范

授权性规范是指规定人们有权做出某种行为的规范。它既不禁止人们做出这种行为,也不要求人们必须做出这种行为,而是赋予了一个全面,做与不做都不违反法律,一切由当事人自己决定。这种规范的目的只是为了防止他人干涉当事人的行为自由。

三、我国法的形式

法的形式是指法的存在和表现形式,即国家制定和认可的法律规范的各种表现形式,也被称为法的渊源。

(一)宪法

宪法是我国的最高法律形式,是国家的根本大法。它所规定的是关于国家生活中最根本的问题。宪法具有最高的法律效力,是一般法律的立法基础。宪法的制定和修改只能由全国人民代表大会进行,且须全国人民代表大会以全体代表的三分之二以上的多数通过。

(二)法律

法律的制定机关是全国人民代表大会及其常务委员会。全国人大可以制定和修改刑事、民事、国家机构和其他的基本法律。全国人大常委会可以制定除应由全国人大制定的法律以外的其他法律。

(三)行政法规

行政法规是由国务院制定,是次于宪法和法律的一种法律形式。国务院是国家最高权力机关的执行机关,有权根据宪法和法律,规定行政措施,制定行政法规。它所发布的决议和命令,对在全国范围内贯彻执行宪法和法律,完成国家的组织和管理活动,具有重要的作用。

(四)部门规章

国务院所属机构,包括各部、各委员会制定的规范性的文件,也是我国法律形式之一,但这些规范性的文件只能在制定和颁布的部、委管辖的业务范围内产生法律效力。

(五)地方法规

在不同宪法、法律、行政法规相抵触的前提下,省、自治区、直辖市及有立法权的城市的人大及其常委会,可以制定并发布地方性法规。这些规范性文件也是我国法的形式之一。

(六)地方政府规章

地方政府规章是省、自治区、直辖市以及省会(自治区首府)城市和经国务院批准较大城市的人民政府,根据法律和国务院的行政法规,制定并颁布规范性文件。地方政府规章也是我国法的形式之一。

(七)国际条约

我国与各国签订的国际条约也是我国的法律形式之一。国际条约是指国家之间就相互交往中的权利与义务关系,所达成的各种书面形式的协议。我国同外国签订的条约生效后,对国内的社会组织、公民也具有普遍约束力,因此也是我国法的形式之一。

第二节　项目管理法律法规的概念和调整对象

一、项目管理法律法规的概念

项目管理法律法规是指在调整项目管理过程中形成的社会关系的法律规范的总称。项目管理是一种重要的管理活动,在管理过程中,会形成多种社会关系。在这些社会关系中,有些不受法律法规的调整。如:项目经理与员工之间的单纯同事关系或者单纯感情激励,它受道德规范的约束,不受法律规范的约束;项目管理部的内部奖惩关系,受单位规制的约束,不受法律规范的约束。但是,项目管理中大量的社会关系要受法律法规的规范和约束,这些社会关系一旦受法律法规的规范和约束,即构成法律关系。

因此,项目管理法律法规的调整对象就是项目管理中的法律关系。项目管理中的法律关系主要包括以下三个方面:第一,在项目管理关系建立之初即受法律法规的规范,如设立公司,公司的股东与董事会的关系与职权要受《公司法》的规范;第二,在项目管理过程中产生的一些社会关系也需要受法律法规的规范,最典型的是订立合同,合同一旦订立,即形成合同关系;第三,有些项目管理的具体活动,法律法规并不进行规范,但这些管理活动仍然不能超越法律法规的范围,一旦超越,也会形成法律关系,如项目管理部的内部奖惩关系一般不受法律规范,但奖惩一旦超越法律法规许可的范围,仍会形成法律关系,如体罚员工,则构成侵权,被体罚的员工有权寻求法律救济,这样就构成了法律关系。

二、项目管理法律关系的概念和特征

(一)项目管理法律关系的概念

项目管理法律关系是项目管理中一定的社会关系在相应的法律规范的调整下形成的权利义务关系。项目管理法律关系的实质是法律关系主体之间存在特定的权利义务关系。

(二)项目管理法律关系的特征

综合性是项目管理法律关系的主要特征。规范项目管理的法律规范具有多样性,因此产生的法律关系也是复杂的,具有明显的综合性。项目管理法律关系既包括民事法律关系,也包括行政和刑事法律关系。在进行项目管理时,要接受行政管理部门的监督,如质量监督行政管理部门要对产品质量进行监督,这样就要产生行政法律关系,这种法律关系是以行政主管部门行使国家行政管理权力、有关民事主体对指令的服从为特征的。民事法律关系则是项目管理中最主要的法律关系。平等的项目管理主体在管理活动中会产生大量的民事法律关系,如建设单位和承包单位通过订立合同产生工程承包合同关系,建设单位与建设材料和设备的供应商通过订立合同产生买卖合同关系等。在项目管理活动中如果触犯了刑律,还会产生刑事法律关系。

三、项目管理法律关系的构成要素

项目管理法律关系是由项目管理法律关系主体、项目管理法律关系客体和项目管理法律关系内容三要素构成的。

(一)项目管理法律关系主体

项目管理法律关系主体,是指参加或者涉及项目管理活动,受有关法律法规规范和调整,享有相应权利、承担相应义务的当事人。项目管理法律关系主体包括国家机关、社会组织、公民个人。

1.国家机关

能够成为项目管理法律关系主体的国家机关,包括国家权力机关和行政机关。国家机关一般是由于对项目管理活动进行监督而成为项目管理法律关系主体的。对项目管理进行监督的主要是行政机关。

2.社会组织

项目管理主要是由社会组织完成的,因而社会组织是最广泛、最主要的项目管理法律关系主体。社会组织包括法人和非法人组织。

3.公民个人

项目管理活动离不开公民个人的行为,公民个人也会成为项目管理法律关系的主体,接受法律规范。

(二)项目管理法律关系的客体

项目管理法律关系客体,是指参与项目管理法律关系的主体享有的权利和承担的义务所共同指向的对象。项目管理法律关系的客体主要包括物、行为、智力成果。

1.物

法律意义上的物是指可为人们控制、并具有经济价值的生产资料和消费资料。如材料、设备、建筑物等都可能成为项目管理法律关系的客体。

2.行为

法律意义上的行为是指人的有意识的活动。在项目管理法律关系中,行为多表现为完成一定的工作,如勘察设计、施工安装等,这些行为都可以成为项目管理法律关系的客体。

3.智力成果

智力成果是通过人的智力活动所创造出的精神成果,包括知识产权、技术秘密及在特定情况下的公知技术。如专利权、工程设计等,都有可能成为项目管理法律关系的客体。

(三)项目管理法律关系的内容

项目管理法律关系的内容是指项目管理中的权利和义务。建设法律关系的内容是项目管理中的具体要求,决定了项目管理法律关系的性质,它是连接主体的纽带。

四、项目管理法律事实

(一)项目管理法律事实的概念

项目管理法律关系并不是由项目管理法律规范本身产生的,项目管理法律关系只有在具有一定的情况和条件下才能产生、变更和消灭。能够引起项目管理法律关系产生、变更和消灭的客观现象和事实,就是项目管理法律事实。项目管理法律事实包括行为和事件。

(二)行为

行为是指法律关系主体有意识的活动,是能够引起法律关系发生变更和消灭行为,它包括作为和不作为两种表现形式。

行为还可分为合法行为和违法行为。凡符合国家法律规定或为国家法律所认可的行为是合法行为,如:在项目管理活动中,当事人订立合法有效的合同,会产生项目管理合同关系;项目管理行政管理部门依法对项目管理活动进行的管理活动,会产生项目管理行政管理关系。凡违反国家法律规定的行为是违法行为,如:项目管理合同当事人违约,会导致项目管理合同关系的变更或者消灭。

此外,行政行为和发生法律效力的法院判决、裁定以及仲裁机关发生法律效力的裁决等,也是一种法律事实,也能引起法律关系的发生、变更、消灭。

(三)事件

事件是指不以项目管理法律关系主体的主观意志为转移而发生的,能够引起项目管理法律关系产生、变更、消灭的客观现象。这些客观事件的出现与否,是当事人无法预见和控制的。

事件可分为自然事件和社会事件两种。自然事件是指由于自然现象所引起的客观事实,如地震、台风等。社会事件是指由于社会上发生了不以个人意志为转移的、难以预料的重大事件所形成的客观事实,如战争、罢工、禁运等。无论自然事件还是社会事件,它们的发生都能引起一定的法律后果,即导致项目管理法律关系的产生或者迫使已经存在的项目管理法律关系发生变化。

第三节　项目管理中的基本法律制度

一、法人制度

项目管理中,法人是最普遍的一类主体,从事项目管理活动必须对法人制度有所了解。

(一)法人的概念

法人是具有民事权利能力和民事行为能力,依法独立享有民事权利和承担民事义务的组织。法人是与自然人相对应的概念,是法律赋予社会组织具有人格的一项制度。这一制度为保障社会组织的权利、便于社会组织独立承担责任提供了基础。

(二)法人应当具备的条件

1. 依法成立

法人不能自然产生,它的产生必须经过法定的程序。法人的设立目的和方式必须符合法律的规定,设立法人必须经过政府主管机关的批准或者核准登记。

2. 有必要的财产或者经费

有必要的财产或者经费是法人进行民事活动的物质基础,它要求法人的财产或者经费必须与法人的经营范围或者设立目的相适应,否则不能被批准设立或者核准登记。

3. 有自己的名称、组织机构和场所

法人的名称是法人相互区别的标志和法人进行活动时使用的代号。法人的组织机构是指对内管理法人事务、对外代表法人进行民事活动的机构。法人的场所则是法人进行业务活动的所在地,也是确定法律管辖的依据。

4. 能够独立承担民事责任

法人必须能够以自己的财产或者经费承担在民事活动中的债务,在民事活动中给其他主体造成损失时能够承担赔偿责任。

二、代理制度

在项目管理中,许多具体的行为都是通过代理完成的。如:在项目管理中,施工企业的法定代表人不可能具体管理所有的工程施工,项目经理(建造师)就是其在具体项目上的全权代理人。因此,我们也有必要介绍一下代理制度。

(一)代理的概念和特征

代理是代理人在代理权限内,以被代理人的名义实施的、其民事责任由被代理人承担的法律行为。代理具有以下特征。

1. 代理人必须在代理权限范围内实施代理行为

无论代理权的产生是基于何种法律事实,代理人都不得擅自变更或扩大代理权限,代理人超越代理权限的行为属于无权代理,被代理人对此一般不承担责任。在代理关系中,委托代理中的代理人应根据被代理人的授权范围进行代理,法定代理和指定代理中的代理人也应在法律规定或指定的权限范围内实施代理行为。

2. 代理人以被代理人的名义实施代理行为

代理人只有以被代理人的名义实施代理行为,才能为被代理人取得权利和设定义务。如果代理人是以自己的名义为法律行为,这种行为是代理人自己的行为而非代理行为。这种行为所设定的权利与义务只能由代理人自己承受。

3. 代理人在被代理人的授权范围内独立地表现自己的意志

在被代理人的授权范围内,代理人以自己的意志去积极地为实现被代理人的利益和意愿进行具有法律意义的活动。它具体表现为代理人有权自行解决他如何向第三人作出意思表示,或者是否接受第三人的意思表示。

4. 被代理人对代理行为承担民事责任

代理是代理人以被代理人的名义实施的法律行为,所以在代理关系中所设定的权利义务,当然应当直接归属被代理人享受和承担。被代理人对代理人的代理行为承担,既包括对代理人在执行代理任务的合法行为承担民事责任,也包括对代理人不当代理行为承担民事责任。

(二)代理的种类

以代理权产生的依据不同,可将代理分为委托代理、法定代理和指定代理。

1. 委托代理

委托代理,是基于被代理人对代理人的委托授权行为而产生的代理。委托代理关系的产生,需要代理人与被代理人存在基础法律关系,如委托合同关系、合伙合同关系、工作隶属关系等,但只有在被代理人对代理人进行授权后,这种委托代理关系才真正建立。

在委托代理中,被代理人作出的授权行为属于单方的法律行为,仅凭被代理人一方的意思表示,即可以发生授权的法律效力。被代理人有权随时撤销其授权委托。代理人也有权随时辞去所受委托。但代理人辞去委托时,不能给被代理人和善意第三人造成损失,否则应负赔偿责任。

2. 法定代理

法定代理是指根据法律的直接规定而产生的代理。法定代理主要是为维护无行为能力或限制行为能力人的利益而设立的代理方式。

3. 指定代理

指定代理,是根据人民法院和有关单位的指定而产生的代理。指定代理只在没有委托代理人和法定代理人的情况下适用。在指定代理中,被指定的人称为指定代理人,依法被指定为代理人的,如无特殊原因不得拒绝担任代理人。

(三)无权代理

无权代理是指行为人没有代理权而以他人名义进行民事活动。无权代理包括以下几种情况:

(1)没有代理权而为代理行为;

(2)超越代理权限为代理行为;

(3)代理权终止为代理行为。

对于无权代理行为,"被代理人"当然可以不承担法律责任。《民法通则》规定,无权代理行为"只有经过被代理人的追认,被代理人才承担民事责任。未经追认的行为,由行为人承担民事责任",但"本人知道他人以自己的名义实施民事行为而不作否认表示的,视为同意"。

(四)代理关系的终止

1. 委托代理关系的终止

委托代理关系可因下列原因终止:

(1)代理期届满或者代理事项完成;

(2)被代理人取消委托或代理人辞去委托;

(3)代理人死亡或代理人丧失民事行为能力;

(4)作为被代理人或者代理人的法人终止。

2. 指定代理或法定代理关系的终止

指定代理或法定代理可因下列原因终止:

(1)被代理人取得或者恢复民事行为能力;

(2)被代理人或代理人死亡；

(3)指定代理的人民法院或指定单位撤销指定；

(4)监护关系消灭。

三、物权和债权

物权与债权是两项基本民事权利，也是大多数经济活动的基础和目的。工程建设也一样，在工程建设中涉及的许多权利都是源于物权和债权。

(一)物权

1.物权的概念

物权是指权利人依法对特定的物享有直接支配和排他的权利，包括所有权、用益物权和担保物权。所有权是权利人对自己的不动产或者动产，依法享有占有、使用、收益和处分的权利。所有权是一种最全面、最充分的物权。用益物权是权利人对他人所有的不动产或者动产，依法享有占有、使用和收益的权利。担保物权是权利人在债务人不履行到期债务或者发生当事人约定的实现担保物权的情形，依法享有就担保财产优先受偿的权利。

2.财产所有权的权能

财产所有权的权能，是指所有人对其所有的财产依法享有的权利，包括占有权、使用权、收益权、处分权。

(1)占有权。占有权是指对财产实际掌握、控制的权能。占有权是行使物的使用权的前提条件，是所有人行使财产所有权的一种方式。占有权可以根据所有人的意志和利益分离出去，由非所有人享有。如，根据货物运输合同，承运人对托运人的财产享有占有权。

(2)使用权。使用权是指对财产的实际利用和运用的权能。通过对财产实际利用和运用满足所有人的需要，是实现财产使用价值的基本渠道。使用权是所有人所享有的一项独立权能，所有人可以在法律规定的范围内，依自己的意志使用其所有物。

(3)收益权。收益权是指收取由原物产生出来的新增经济价值的权能。原物新增的经济价值包括由原物直接派生出来的果实、由原物所产生出来的租金和利息、对原物直接利用而产生的利润等。收益往往是因为使用而产生的，因此收益权也往往与使用权联系在一起。但是，收益权本身是一项独立的权能，因而使用权并不能包括收益权。有时所有人并不行使对物的使用权，仍可以享有对物的收益权，而非所有人根据法律和合同的规定可以仅仅享有使用权而不享有收益权。

(4)处分权。处分权是指依法对财产进行处置，决定财产在事实上或法律上命运的权能。处分权的行使决定着物的归属。处分权是所有人的最基本的权利,它是所有权内容的核心。

3. 不动产的征收

在特殊情况下,可以将非国家所有的不动产收归国有。为了公共利益的需要,依照法律规定的权限和程序可以征收集体所有的土地和单位、个人的房屋及其他不动产。征收单位、个人的房屋及其他不动产,应当依法给予拆迁补偿,维护被征收人的合法权益;征收个人住宅的,还应当保障被征收人的居住条件。如修建城市公共道路,就可以将公民的房屋收归国有。但是,目前对什么是"公共利益"还没有具体规定,但一般理解,如果是房地产开发商开发普通的商业项目,不宜理解为"公共利益",而是开发商的商业利益。由于"公共利益"还没有具体规定,因此在实践中往往有许多争议。如2007年3月份发生在重庆市、被称为"史上最牛的钉子户"的事件,对于《物权法》生效后应当如何处理,大家有不同的理解。但总体来看,《物权法》生效后,"公共利益"的界定会趋向严格。

4. 建筑物区分所有权

业主对建筑物内的住宅、经营性用房等专有部分享有所有权,对专有部分以外的共有部分享有共有和共同管理的权利。现代我国城市居民绝大多数都是许多家共同居住在一栋建筑物(或者一个小区)中,如果产权归居民所有,则这一栋建筑物的所有权分为专有的和共有的两部分,把自己家的房门关起来以后,门内的就是专有的,自己享有完全的处置权。当然,在行使自己权利时,不能危害建筑物的安全,如不能拆除自己门内的承重墙;也不能损害其他人的合法权益,如不能不分白天黑夜砸自己家的地板影响楼下邻居的休息。这一栋建筑物必然还有公用的部分,如楼道、电梯等,甚至还包括小区的一些公用建筑物。由于这些财产无法进行分割,所以是所有这栋建筑物内的所有权人共有的,大家享有共同管理的权利,其他人不能干预业主的权利。如中央电视台"今日说法"栏目曾经报道过,某房地产开发商将楼顶出租给第三人养动物,这损害了业主的权利,构成了对业主权利的干预。

5. 用益物权

用益物权包括土地承包经营权、建设用地使用权、宅基地使用权和地役权。建设用地使用权人依法对国家所有的土地享有占有、使用和收益的权利,有权利用该土地建造建筑物、构筑物及其附属设施。建设用地使用权可以在土地的地表、地上或者地下分别设立。新设立的建设用地使用权,不得损害已设立的用益物权。设立建设用地使用权,可以采取出让或者划拨等方式。

(二)债权

1.债的概念

债是按照合同的约定或者按照法律规定,在当事人之间产生的特定的权利和义务关系。在这种法律关系中,享有权利的人是债权人,负有义务的人是债务人。债是特定当事人之间的法律关系,债权人只能向特定的人主张自己的权利,债务人也只需向享有该项权利的特定人履行义务。

2.债的产生

债的产生,是指特定当事人之间债权债务关系的产生。引起债产生的一定的法律事实,就是债产生的根据。债产生的根据有以下几个方面。

(1)合同。在当事人之间因产生了合同法律关系,也就是产生了权利义务关系,设立了债的关系。任何合同关系的设立,都会在当事人之间发生债权债务的关系。合同引起债的关系是债发生的最主要、最普遍的依据。因合同产生的债被称为合同之债。

(2)侵权。侵权,是指公民或法人没有法律依据而侵害他人的财产权利或人身权利的行为。侵权行为一经发生,即在侵权行为人和被侵权人之间形成了债的关系。因侵权行为产生的债被称为侵权之债。

(3)无因管理。无因管理,是指管理人员和服务人员没有法律上的特定义务,也没有受到他人委托,自觉为他人管理事务或提供服务。无因管理在管理人员或服务人员与受益人之间形成了债的关系。因无因管理产生的债被称为无因管理之债。

(4)不当得利。不当得利,是指没有法律上或者合同上的依据,有损于他人利益而自身取得利益的行为。由于不当得利造成他人利益的损害,因此在得利者与受害者之间形成债的关系。得利者应当将所得的不当利益返还给受损失的人。因不当得利产生的债被称为不当得利之债。

四、侵权责任

(一)侵权责任的概念

侵权责任,是指行为人实施一定的侵权行为所应当承担的民事责任。所谓侵权行为是指行为人由于侵害他人的民事权利,依法应当承担民事责任的行为,以及依照法律特别规定应当承担民事责任的其他致人损害的行为。《中华人民共和国侵权责任法》由第十一届全国人大常务委员会第十二次会议于2009年12月26日通过,自2010年7月1日起施行。

被侵权人有权请求侵权人承担侵权责任。侵权人因同一行为应当承担行政责任或者刑事责任的,不影响依法承担侵权责任。因同一行为应当承担侵权责任和行政责任、刑事责任,侵权人的财产不足以支付的,先承担侵权责任。

(二)责任构成

行为人因过错侵害他人民事权益,应当承担侵权责任。根据法律规定推定行为人有过错,行为人不能证明自己没有过错的,应当承担侵权责任。行为人损害他人民事权益,不论行为人有无过错,法律规定应当承担侵权责任的,依照其规定。

二人以上共同实施侵权行为,造成他人损害的,应当承担连带责任。二人以上实施危及他人人身、财产安全的行为,其中一人或者数人的行为造成他人损害,能够确定具体侵权人的,由侵权人承担责任;不能确定具体侵权人的,行为人承担连带责任。二人以上分别实施侵权行为造成同一损害,每个人的侵权行为都足以造成全部损害的,行为人承担连带责任。二人以上分别实施侵权行为造成同一损害,能够确定责任大小的,各自承担相应的责任;难以确定责任大小的,平均承担赔偿责任。法律规定承担连带责任的,被侵权人有权请求部分或者全部连带责任人承担责任。

(三)承担侵权责任的方式

承担侵权责任的方式主要有:(1)停止侵害;(2)排除妨碍;(3)消除危险;(4)返还财产;(5)恢复原状;(6)赔偿损失;(7)赔礼道歉;(8)消除影响、恢复名誉。以上承担侵权责任的方式,可以单独适用,也可以合并适用。

侵害他人造成人身损害的,应当赔偿医疗费、护理费、交通费等为治疗和康复支出的合理费用,以及因误工减少的收入。造成残疾的,还应当赔偿残疾生活辅助用具费和残疾赔偿金。造成死亡的,还应当赔偿丧葬费和死亡赔偿金。侵害他人财产的,财产损失按照损失发生时的市场价格或者其他方式计算。侵害他人人身权益造成财产损失的,按照被侵权人因此受到的损失赔偿;被侵权人的损失难以确定,侵权人因此获得利益的,按照其获得的利益赔偿;侵权人因此获得的利益难以确定,被侵权人和侵权人就赔偿数额协商不一致,向人民法院提起诉讼的,由人民法院根据实际情况确定赔偿数额。侵害他人人身权益,造成他人严重精神损害的,被侵权人可以请求精神损害赔偿。

因同一侵权行为造成多人死亡的,可以以相同数额确定死亡赔偿金。被侵权人死亡的,其近亲属有权请求侵权人承担侵权责任。被侵权人为单位,该单位分立、合并的,承继权利的单位有权请求侵权人承担侵权责任。

(四)建筑物件损害责任

建筑物、构筑物或者其他设施及其搁置物、悬挂物发生脱落、坠落造成他人损害,所有人、管理人或者使用人不能证明自己没有过错的,应当承担侵权责任。所有人、管理人或者使用人赔偿后,有其他责任人的,有权向其他责任人追偿。

建筑物、构筑物或者其他设施倒塌造成他人损害的,由建设单位与施工单位承担连带责任。建设单位、施工单位赔偿后,有其他责任人的,有权向其他责任人追偿。因其他责任人的原因,建筑物、构筑物或者其他设施倒塌造成他人损害的,由其他责任人承担侵权责任。

从建筑物中抛掷物品或者从建筑物上坠落的物品造成他人损害,难以确定具体侵权人的,除能够证明自己不是侵权人的外,由可能加害的建筑物使用人给予补偿。

五、诉讼时效

所有的权利保护都涉及诉讼时效,项目管理也不例外。

(一)诉讼时效的概念

诉讼时效,是指权利人在法定期间内不行使权利,法律规定消灭其胜诉权的制度。即公民或者法人在其民事权利受到侵害的时候,在诉讼时效期间内不行使权利,就丧失了请求法院依照诉讼程序强制义务人履行义务的权利。

(二)诉讼时效期间

法律另有规定的除外,诉讼时效期间为 2 年。下列的诉讼时效期为1 年:

(1)身体受到伤害要求赔偿的;

(2)出售质量不合格的商品未声明的;

(3)延付或者拒付租金的;

(4)寄存财物被丢失或者损毁的。

也有其他法律对诉讼时效有其他特殊规定的,则按照这些特殊规定执行。如《合同法》规定,因国际货物买卖合同和技术进出口合同争议提起诉讼的期限为四年。

诉讼时效期间从权利人知道或者应当知道其权利受到侵害之日起开始计算。但是,从权利被侵害之日起超过 20 年的,人民法院不予保护。

(三)诉讼时效的中止和中断

1.诉讼时效的中止

诉讼时效的中止是指在诉讼时效期间的最后 6 个月内,由于不可抗力或其他障碍,权利人不能行使请求权,诉讼时效期暂停计算,从障碍消除之日起,诉讼时效继续计算。

2.诉讼时效的中断

诉讼时效中断是指因提起诉讼、当事人一方提出要求或者同意履行义务,原来经过的时效期间统归无效,诉讼时效重新计算。诉讼时效因提起诉讼、当事人一方提出权利主张或者另一方同意履行义务而中断。

【本章小结】通过本章的学习,读者应当了解法的基本知识中的法的概念、法律规范的概念和种类以及我国法的形式,掌握项目管理法律法规的概念和调整对象,掌握项目管理中的基本法律制度,如法人制度、代理制度、所有权和债权制度、诉讼时效等,对我国法律体系和项目管理法律关系有一个基本的认识。

本章进一步阅读材料:

1. 罗伯特·考特、托马斯·尤伦著,张军等译:《法和经济学》,上海三联书店、上海人民出版社,1994 年

2. 何红锋、张连生、杨宇:《建设法规教程》,中国建筑工业出版社,2011 年

3. 何红锋编著:《工程建设相关法律实务》,人民交通出版社,2000 年

4. 葛洪义主编:《法理学教程》,中国政法大学出版社,2004 年

思考题:

1. 什么是法?

2. 什么是法律规范?

3. 什么是项目管理法律法规?

4. 什么是法人?

5. 代理的法律特征有哪些?

2

第二章　项目组织管理法律制度

【**本章导读**】本章首先介绍与项目组织管理有关的《公司法》《合伙企业法》等企业法律制度,接着进一步讨论我国相关法律中对项目主体的企业资质管理规定。

　　广义的项目组织管理,也叫做项目全团队管理,是指对于项目所涉及各个相关利益主体所构成的项目全团队的组织与管理。① 一个项目的相关利益主体是指那些参与项目或者其利益受项目成败影响的个人或组织,这些项目相关利益主体构成了一个项目全团队的成员。项目的相关利益主体包括项目业主、项目的客户/用户、项目经理、项目团队以及供应商、贷款银行、政府主管部门等其他利益主体。这些主体之间的关系既有相互一致的一面,也有相互冲突的一面。项目管理者要开展项目组织管理,一方面需要全面地识别出一个项目的相关利益主体,另一方面需要协调、处理好项目相关利益主体之间的关系。只有这样,才能使项目获得成功。要做到这一点,作为项目管理人员,就必须了解国家有关法律法规对项目利益主体及其相互关系的有关规定。

　　我国法律对项目相关利益主体及其相互关系的规制,主要体现在《民法通则》《公司法》《合伙企业法》等企业法律制度中。对于项目组织管理中涉及的民事基本法律制度中的内容,如民事法律关系的构成、法人制度以及代理制度等内容,在本书第一章已经论及,本章就不再赘述。

第一节　公司法律制度

　　公司是现代社会中典型的企业组织形态,在社会的政治、经济、文化中

---

① 戚安邦主编:《项目管理学》,南开大学出版社,2003 年 6 月,第 81 页

扮演着极其重要的角色。公司制度自产生以来,就逐渐成为推进经济发展的强大动力。美国学者巴特勒曾指出,有限责任公司是当代最伟大的发明,其产生的意义甚至超过了蒸汽机和电的发明。[①] 它引发了企业制度的一场革命,成为现代企业制度的基石。但是,纵观公司的发展史,一方面,它推动了投资的增长和资本的积累,使资合公司很快普及于工商界;另一方面,又带来了不容忽视的"公司问题"。因此,必须以法律对其进行规范,使其朝着健康的方向发展。而公司法的价值即在于此。

一、公司法和公司的概念
(一)公司法的概念

广义的公司法是指国家规定各种公司设立、组织机构、经营活动、解散以及股东权利、义务的法律规范的总称。狭义的公司法是指 1993 年 12 月 29 日通过,经 1999 年 12 月 25 日第一次修正、2004 年 8 月 28 日第二次修正,并于 2005 年 10 月 27 日修订、自 2006 年 1 月 1 日起施行的《中华人民共和国公司法》(以下简称《公司法》)。

我国的公司法主要是一种组织法,公司法首先明确规定了各种公司的法律地位和资格。我国的公司只有有限责任公司和股份有限公司两种形式,都是具有独立权利能力的企业法人。作为组织法,公司法不仅规定了公司的设立、变更、终止、公司章程、组织机构等内容,同时也调整股东之间、股东与公司之间的经营管理、利润分配等内部关系。

我国的公司法还是一种行为法。公司法对公司债券、股票发行和转让等活动做出了规定。但是随着我国《证券法》等法律的颁布实施,公司法作为行为法的属性将逐渐减弱。

(二)公司的概念和特征

从法律上讲,公司就是以营利为目的而依法设立的具有法人资格的商事组织。具体来说,公司具有三个最基本的特征。

1.公司是独立的法人

公司作为法人,必须具备两个最基本的条件,即独立的财产和独立承担民事责任。公司必须有自己独立的财产,包含以下三项内容。

(1)公司的财产均来自股东的投资。公司的股东一旦把自己的投资财产交给公司,就丧失了对该财产的所有权,而取得了股权。股东个人无任何

---

① Tony Orhnial Edited, *Limited Liability and the Corporation*, Croom Helm, London & Camberra, 1982, P. 42.

直接处置公司财产的权利。公司对自己的财产享有充分、完整的支配权。

（2）在公司存续期间，股东投资于公司的财产既然已经属于公司所有，股东就无权抽回这部分财产。公司的注册资本就是公司的自有资本。自有资本不能减少，这是资本真实原则的一个重要内容。我国《公司法》第36条规定，公司成立后，股东不得抽逃出资。只有当公司终止解散后，股东才能取得剩余的财产。

（3）公司作为一个独立的经营主体，必须要有与其经营规模相适应的财产作为它自己的财产。

独立承担民事责任是法人资格的最终体现。公司独立承担民事责任包含以下内容：（1）公司应以它的全部财产承担债务；（2）公司对它的法定代表人和代理人的经营活动，承担民事责任；（3）股东不对公司的债务直接承担责任；（4）公司既然独立地以其全部资产承担其债务，那么公司不能清偿到期债务，其资产也不足以抵偿债务时，就应依法宣告破产。

2.公司以营利为目的

营利就是获取经济上的利益。这通常表现为通过生产、经营活动获取可以用货币单位计算的收益。作为公司目的，这种收益应该是扣除成本后的增值部分，即利润。以营利为目的是公司与机关、事业单位和社会团体法人的主要区别所在。

3.公司应依法成立

公司依法成立包括三层含义：（1）公司成立应依据专门的法律，即公司法和其他有关的特别法律、行政法规；（2）公司成立应符合公司法规定的实质要件；（3）公司成立须遵循公司法规定的程序，履行规定的申请和审批登记手续。

二、有限责任公司与股份有限公司

（一）有限责任公司

1.有限责任公司的概念和特征

有限责任公司，简称有限公司，是股东以其出资为限对公司承担责任，公司以其全部资产对公司债务承担有限责任的企业法人。有限公司除具有公司的基本特征外，还具有以下法律特征。

（1）人合资合兼备

有限公司的一个特点是将合伙企业的人合性与股份公司的资合性集于一身。有限公司既要求股东共同出资，又要求股东之间有一定的信赖关系，以达到筹集资金、共同经营之目的。

（2）筹集资金的封闭性

有限公司不得向社会公开募集资本，只能在股东内部募股集资，有限公司设立时的全部资本来源于每个股东按照协议约定实际交付的资金财产总合。

（3）公司资本不等额性

有限公司的资本不必像股份公司那样划分为等额股份，有限公司股东也不必按等额股份的整倍数出资，而只需按协议出资，并按出资比例对公司享有权利、承担义务。

（4）股东人数限制性

有限公司因具有一定人合性，所以股东人数不宜过多，同时有限公司又不能丧失股权性，所以，各国公司法均对有限公司股东人数做出限制。我国《公司法》规定，有限公司股东人数为 50 人以下。股东可以是自然人，也可以是法人。

（5）股权转让严格性

有限公司股东的股权不能随意转让，股东的出资证明不能流通或质押。我国《公司法》规定，有限公司股权转让需经半数以上的股东同意。股权转让时，在时间和价格上，其他股东享有优先权。

（6）组织机构简化性

有限公司多为中小企业，其组织机构设置虽与股份公司相似，但通常较为简化。我国《公司法》规定，股东少、规模小的有限公司，可只设执行董事，不设董事会；执行董事还可兼任经理；也可不设监事会，只设 1～2 名监事。

2.有限责任公司设立条件和程序

设立有限公司具备以下条件。

（1）股东符合法定人数。我国有限公司的法定人数为 50 人以下。

（2）股东出资达到法定资本总额。我国《公司法》规定，有限责任公司注册资本的最低限额为人民币 3 万元，法律、行政法规对有限责任公司注册资本的最低限额有较高规定的，从其规定。但是，一人有限责任公司的注册资本最低限额为人民币 10 万元。

（3）有符合要求的公司章程。公司章程是公司重要的法律文件，通常由全体股东成员共同参与制定，根据《公司法》规定，公司章程应当载明：公司的名称和住所；公司经营范围；公司注册资本；股东姓名或名称；股东出资方式、出资额和出资时间；公司机构及其产生办法、职权、议事规则；公司法定代表人；股东会会议认为需要规定的其他事项。

（4）有公司名称和符合要求的组织机构。公司名称通常由地域名、字号、主导业务等形式组成。除全国性公司外,不得使用"中国"、"中华"等字样。名称最后必须标明"有限责任公司"的字样。公司的组织机构一般包括:股东会、董事会、监事会。有限公司的组织机构可以依法简化。

(5)有固定的生产经营场所和必要的生产经营条件。公司从事生产经营活动,必须以必要的物质条件和人力条件为基础,除资金以外,还必须有一个以上的固定经营场所和与经营范围相适应的物质与技术条件。

有限公司按以下程序设立。

(1)发起人发起。发起人是设立公司的倡导人,负责公司的筹建工作。发起人在公司未成立前,应对他人承担无限连带责任。

(2)草拟章程。起草公司章程是公司设立中的重要事项,必须按照法律规定进行。公司章程须经全体股东成员同意并签名盖章,公司章程对公司、股东、董事、监事、高级管理人员具有约束力。

(3)必要的行政审批。我国《公司法》规定:法律、行政法规规定设立公司必须报经批准的,应当在公司登记前依法办理批准手续。如设立经营证券业务的有限公司,须报经国务院证券监督管理机构批准。

(4)缴纳出资。股东可以用货币出资,也可以用实物、知识产权、土地使用权等可以用货币估价并依法转让的非货币财产作价出资。以非货币财产出资的,应当依法办理其财产权的转移手续。股东不按照规定缴纳出资的,除应当向公司足额缴纳外,还应当向已按期足额缴纳出资的股东承担违约责任。

(5)验资。出资人全部缴纳出资后,须经法定验资机构对出资逐项验证,并根据验资的结果出具验资证明。之后,任何出资人不得撤回出资。

(6)申请设立登记,发起人或其代表人向当地公司登记机关提交公司登记申请书、公司章程、验资证明等文件申请设立登记。

(7)登记发照。公司登记机关对公司设立申请进行审查,对符合公司设立条件的,予以登记,发给公司营业执照。签发公司营业执照之日,为有限公司成立之日,从此可以公司的名义开始经营活动。

3.有限责任公司的组织机构

(1)权力机构

有限公司的权力机构是股东会。股东会由全体股东组成,是非常设性机构。股东会对外不代表公司,对内也不管理业务。一人有限责任公司不设股东会。

股东会的职权是:决定公司的经营方针和投资计划;选择和更换非由职工代表担任的董事、监事,决定有关董事、监事的报酬事项;审议批准董事会报告;审议批准监事会或者监事的报告;审议批准公司的年度财务预算方案、决算方案；审议批准公司的利润分配方案和弥补亏损方案；对公司增加或者减少注册资本作出决议；对发行公司债券作出决议；对公司合并、分立、变更公司形式、解散和清算等事项作出决议；修改公司章程。

股东会行使职权主要采用决议的形式，股东以其出资比例行使表决权。股东会会议作出修改公司章程、增加或者减少注册资本的决议，以及公司合并、分立、解散或者变更公司形式的决议，必须经代表 2/3 以上表决权的股东通过。

（2）执行机构

有限公司的执行机构是董事会。董事会是由股东选举产生的常设机构。董事会对外代表公司，对内执行公司业务。

董事会的职权是：负责召集股东会，并向股东会报告工作；执行股东会的决议；决定公司的经营计划和投资方案；制定公司年度财务预算方案和决算方案；制定公司利润分配方案和弥补亏损方案；制定公司增加或者减少注册资本以及发行公司债券的方案；制定公司合并、分立、变更公司形式、解散的方案；决定公司内部管理机构的设置；决定聘任或解聘公司经理及其报酬事项，并根据经理的提名，决定聘任或解聘公司副经理、财务负责人及其报酬事项；制定公司的基本管理制度。

股东人数较少或规模较小的公司可不设董事会，仅设一名执行董事。执行董事的职权依照董事会的职权，由公司章程规定。

（3）监督机构

有限公司的监督机构是监事会。监事会是对董事会执行业务进行监督的机构。监事会在执行公务中，必要时对外可以代表公司。股东人数较少或规模较小的公司可不设监事会，仅设 1～2 名监事。本公司的董事、高级管理人员不得兼任监事。

监事会的职权是：检查公司财务；对董事、高级管理人员执行公司职务的行为进行监督，对违反法律、行政法规、公司章程或者股东会决议的董事、高级管理人员提出罢免的建议；当董事、高级管理人员的行为损害公司利益时，要求董事、高级管理人员予以纠正；提议召开临时股东会，在董事会不履行本法规定的召集和主持股东会会议职责时召集和主持股东会会议；向股东会会议提出提案；依法对董事、高级管理人员提起诉讼；公司章程规定的其他职权。

（二）股份有限公司

1. 股份有限公司的概念和特征

股份有限公司是依据公司法设立的，其注册资本由等额股份组成，通过发行股票募集资本,股东以其所持股份为限对公司承担责任,公司以其全部资产对公司债务承担责任的企业法人。股份有限公司又称股份公司,它与有限责任公司比较,有如下特征。

(1)全部股份等额。股份公司股份等额划分,以股票形式由股东持有。这是股份公司与有限责任公司的重要区别。

(2)公开募集资本。股份公司可以向社会公开发行股票来获得公司所需资本。

(3)股份自由转让。股份公司对股东转让公司股份,一般不加条件限制,法律上除记名股票和特定股东转让有所限制外,对无记名股票和继承性转让,均不加以限制。

(4)资合性公司。与有限责任公司不同,股份公司是典型的资合公司,公司股东的构成不以相互信赖为基础。公司与股东个人的名誉、地位、资产等无关,股东也不得以个人信用和劳务出资。

(5)信息公开。股份公司须定期向社会或股东披露有关信息,如公司经营状况、投资方案、资产负债情况等。

(6)设立条件严格、程序复杂。

2.股份有限公司的设立条件和程序

(1)设立条件

设立股份有限公司,应当具备下列条件。

①发起人符合法定人数。设立股份有限公司,应当有 2 人以上 200 人以下为发起人,其中须有半数以上的发起人在中国境内有住所。

②发起人认购和募集的股本达到法定资本最低限额。股份有限公司采取发起设立方式设立的,注册资本为在公司登记机关登记的全体发起人认购的股本总额。股份有限公司采取募集方式设立的,注册资本为在公司登记机关登记的实收股本总额。股份有限公司注册资本的最低限额为人民币 500 万元。法律、行政法规对股份有限公司注册资本的最低限额有较高规定的,从其规定。

③股份发行、筹办事项符合法律规定。

④发起人制定公司章程,采用募集方式设立的经创立大会通过。股份有限公司章程应当载明下列事项:公司名称和住所;公司经营范围;公司设立方式;公司股份总数、每股金额和注册资本;发起人的姓名或者名称、认购的股份数、出资方式和出资时间;董事会的组成、职权和议事规则;公司法定代表人;监事会的组成、职权和议事规则;公司利润分配办法;公司的解散事由与清算办法;公司的通知和公告办法;股东大会会议认为需要规定的其他

事项。

⑤有公司名称,建立符合股份有限公司要求的组织机构。

⑥有公司住所。

(2)设立程序

股份有限公司的设立,可以采取发起设立或者募集设立的方式。发起设立,是指由发起人认购公司应发行的全部股份而设立公司。募集设立,是指由发起人认购公司应发行股份的一部分,其余股份向社会公开募集或者向特定对象募集而设立公司。

1)发起设立的程序

以发起方式设立股份有限公司的主要程序有以下几点。

①签订发起人协议。股份有限公司发起人承担公司筹办事务。发起人应当签订发起人协议,明确各自在公司设立过程中的权利和义务。

②发起人订立公司章程。公司章程必须全体发起人一致同意并由全体发起人在公司章程上签名盖章。公司章程必须载明公司法要求载明的事项。

③发起人认购公司股份。公司全体发起人的首次出资额不得低于注册资本的20%,其余部分由发起人自公司成立之日起2年内缴足;其中,投资公司可以在5年内缴足,在缴足前,不得向他人募集股份。

④建立公司组织机构。发起人首次缴纳认购的股款、履行出资义务后,应当选举产生董事会、监事会,建立公司组织机构。

⑤办理设立登记。经公司登记机关登记,取得公司营业执照,股份有限公司即告成立。

2)募集设立的程序

以募集方式设立股份有限公司的主要程序有以下几点。

①发起人认购股份。发起人在获得政府主管机关的批准以后,应当认购公司应发行的股份。在募集设立的情况下,发起人认购的股份不得少于公司股份总数的35%。发起人只有在缴足所认购的出资以后,才能够向社会公开募集股份。

②制作招股说明书。招股说明书是发起人对非特定人表示募股意图并披露有关事实的书面陈述,是申请募股的必备文件。招股说明书只有经过国务院证券管理部门批准,才能予以公告。招股说明书应当附有发起人制定的公司章程,并载明下列事项:发起人认购的股份数;每股的票面金额和发行价格;无记名股票的发行总数;募集资金的用途;认股人的权利、义务;本次募股的起止期限及逾期未募足时认股人可以撤回所认股份的说明。

③签订承销协议和代收股款协议。发起人向社会公开募集股份,应当由依法设立的证券公司承销,签订承销协议,并且同银行签订代收股款协议。代收股款的银行应当按照协议代收和保存股款,向缴纳股款的认股人出具收款单据,并负有向有关部门出具收款证明的义务。

④公开募股。发起人获准募股后,应当公告招股说明书,并制作认股书,由认股人填写所认股数、金额、住所,并签名、盖章。认股人按照所认股数缴纳股款,发行股份的股款缴足后,必须经法定的验资机构验资并出具证明。发起人、认股人缴纳股款或者交付抵作股款的出资后,除未按期募足股份、发起人未按期召开创立大会或者创立大会决议不设立公司的情形外,不得抽回其股本。

⑤召开创立大会。认股人缴清股款并验资完毕后,发起人应当自股款缴足之日起 30 日内主持召开公司创立大会。创立大会由发起人、认股人组成。发行的股份超过招股说明书规定的截止期限尚未募足的,或者发行股份的股款缴足后,发起人在 30 日内未召开创立大会的,认股人可以按照所缴股款并加算银行同期存款利息,要求发起人返还。发起人应当在创立大会召开 15 日前将会议日期通知各认股人或者予以公告。创立大会应有代表股份总数过半数的发起人、认股人出席,方可举行。创立大会行使下列职权:审议发起人关于公司筹办情况的报告;通过公司章程;选举董事会成员;选举监事会成员;对公司的设立费用进行审核;对发起人用于抵作股款的财产的作价进行审核;发生不可抗力或者经营条件发生重大变化直接影响公司设立的,可以作出不设立公司的决议。创立大会对上述事项作出决议,必须经出席会议的认股人所持表决权过半数通过。

⑥申请设立登记。董事会应于创立大会结束后 30 日内,申请设立登记。公司登记机关自接到股份有限公司设立申请之日起 30 日内作出是否予以登记的决定。对符合《公司法》规定条件的,发给公司营业执照。公司以营业执照签发日期为成立日期。公司成立后,应当进行公告,并将募集股份情况报国务院证券管理部门备案。

3. 股份有限公司的组织机构

(1)权力机构

股份有限公司的权力机构是股东大会,股东大会由全体股东组成。股东大会的职权范围与有限责任公司股东会的职权范围相同。

股东大会应当每年召开一次年会,有公司法规定的特殊情形的,应当在两个月内召开临时股东大会。股东大会会议由董事会召集,董事长主持;董事长不能履行职务或者不履行职务的,由副董事长主持;副董事长不能履行职务或者不履行职务的,由半数以上董事共同推举一名董事主持。董事会不能履行或者不履行召集股东大会会议职责的,监事会应当及时召集和主持;监事会不召集和主持的,连续 90 日以上单独或者合计持有公司 10% 以上股份的股东可以自行召集和主持。

股东出席股东大会会议,所持每一股份有一表决权。但是,公司持有的本公司股份没有表决权。股东大会作出决议,必须经出席会议的股东所持表决权过半数通过。但是,股东大会作出修改公司章程、增加或者减少注册资本的决议,以及公司合并、分立、解散或者变更公司形式的决议,必须经出席会议的股东所持表决权的三分之二以上通过。

(2)执行机构

股份有限公司的执行机构是董事会,其成员为 5 人至 19 人。董事会是由股东选举产生的常设机构。董事会成员中可以有公司职工代表。董事会中的职工代表由公司职工通过职工代表大会、职工大会或者其他形式民主选举产生。董事会设董事长 1 人,可以设副董事长。董事长和副董事长由董事会以全体董事的过半数选举产生。公司法关于有限责任公司董事任期和董事会职权的规定,适用于股份有限公司董事会。

董事会每年度至少召开两次会议,每次会议应当于会议召开 10 日前通知全体董事和监事。代表十分之一以上表决权的股东、三分之一以上董事或者监事会,可以提议召开董事会临时会议。董事会会议应有过半数的董事出席方可举行。董事会决议的表决,实行一人一票。董事会作出决议,必须经全体董事的过半数通过。

董事应当对董事会的决议承担责任。董事会的决议违反法律、行政法规或者公司章程、股东大会决议,致使公司遭受严重损失的,参与决议的董事对公司负赔偿责任。但经证明在表决时曾表明异议并记载于会议记录的,该董事可以免除责任。

(3)监督机构

股份有限公司的监督机构是监事会,其成员不得少于 3 人。监事会应当包括股东代表和适当比例的公司职工代表,其中职工代表的比例不得低于三分之一,具体比例由公司章程规定。监事会中的职工代表由公司职工通过职工代表大会、职工大会或者其他形式民主选举产生。

监事会设主席 1 人,可以设副主席。监事会主席和副主席由全体监事过半数选举产生。监事会主席召集和主持监事会会议;监事会主席不能履行职务或者不履行职务的,由监事会副主席召集和主持监事会会议;监事会副主席不能履行职务或者不履行职务的,由半数以上监事共同推举一名监事召集和主持监事会会议。董事、高级管理人员不得兼任监事。公司法关于有限责任公司监事任期和监事会职权的规定,适用于股份有限公司监事会。

　　监事会每 6 个月至少召开一次会议。监事可以提议召开临时监事会会议。监事会的议事方式和表决程序,除公司法有规定的外,由公司章程规定。监事会决议应当经半数以上监事通过。

三、公司财务、会计

　　目前,规范公司财务、会计的法律和法规主要有《会计法》、《企业会计准则》、《企业财务通则》等。公司作为企业法人,其处理财务、会计事项也应遵守这些法律、法规。同时,由于公司的自身特点,为了切实保护股东、债权人以及社会公众的利益,我国《公司法》专设了"公司财务、会计"一章,对公司制作财务会计报告、提取公积金等公司行为作出了规范。

(一)公司财务报告

　　公司应当在每一会计年度终了时制作公司财务报告,并依法经会计师事务所审计,财务会计报告应当依照法律、行政法规和国务院财政部门的规定制作。

　　董事会组织编制公司财务报告,并以报告的真实性、准确性对公司负责。公司财务报告编成后,公司监事会对财务报告是否遗漏重大事实,会计报表与会计账簿是否相符,会计报表制作方法是否适当,是否有违反法律或违反公司章程的行为,逐一进行审核,并出具书面审核报告。董事会将公司财务报告和监事会的审核报告交股东会,股东会承认后,公司对财务报告的真实性、准确性对第三人负责。

(二)公积金

　　公积金是为了增加或稳定公司资本,每个会计年度从公司税后利润中提取的金额。公积金分为法定公积金、任意公积金和资本公积金。

　　根据我国《公司法》的有关规定,公司在分配当年利润时,应当提取利润的 10% 列入公司法定公积金。如果公司法定公积金累计额超过公司注册资本 50% 以上,可不再提取。公司的法定公积金不足以弥补以前年度亏损的,在按规定提取法定公积金之前,应当先用当年利润弥补亏损。公司从税后利润中提取法定公积金后,经股东会或者股东大会决议,还可以从税后利润中提取任意公积金。股份有限公司以超过股票票面金额的发行价格发行股份所得的溢价款以及国务院财政部门规定列入资本公积金的其他收入,应当列为公司资本公积金。

公司的公积金用于弥补公司的亏损、扩大公司生产经营或者转为增加公司资本。但是,资本公积金不得用于弥补公司的亏损。法定公积金转为资本时,所留存的该项公积金不得少于转增前公司注册资本的 25%。

四、公司合并、分立

(一)公司合并

公司合并是两个以上的公司通过吸收或者新设的方式形成一个新的实体公司。合并是公司出于某种目的而按其意愿实施的一种法律行为。合并的目的通常是为了减少竞争对手、产生规模效应或者摆脱公司资金短缺、债务沉重的困境等。

公司合并可以采取吸收合并和新设合计两种形式。吸收合并是指一个公司吸收一个或一个以上的其他公司后存续,被吸收公司解散的合并形式。新设合并是两个或两个以上的公司组成一个新公司,原合并各方解散的合并形式。公司合并虽然是一种企业行为,但也必须按照有关法律程序进行。公司合并程序包括以下几个方面。

1.订立合并协议

合并协议是合并各方就公司合并产生的权利、义务所达成的协议。合并协议一般包括:公司解散议案、公司资产清算转换、公司债务的承担、公司股东权利、雇员安排方案、合并协议生效条件等。

2.股东会决议

股东会对是否批准合并协议作出决议。股东会批准后,编制资产负债表及财务清单。

3.债务承担通知

自股东会作出合并决议 10 日内,公司应对债权人发出通知,告知合并决议主要内容、对债权人利益的影响和债权人的权利。自股东会作出合并决议 30 日内,公司应将合并协议与资产负债表在报纸上公告。公司合并时,合并各方的债权、债务应由合并后存续的公司或者新设的公司承继。

4.主管机关批准

公司合并按规定应经有关主管部门批准,要报经批准。

5.注册登记

公司合并需重新办理公司登记,吸收合并的,被吸收公司办理注销登记,存续公司办理变更登记;新设合并的,合并各方均办理注销登记,新公司办理设立登记。

(二)公司分立

公司分立是一个公司分离出一个以上的新公司,原公司并不因分立而解散,并成为新公司的唯一发起人。

公司分立主要有两种形式:一是设立全资子公司;二是设立关联公司。公司设立关联公司的,由于公司的财产减少,偿债能力减弱,影响到原公司债权人的利益,因此采用这种分立形式的,应事先征得债权人的同意。

公司分立的程序与公司合并的程序大致相同。

五、公司破产、解散与清算

(一)公司破产

公司因资不抵债,被人民法院依法宣布破产,应依据破产程序对公司破产财产进行清算,根据我国《企业破产法》的有关规定,公司破产涉及以下实体和程序规范。

1.破产界限

公司不能清偿到期债务,并且资产不足以清偿全部债务或者明显缺乏清偿能力的,可以依法申请公司破产。

2.破产申请

公司达到破产界限时,债务人和债权人均可向债务人所在地人民法院提出对债务人进行重整或者破产清算的申请。

3.债权人会议

破产案件受理后,依法申报债权的债权人为债权人会议的成员,有权参加债权人会议,享有表决权。债权人会议应当有债务人的职工和工会的代表参加,对有关事项发表意见。

4.和解协议

在破产案件中,债务人和债权人会议达成和解协议并经人民法院裁定认可,终止和解程序,并予以公告。管理人应当向债务人移交财产和营业事务,并向人民法院提交执行职务的报告。

5.破产财产偿还顺序

破产财产在优先清偿破产费用和共益债务后,依照下列顺序清偿:(1)破产人所欠职工的工资和医疗、伤残补助、抚恤费用,所欠的应当划入职工个人账户的基本养老保险、基本医疗保险费用,以及法律、行政法规规定应当支付给职工的补偿金;(2)破产人欠缴的除前项规定以外的社会保险费用和破产人所欠税款;(3)普通破产债权。

(二)公司解散

公司解散是指已经成立的公司,基于一定事由致使公司法人资格发生消灭的行为。根据《公司法》的规定,有下列情形之一的,公司可以解散:

(1)公司章程规定的营业期限届满或者公司章程规定的其他解散事由出现;

(2)股东会或者股东大会决议解散;

(3)因公司合并或者分立需要解散;

(4)依法被吊销营业执照、责令关闭或者被撤销;

(5)因"公司僵局"而被人民法院依法予以解散。

公司解散后,并不意味着公司的终止或者消灭,即已经成立的公司,由于一定的原因而解散后,仅仅导致其营业上权利能力的丧失,其法人资格仍然存在。

(三)公司清算

公司清算是指公司解散后,处分公司财产以及了结各种法律关系并最终消灭公司人格的行为和程序。根据《公司法》的规定,清算可分为自行清算、指定清算和破产清算。

1.清算组的性质和组成

清算组是公司清算期间的临时职能机构。清算中的公司是原公司的继续,公司解散后,随着清算组的选任和组成,清算组代替了原公司的机关而成为清算中公司机关,对内执行清算业务,对外代表公司。在公司自行清算的情况下,清算组由股东会或股东大会任命。在法院裁判解散的情况下,清算组由法院指定。

2.清算组的职权与义务

根据《公司法》的规定,清算组在清算期间,其职权包括:

(1)清理公司财产,分别编制资产负债表和财产清单;

(2)通知、公告债权人;

(3)处理与清算有关的公司未了结的业务;

(4)清缴所欠税款以及清算过程中产生的税款;

(5)清理债权、债务;

(6)处理公司清偿债务后的剩余财产;

(7)代表公司参与民事诉讼活动。

清算组成员应当忠于职守,依法履行清算义务。清算组成员不得利用职权收受贿赂或者其他非法收入,不得侵占公司财产。清算组成员因故意或者重大过失给公司或者债权人造成损失的,应当承担赔偿责任。

3.公司清算的其他规定

清算期间,公司存续,但不得开展与清算无关的经营活动。公司财产在未依法清偿前,不得分配给股东。清算组在清理公司财产、编制资产负债表和财产清单后,应当制定清算方案,并报股东会、股东大会或者人民法院确认。

公司财产在分别支付清算费用、职工的工资、社会保险费用和法定补偿金,缴纳所欠税款,清偿公司债务后的剩余财产,有限责任公司按照股东的出资比例分配,股份有限公司按照股东持有的股份比例分配。

清算组在清理公司财产、编制资产负债表和财产清单后,发现公司财产不足清偿债务的,应当依法向人民法院申请宣告破产。公司经人民法院裁定宣告破产后,清算组应当将清算事务移交给人民法院。

公司清算结束后,清算组应当制作清算报告,报股东会、股东大会或者人民法院确认,并报送公司登记机关,申请注销公司登记,公告公司终止。

六、法律责任

法律责任是行为人对其违法行为应承担的法律结果。我国《公司法》对违反公司法应承担的法律责任作出了专门规定,其中包括行政责任和刑事责任。

根据《公司法》的规定,公司有下列违法行为之一的,给予相应行政罚款;构成犯罪的,依法追究刑事责任:

(1)办理公司登记时虚报注册资本、提交虚假证明文件或者采取其他欺诈手段隐瞒重要事实,取得公司登记的;

(2)公司的发起人、股东虚假出资欺骗债权人和社会公众或者公司发起人、股东在公司成立后抽逃其出资的;

(3)公司违反规定,在法定的会计账册以外另立会计账册或者将公司资产以个人名义开立账户存储的;

(4)向股东和社会公众提供虚假的或者隐瞒重要事实的财务报告的;

(5)未经有关主管部门批准,擅自发行股票或者公司债券的;

(6)公司不按照规定提取法定公积金、公益金的。

根据《公司法》的规定,有下列违法行为之一的,给予有关责任人行政处分;构成犯罪的,依法迟究刑事责任:

(1)直接主管人员和责任人违反规定,将国家资产低价折股、低价出售或者无偿分给个人的;

(2)公司董事、监事、经理利用职权收受贿赂、其他非法收入、侵占公司财产以及挪用公司资产或者将公司资产借贷给个人的。

我国《公司法》不仅对公司及公司内部人员的法律责任作了规定,而且对有关公司管理机关及人员的法律责任也作了规定。

承担公司资产评估、验资的机构提供虚假证明文件的,根据情况处以罚款、责令该机构停业、吊销直接责任人资格证书;构成犯罪的,依法追究刑事责任。

有关主管部门对不符合法定条件的设立公司申请予以批准的或者公司登记机关对不符合法定条件的公司登记申请予以登记的,对直接主管人员和责任人,给予行政处分;构成犯罪的,依法追究刑事责任。

第二节　合伙企业法律制度

一、合伙企业法和合伙企业的概念

(一)合伙企业法的概念

合伙企业法是国家调整合伙企业各种法律关系的行为规范。1997 年 2 月 23 日八届全国人大常委会第二十四次会议通过了《中华人民共和国合伙企业法》(以下简称《合伙企业法》)。该法自 1997 年 8 月 1 日起施行,并于 2006 年 8 月 27 日经第十届全国人民代表大会常务委员会第二十三次会议修订。《合伙企业法》对普通合伙企业、有限合伙企业、合伙企业解散和清算、法律责任等作出了现定,是调整我国合伙企业的基本法律规范。

(二)合伙企业的概念

合伙企业是指由各合伙人订立合伙协议,共同出资,共同经营,共享收益,共担风险,并对企业债务承担无限连带责任的营利性组织。合伙企业分为普通合伙企业和有限合伙企业。普通合伙企业由普通合伙人组成,合伙人对合伙企业债务承担无限连带责任。有限合伙企业由普通合伙人和有限合伙人组成,普通合伙人对合伙企业债务承担无限连带责任,有限合伙人以其认缴的出资额为限对合伙企业债务承担责任。合伙企业具有以下法律特征。

1.契约性

合伙企业是建立在合伙合同基础上的组织,合伙企业的设立以合伙人达成有效的合伙协议为前提。合伙企业内部权利、义务关系也主要是由合伙合同规定的。

2.人合性

合伙企业由两个以上具有完全民事行为能力的人组成,除共同出资外,还要求合伙人之间存有高度的信任关系,合伙人彼此之间一旦失去信任,合伙企业就行将解体。每个合伙人的退出、死亡、破产等都影响合伙企业的存续。

3.平等性

合伙人不论出资多少,都是合伙企业的业主。每个合伙人都有权直接参与企业的经营管理,对外代表合伙企业。

4.非法人性

合伙企业在法律上被视为合伙人的组合体,无论合伙企业的规模如何,都不能取得法人资格。但作为一种独立的企业形式,合伙企业可以用自己的名义从事商贸活动、签订合同和起诉、应诉等。

5.无限性

合伙人对合伙企业的债务承担无限连带责任。当合伙企业债务大于合伙企业资产时,普通合伙人不以其出资为限承担全部清偿义务,有偿还能力的合伙人要代替无偿还能力的合伙人履行偿还义务,有限合伙人则仅以其认缴的出资额为限对合伙企业债务承担责任。

二、合伙企业的设立及其财产

(一)合伙企业的设立

根据我国《合伙企业法》的规定,设立合伙企业必须具备以下条件:

(1)有两个以上合伙人,合伙人为自然人的,应当具有完全民事行为能力;

(2)有书面合伙协议;

(3)有合伙人认缴或者实际缴付的出资;

(4)有合伙企业的名称和生产经营场所;

(5)法律、行政法规规定的其他条件。

对于有限合伙企业,《合伙企业法》规定应由 2 个以上 50 个以下合伙人设立,但至少应当有一个普通合伙人。

根据《合伙企业法》,合伙人的范围包括自然人、法人和其他组织。但是,国有独资公司、国有企业、上市公司以及公益性的事业单位、社会团体只能参与设立有限合伙企业成为有限合伙人,不得成为普通合伙人。

合伙协议又称合伙合同,是所有合伙人共同协商,为设立合伙企业、实现合伙目的而达成的协议。合伙协议不仅是设立合伙企业的法定要件之一,而且也是确定合伙人之间权利、义务的基本依据,因此它是合伙企业最重要的法律性文件。根据《合伙企业法》的规定,合伙协议应当载明下列事项:(1)合伙企业的名称和主要经营场所的地点;(2)合伙目的和合伙企业的经营范围;(3)合伙人的姓名及其住所;(4)合伙人出资的方式、数额和缴付出资的期限;(5)利润分配和亏损分担办法;(6)合伙企业事务的执行;(7)入伙与退伙;(8)合伙企业的解散与清算;(9)违约责任。

与普通合伙企业相比,有限合伙企业的合伙协议还应当载明下列事项:

(1)普通合伙人和有限合伙人的姓名或者名称、住所;

(2)执行事务合伙人应具备的条件和选择程序;

(3)执行事务合伙人权限与违约处理办法;

(4)执行事务合伙人的除名条件和更换程序;

(5)有限合伙人入伙、退伙的条件、程序以及相关责任;

(6)有限合伙人和普通合伙人相互转变程序。

在合伙协议中,除以上必须载明的事项外,合伙人还可以自由约定有关事项,如:货币以外出资的作价;合伙企业经营期限;决议投票表决办法;争议解决方式;合伙人在其合伙财产份额中出资;须经全体合伙人同意的事项等。

合伙企业设立的程序是:首先,由合伙人向地方企业登记机关提出设立合伙企业申请。申请时,按要求填写登记申请书并提交合伙协议书、合伙人身份证明和相关情况证明文件。然后,由企业登记机关和有关部门对合伙人的资格、合伙目的、经营范围等进行审批。对不符合合伙企业设立条件的,作出不予登记的决定,书面通知申请人;对符合条件的,准予注册登记并签发合伙企业营业执照;注册登记后,合伙人可以开始以合伙企业的名义从事经营活动。

(二)合伙企业财产

合伙企业财产是合伙企业存续期间,合伙人的出资和以合伙企业名义取得收益的财产总和。

合伙企业的财产首先来源于合伙人的共向出资。每一个合伙人参加合伙企业必须实际出资,这是合伙人最基本的义务。按照我国《合伙企业法》的规定,合伙人可以用货币、实物、土地使用权、知识产权或者其他财产权利出资。有限合伙人不得以劳务出资。普通合伙企业合伙人以劳务出资的,其评估办法由全体合伙人协商确定,并在合伙协议中载明。

合伙企业的财产除合伙人出资外,还来源于其营业收益。主要包括:合伙企业营业收入;合伙企业获得的授赠财产;合伙企业获得的赔偿;合伙企业在经营中形成的无形财产和取得的各种知识产权。

合伙人对全体合伙人的出资和合伙企业存续期间取得的各项收益享有共有权或共用权。合伙人有权要求按合伙协议的规定分配企业利润。合伙人未经其他合伙人的同意,不得以其在合伙企业中的财产份额出资、转让或者要求分割。但是,除合伙协议另有约定外,有限合伙人可以将其在有限合伙企业中的财产份额出资。有限合伙人可以按照合伙协议的约定向合伙人以外的人转让其在有限合伙企业中的财产份额,但应当提前 30 日通知其他合伙人。

三、合伙企业事务执行

合伙企业事务执行是指合伙企业在经营过程中所进行的各种业务活动。它包括组织生产、企业管理、商务洽谈等。

(一)合伙企业执行方式

合伙企业事务执行一般可采用四种方式。

1. 全体合伙人共同执行

合伙人共同执行是合伙企业事务执行的基本原则,每一个合伙人对执行合伙企业事务都享有同等权利。这种执行方式,适合合伙人较少的企业采用。

2. 由部分合伙人执行

对于合伙人较多的企业,合伙人共同执行企业事务会产生诸多不便,全体合伙人可以委托部分合伙人执行企业事务。受委托部分合伙人共同执行企业事务。

3. 由一名合伙人执行

根据合伙企业经营的具体情况,全体合伙人可以委托一名合伙人单独执行企业事务。一般受托执行人具有较强的管理能力和业务能力。

4. 各合伙人分别执行

对于合伙企业业务比较复杂,而合伙人又各有所长的,可由各合伙人分管合伙企业事务。

有限合伙企业由普通合伙人执行合伙事务,有限合伙人不执行合伙事务,不得对外代表有限合伙企业。有限合伙人的下列行为,不视为执行合伙事务:

(1)参与决定普通合伙人入伙、退伙;

(2)对企业的经营管理提出建议;

(3)参与选择承办有限合伙企业审计业务的会计师事务所;

（4）获取经审计的有限合伙企业财务会计报告；

（5）对涉及自身利益的情况，查阅有限合伙企业财务会计账簿等财务资料；

（6）在有限合伙企业中的利益受到侵害时，向有责任的合伙人主张权利或者提起诉讼；

（7）执行事务合伙人怠于行使权利时，督促其行使权利或者为了本企业的利益以自己的名义提起诉讼；

（8）依法为本企业提供担保。

（二）执行人的权利与义务

受托执行合伙企业事务的合伙人有权在授权范围内，对内行使管理权，对外行使代表权。执行人有权依照协议的规定，要求合伙企业对其执行合伙企业事务的行为支付报酬。

受托合伙人执行合伙企业事务负有以下义务。

1. 对其他合伙人的诚信义务

受托合伙人对其他非执行合伙人要诚实有信，要如实报告有关执行合伙企业事务的情况。受托合伙人不得滥用职权，不得借执行企业事务为自己谋取私利。

2. 谨慎从事的义务

受托合伙人执行企业事务对外代表合伙企业，其他合伙人对其实施的法律行为承担无限连带责任。如果受托合伙人在执行企业事务时草率行事，其他合伙人将面临极大的责任风险。所以，受托合伙人有义务谨慎处理合伙企业事务。

3. 接受检查、监督的义务

受托合伙人有义务随时接受其他合伙人的检查和监督。受托合伙人不得向其他合伙人保守商业秘密，要主动或按其他合伙人的要求报告企业经营情况和财务状况。其他合伙人对执行合伙企业事务有异议的，受托合伙人应作出解释说明，必要时应暂时停止该事务的执行。

四、合伙企业与第三人的关系

所谓合伙企业的第三人是指合伙人以外并与合伙企业发生法律关系的公民、法人或其他组织。合伙企业与第三人的关系也就是合伙企业的外部关系。

（一）合伙人对外代表权

执行合伙企业事务的合伙人享有对外代表合伙企业、代理执行企业事务的权利。根据我国《合伙企业法》的规定,合伙人的对外代表权包括以下四个方面。

第一,合伙人的对外代表权包含的基本权利有:(1)出卖合伙企业产品或以合伙企业的名义提供服务;(2)购买合伙企业所需要的生产资料和其他物品;(3)接受合伙企业债务人的清偿、签发收据;(4)为企业雇用工作人员。

第二,所有合伙人都拥有对外代表权。合伙人在合伙协议中没有约定的,合伙企业事务由全体合伙人共同执行。

第三,合伙人按协议委托一名或数名合伙人执行合伙企业事务的,被委托的合伙人享有对外代表权,但由此产生对非执行合伙企业事务的合伙人对外代表权的限制,不得对抗善意的第三人。

第四,合伙人在执行合伙企业事务中,由于执行合伙人的过错,致使他人的合法权益被侵犯的,合伙企业应当承担法律责任。

(二)合伙企业债务与清偿

合伙企业债务是指合伙企业存续期间,以合伙企业名义对他人所负债务。其债务的产生原因基于债权关系或侵权关系。

合伙企业债务应与合伙人个人债务区别对待,在合伙人执行合伙企业事务中,即使未使用合伙企业的名义,其发生的债务也应视为合伙企业债务。

关于合伙企业债务清偿问题,我国《合伙企业法》规定:"合伙企业对其债务应先以其全部财产进行清偿,合伙企业财产不足清偿到期债务的,各合伙人应当承担无限连带清偿责任。"该规定明确了合伙企业债务清偿主体和清偿顺序,合伙企业债务清偿的终点是合伙人承担无限连带责任。根据《合伙企业法》规定,合伙人由于承担连带责任,所清偿数额超过其应当承担的数额时,有权向其他合伙人追偿。

五、入伙与退伙

由于合伙企业人合性的特点,入伙和退伙会对合伙关系产生重大影响。我国《合伙企业法》对此作了专项规定,除遵守法律外,合伙人入伙与退伙主要适用合伙协议中的具体规定。

(一)入伙

入伙是指合伙企业成立后,合伙人以外的人加入合伙企业,取得合伙人资格的法律行为。入伙的方式包括不转让出资入伙和转让出资入伙。

根据《合伙企业法》的规定,合伙企业接纳他人入伙必须具备三项条件:(1)应当经全体合伙人同意;(2)必须订立书面入伙协议;(3)在作出接纳他人入伙决定之日起,15 日内向企业登记机关办理变更手续。

新合伙人入伙时,原合伙人应当向新合伙人告知合伙企业的经营状况和财务情况,以便新合伙人决定是否入伙和如何订立入伙协议。新入伙的合伙人与原合伙人享有同等的权利,承担同等的义务,但是,入伙协议另有约定的,适用其约定。根据《合伙企业法》的规定,普通合伙企业中,新合伙人对入伙前合伙企业的债务承担无限连带责任;有限合伙企业中,新入伙的有限合伙人对入伙前有限合伙企业的债务,以其认缴的出资额为限承担责任。

(二)退伙

退伙是指合伙人在合伙企业存续期间退出合伙,消灭其合伙人身份的法律行为。退伙的形式通常有:声明退伙、当然退伙和除名。无论何种形式的退伙,都要具有一定的理由。

发生下列情形之一的,合伙人可以声明退伙:(1)合伙人约定的退伙事由出现;(2)经全体合伙人同意退伙;(3)发生合伙人难于继续参加合伙企业的事由;(4)其他合伙人严重违反合伙协议约定的义务。

发生下列情形之一的,合伙人当然退伙:(1)作为合伙人的自然人死亡或者被依法宣告死亡;(2)个人丧失偿债能力;(3)作为合伙人的法人或者其他组织依法被吊销营业执照、责令关闭、撤销,或者被宣告破产;(4)法律规定或者合伙协议约定合伙人必须具有相关资格而丧失该资格;(5)合伙人在合伙企业中的全部财产份额被人民法院强制执行。

合伙人被依法认定为无民事行为能力人或者限制民事行为能力人的,经其他合伙人一致同意,可以依法转为有限合伙人,普通合伙企业依法转为有限合伙企业。未能经其他合伙人一致同意的,该无民事行为能力或者限制民事行为能力的合伙人退伙。有限合伙企业退伙后仅剩有限合伙人的,应当解散;有限合伙企业退伙后仅剩普通合伙人的,转为普通合伙企业。

发生下列情形之一的,经其他合伙人同意,可以将合伙人除名:(1)合伙人未履行出资义务;(2)合伙人因故意或者重大过失给合伙企业造成损失;(3)合伙人执行合伙企业事务时有不正当行为;(4)合伙协议约定的除名事由出现。

合伙人退伙的,应当根据协议和合伙企业当时的财产状况进行结算。企业的现实财产少于原始出资的,按现实财产折算的份额返还退伙人。经结算合伙企业资不抵债的,退伙人不仅不能要求返还出资。而且还要按合伙协议规定的亏损分担方法和比例,以其他财产充抵属于自己名下的亏损份额。退伙人在退伙后,仍然有义务对其退伙前已发生的合伙企业债务承担连带责任。

合伙企业发生退伙的,应及时向企业登记机关办理合伙企业变更登记。

六、合伙企业的解散与清算

(一)合伙企业解散

合伙企业解散又称散伙,是指由于法定或约定的原因,终止合伙企业内部、外部关系的法律事实。

合伙企业解散的原因可以是多方面的,根据《合伙企业法》的规定,出现下列情况之一的,合伙企业应当解散:

(1)合伙期限届满,合伙人决定不再经营;

(2)合伙协议约定的解散事由出现;

(3)全体合伙人决定解散;

(4)合伙人已不具备法定人数满 30 天;

(5)合伙协议约定的合伙目的已经实现或者无法实现;

(6)依法被吊销营业执照、责令关闭或者被撤销;

(7)法律、行政法规规定的其他原因。

(二)合伙企业的清算

合伙企业清算是依据法律和协议对合伙企业的财产进行清理,实现债权、履行债务,退还合伙人出资,分配企业剩余财产或分担债务的法律行为。

合伙企业清算要首先确定清算人。清算人全权负责处理合伙企业清算事务。清算人可以由全体合伙人担任,也可以由超过半数以上合伙人指定一名或数名合伙人或者委托第三人担任。清算人有权执行下列事务:(1)清理合伙企业财产,分别编制资产负债表和财产清单;(2)处理与清算有关合伙企业未了结事务;(3)清缴所欠税款;(4)清理债权、债务;(5)处理合伙企业清偿债务后的剩余财产;(6)代表合伙企业参与民事诉讼活动。

清算结束,清算人应当编制清算报告,经全体合伙人签名、盖章后,在15 日内向企业登记机关报送清算报告,申请办理合伙企业注销登记。

合伙企业注销后,原普通合伙人对合伙企业存续期间的债务仍应承担无限连带责任。合伙企业不能清偿到期债务的,债权人可以依法向人民法院提出破产清算申请,也可以要求普通合伙人清偿。合伙企业依法被宣告破产的,普通合伙人对合伙企业债务仍应承担无限连带责任。

第三节　建筑业企业资质管理

一、资质管理

我国《建筑法》和《建设工程质量管理条例》以法律和行政法规的形式确立了建筑业企业资质管理的基本原则,建设部又据此发布了一系列关于建筑业企业资质管理的部门规章。根据法律规定,从事建筑活动的建筑施工企业、勘察单位、设计单位和工程监理单位等建筑活动主体,必须经资质审查合格,取得相应等级的资质证书后,方可在其资质等级许可的范围内从事建筑活动。

实行资质管理的对象,主要包括建筑业企业、工程勘察设计单位、工程监理单位以及法律、法规规定的其他单位(如工程招标代理机构、工程造价咨询机构等)。根据相关法律规定,这些建筑活动主体必须具备下列条件:(1)有符合国家规定的注册资本;(2)有与其从事的建筑活动相适应的具有法定执业资格的专业技术人员;(3)有从事相关建筑活动所应有的技术装备;(4)法律、行政法规规定的其他条件。

二、勘察、设计企业资质管理

为了加强对建设工程勘察、建设工程设计活动的监督管理,维护建设市场秩序,保证建设工程勘察、设计质量,建设部于 2007 年 6 月 26 日发布《建设工程勘察设计资质管理规定》(建设部令第 160 号)并自 2007 年 9 月 1 日起施行,原《建设工程勘察设计企业资质管理规定》(建设部令第 93 号)同时废止。

(一)资质的分类

工程勘察资质分为工程勘察综合资质、工程勘察专业资质、工程勘察劳务资质。工程勘察综合资质只设甲级,工程勘察专业资质设甲级、乙级,根据工程性质和技术特点,部分专业可以设丙级;工程勘察劳务资质不分等级。取得工程勘察综合资质的企业,可以承接各专业(海洋工程勘察除外)、各等级工程勘察业务;取得工程勘察专业资质的企业,可以承接相应等级相应专业的工程勘察业务;取得工程勘察劳务资质的企业,可以承接岩土工程治理、工程钻探、凿井等工程勘察劳务业务。

工程设计资质分为工程设计综合资质、工程设计行业资质、工程设计专业资质和工程设计专项资质。工程设计综合资质只设甲级,工程设计行业资质、工程设计专业资质、工程设计专项资质设甲级、乙级。根据工程性质和技术特点,个别行业、专业、专项资质可以设丙级,建筑工程专业资质可以设丁级。取得工程设计综合资质的企业,可以承接各行业、各等级的建设工程设计业务;取得工程设计行业资质的企业,可以承接相应行业相应等级的工程设计业务及本行业范围内同级别的相应专业、专项(设计施工一体化资质除外)工程设计业务;取得工程设计专业资质的企业,可以承接本专业相应等级的专业工程设计业务及同级别的相应专项工程设计业务(设计施工一体化资质除外);取得工程设计专项资质的企业,可以承接本专项相应等级的专项工程设计业务。

(二)资质申请与审批

新设立的建设工程勘察、设计企业,到工商行政管理部门登记注册后,方可向建设行政主管部门提出资质申请。申请时,应当向建设行政主管部门提供下列资料:

(1)工程勘察、工程设计资质申请表;

(2)企业法人、合伙企业营业执照副本复印件;

(3)企业章程或合伙人协议;

(4)企业法定代表人、合伙人的身份证明;

(5)企业负责人、技术负责人的身份证明、任职文件、毕业证书、职称证书及相关资质标准要求提供的材料;

(6)工程勘察、工程设计资质申请表中所列注册执业人员的身份证明、注册执业证书;

(7)工程勘察、工程设计资质标准要求的非注册专业技术人员的职称证书、毕业证书、身份证明及个人业绩材料;

(8)工程勘察、工程设计资质标准要求的注册执业人员、其他专业技术人员与原聘用单位解除聘用劳动合同的证明及新单位的聘用劳动合同;

(9)资质标准要求的其他有关材料。

工程勘察甲级资质、工程设计甲级资质,以及涉及铁路、交通、水利、信息产业、民航等方面的工程设计乙级资质由国务院建设主管部门审批。工程勘察乙级及以下资质、劳务资质、工程设计乙级(涉及铁路、交通、水利、信息产业、民航等方面的工程设计乙级资质除外)及以下资质由企业工商注册所在地的省、自治区、直辖市人民政府建设主管部门审批,并将准予资质许可的决定报国务院建设主管部门备案。

三、建筑业企业资质管理

为了加强对建筑活动的监督管理,维护建筑市场秩序,保证建设工程质量,建设部于 2007 年 6 月 26 日发布《建筑业企业资质管理规定》(建设部令第 159 号)并自 2007 年 9 月 1 日起施行。2001 年 4 月 18 日建设部颁布的《建筑业企业资质管理规定》(建设部令第 87 号)同时废止。

(一)建筑业企业的分类

建筑业企业资质分为施工总承包、专业承包和劳务分包三个序列。

取得施工总承包资质的企业,可以承接施工总承包工程。施工总承包企业可以对所承接的施工总承包工程内各专业工程全部自行施工,也可以将专业工程或劳务作业依法分包给具有相应资质的专业承包企业或劳务分包企业。

专业承包资质的企业,可以承接施工总承包企业分包的专业工程或者建设单位按照规定发包的专业工程。专业承包企业可以对所承接的工程全部自行施工,也可以将劳务作业分包给具有相应劳务分包资质的劳务分包企业。

获得劳务分包资质的企业,可以承接施工总承包企业或者专业承包企业分包的劳务作业。

(二)资质许可

1. 国务院建设主管部门实施许可

下列建筑业企业资质的许可,由国务院建设主管部门实施:

(1)施工总承包序列特级资质、一级资质;

(2)国务院国有资产管理部门直接监管的企业及其下属一层级的企业的施工总承包二级资质、三级资质;

(3)水利、交通、信息产业方面的专业承包序列一级资质;

(4)铁路、民航方面的专业承包序列一级、二级资质;

(5)公路交通工程专业承包不分等级资质、城市轨道交通专业承包不分等级资质。

申请企业应当向企业工商注册所在地省、自治区、直辖市人民政府建设主管部门提出申请。其中,国务院国有资产管理部门直接监管的企业及其下属一层级的企业,应当由国务院国有资产管理部门直接监管的企业向国务院建设主管部门提出申请。

省、自治区、直辖市人民政府建设主管部门应当自受理申请之日起 20 日内初审完毕并将初审意见和申请材料报国务院建设主管部门。

国务院建设主管部门应当自省、自治区、直辖市人民政府建设主管部门受理申请材料之日起 60 日内完成审查,公示审查意见,公示时间为 10 日。其中,涉及铁路、交通、水利、信息产业、民航等方面的建筑业企业资质,由国务院建设主管部门送国务院有关部门审核,国务院有关部门在 20 日内审核完毕,并将审核意见送国务院建设主管部门。

2.省、自治区、直辖市人民政府建设主管部门实施许可

下列建筑业企业资质许可,由企业工商注册所在地省、自治区、直辖市人民政府建设主管部门实施:

(1)施工总承包序列二级资质(不含国务院国有资产管理部门直接监管的企业及其下属一层级的企业的施工总承包序列二级资质);

(2)专业承包序列一级资质(不含铁路、交通、水利、信息产业、民航方面的专业承包序列一级资质);

(3)专业承包序列二级资质(不含民航、铁路方面的专业承包序列二级资质);

(4)专业承包序列不分等级资质(不含公路交通工程专业承包序列和城市轨道交通专业承包序列的不分等级资质)。

省、自治区、直辖市人民政府建设主管部门应当自作出决定之日起 30 日内,将准予资质许可的决定报国务院建设主管部门备案。

3.设区的市人民政府建设主管部门实施许可

下列建筑业企业资质许可,由企业工商注册所在地设区的市人民政府建设主管部门实施:

(1)施工总承包序列三级资质(不含国务院国有资产管理部门直接监管的企业及其下属一层级的企业的施工总承包三级资质);

(2)专业承包序列三级资质;

(3)劳务分包序列资质;

(4)燃气燃烧器具安装、维修企业资质。

企业工商注册所在地设区的市人民政府建设主管部门应当自作出决定之日起 30 日内,将准予资质许可的决定通过省、自治区、直辖市人民政府建设主管部门,报国务院建设主管部门备案。

四、工程监理企业资质管理

为了加强对工程监理企业资质管理,维护建筑市场秩序,保证建设工程的质量、工期和投资效益的发挥,建设部于 2007 年 6 月 26 日发布《工程监理企业资质管理规定》(建设部令第 158 号)并自 2007 年 8 月 1 日起施行。2001 年 8 月 29 日建设部颁布的《工程监理企业资质管理规定》(建设部令第 102 号)同时废止。

(一)资质等级和业务范围

工程监理企业资质分为综合资质、专业资质和事务所资质。其中,专业资质按照工程性质和技术特点划分为若干工程类别。

综合资质、事务所资质不分级别。专业资质分为甲级、乙级；其中，房屋建筑、水利水电、公路和市政公用专业资质可设立丙级。

综合资质可以承担所有专业工程类别建设工程项目的工程监理业务。专业甲级资质可承担相应专业工程类别建设工程项目的工程监理业务，专业乙级资质可承担相应专业工程类别二级以下（含二级）建设工程项目的工程监理业务，专业丙级资质可承担相应专业工程类别三级建设工程项目的工程监理业务。事务所资质可承担三级建设工程项目的工程监理业务，但是国家规定必须实行强制监理的工程除外。

工程监理企业可以开展相应类别建设工程的项目管理、技术咨询等业务。

(二)资质申请和审批

申请综合资质、专业甲级资质的，应当向企业工商注册所在地的省、自治区、直辖市人民政府建设主管部门提出申请。省、自治区、直辖市人民政府建设主管部门应当自受理申请之日起 20 日内初审完毕，并将初审意见和申请材料报国务院建设主管部门。国务院建设主管部门应当自省、自治区、直辖市人民政府建设主管部门受理申请材料之日起 60 日内完成审查，公示审查意见，公示时间为 10 日。其中，涉及铁路、交通、水利、通信、民航等专业工程监理资质的，由国务院建设主管部门送国务院有关部门审核。国务院有关部门应当在 20 日内审核完毕，并将审核意见报国务院建设主管部门。国务院建设主管部门根据初审意见审批。

专业乙级、丙级资质和事务所资质由企业所在地省、自治区、直辖市人民政府建设主管部门审批。省、自治区、直辖市人民政府建设主管部门应当自作出决定之日起 10 日内，将准予资质许可的决定报国务院建设主管部门备案。

申请工程监理企业资质，应当提交以下材料：

(1)工程监理企业资质申请表(一式三份)及相应电子文档；

(2)企业法人、合伙企业营业执照；

(3)企业章程或合伙人协议；

(4)企业法定代表人、企业负责人和技术负责人的身份证明、工作简历及任命(聘用)文件；

(5)工程监理企业资质申请表中所列注册监理工程师及其他注册执业人员的注册执业证书；

(6)有关企业质量管理体系、技术和档案等管理制度的证明材料；

(7)有关工程试验检测设备的证明材料。

【**本章小结**】通过本章内容的学习,读者应当理解不同类型的项目利益主体,他们的法律性质是不同的。在掌握合伙企业与公司的区别的基础上,分别掌握公司的设立、变更、终止、公司章程、组织机构等内容,掌握合伙企业的设立、合伙企业事务执行以及合伙企业与第三人的关系等内容。对合伙企业财产、入伙和退伙、合伙企业解散和清算、法律责任等内容要有一定程度的了解。最后,了解我国对建筑业的资质等级管理制度。

本章进一步阅读材料:

1. 王保树、崔勤之著:《中国公司法原理》,社会科学文献出版社,2000 年

2. [美]罗伯特·W. 汉密尔顿著,李存捧译:《公司法概要》,中国社会科学出版社,1999 年

3. 赵中孚、刘文华主编:《现代企业法律制度》,中国人民大学出版社,1997 年

4. 成先平著:《中国外资投资企业法律制度重建研究》,郑州大学出版社,2002 年

5. 尹田:《论非法人团体的法律地位》,《现代法学》,2003 年第 5 期

思考题:

1. 公司和合伙企业的本质区别是什么?

2. 有限责任公司的特征有哪些?

3. 有限责任公司董事会的职权包括哪些?

4. 试述公司的破产清算的法定程序。

5. 合伙企业事务的执行有哪几种方式?

6. 合伙企业解散的原因有哪些?

7. 我国建筑业实行资质管理的企业主要有哪些?

8. 施工企业资质分几类?各自的从业范围有什么不同?

第三章 项目成本管理法律制度

【本章导读】本章首先介绍了对成本管理中涉及的会计工作进行规范的会计法律制度,接着介绍我国的价格管理法律制度《价格法》的主要内容,最后简要介绍了我国工程造价管理制度的历史沿革及其法律体系。

在市场经济条件下,国家不再对市场经济主体进行直接管理,而主要是实施间接管理。项目成本管理虽然属于内部管理,但是市场经济的法则仍然起很大的作用。在成本管理方面,国家一般是通过制定有关成本方面的法律法规来进行。我国目前对项目成本管理进行规制的法律制度主要有以下几个方面内容:一是会计法律制度,比如《会计法》、《企业会计准则》和《企业财务通则》等法规;二是价格管理法律制度,比如《价格法》等;三是各专业项目的成本管理法律制度,主要是工程造价方面,比如《全国建筑基础工程定额》、《建设工程施工发包和承包价格管理暂行规定》、《建设工程工程量清单计价规范》等。

第一节 会计法律制度

一、会计法概述

(一)概念和适用范围

会计是运用货币形式,通过记账、算账、报账、用账等手段,核算和分析各企业、各有关单位的经济活动和财务开支,反映和监督经济过程及其成果的一种活动。会计法是调整会计关系的法律规范的总称。会计关系是指会计机构、会计人员在办理会计事务过程中发生的经济关系,以及国家在监督管理会计工作过程中发生的经济关系。

我国于1985年公布了《中华人民共和国会计法》(以下简称《会计法》),

1993 年对《会计法》进行了修改,1999 年 10 月再次对《会计法》进行了修订,修订后的《会计法》共 7 章 52 条,自 2000 年 7 月 1 日起施行。根据《会计法》第 2 条的规定,国家机关、社会团体、公司、企业、事业单位和其他组织必须依照会计法办理会计事务。

(二)依法设账的基本要求

各单位必须依法设置会计账簿,并保证其真实、完整。单位负责人对本单位的会计工作和会计资料的真实性、完整性负责。

(三)对会计人员的法律保护

为了保护会计人员的合法权益,鼓励会计人员坚持原则,依法做好本职工作,《会计法》对会计人员采取了特别的法律保护措施,主要体现在以下四个方面:(1)单位负责人为本单位会计行为的主体,切实对会计工作和会计资料的真实性、完整性负责;(2)单位负责人应当保证会计机构、会计人员依法履行职责,不得授意、指使、强令会计机构、会计人员违法办理会计事项;(3)任何单位或者个人不得对依法履行职责、抵制违反会计法规定行为的会计人员实行打击报复;(4)对做出显著成绩的会计人员进行表彰奖励。

(四)会计工作管理体制

1.会计工作的主管部门

《会计法》第 7 条规定:"国务院财政部门主管全国的会计工作。县级以上地方各级人民政府财政部门管理本行政区域内的会计工作。"这一条规定了会计工作由财政部门主管并明确在管理体制上实行"统一领导、分级管理"的原则。

2.制定会计制度的权限

《会计法》第 8 条规定:"国家实行统一的会计制度。国家统一的会计制度由国务院财政部门根据本法制定并公布。国务院有关部门可以依照本法和国家统一的会计制度制定对会计核算和会计监督有特殊要求的行业实施国家统一的会计制度的具体办法或者补充规定,报国务院财政部门审核批准。中国人民解放军总后勤部可以依照本法和国家统一的会计制度制定军队实施国家统一的会计制度的具体办法,报国务院财政部门备案。"

(五)会计机构和会计人员

各单位应当根据会计业务的需要,设置会计机构,或者在有关机构中设置会计人员并指定会计主管人员;不具备设置条件的,应当委托经批准设立从事会计代理记账业务的中介机构代理记账。国有的和国有资产占控股地位或者主导地位的大、中型企业必须设置总会计师。从事会计工作的人员,必须取得会计从业资格证书。

会计机构内部应当建立稽核制度。出纳人员不得兼任稽核、会计档案保管和收入、支出、费用、债权债务账目的登记工作。

二、会计核算

(一)会计核算的概念

会计核算是以货币为计量单位,运用专门的会计方法,对生产经营活动或者预算执行过程及其结果进行连续、系统、全面的记录、计算、分析,定期编制并提供财务会计报告和其他一系列内部管理所需的会计资料,为作出经营决策和宏观经济管理提供依据的一项会计活动。

(二)会计核算的要求和内容

对会计核算的要求包括:(1)对会计核算依据的基本要求。各单位必须根据实际发生的经济业务事项进行会计核算,填制会计凭证,登记会计账簿,编制财务会计报告。任何单位不得以虚假的经济业务事项或者资料进行会计核算;(2)对会计资料的基本要求。会计凭证、会计账簿、财务会计报告和其他会计资料,必须符合国家统一的会计制度的规定。任何单位和个人不得伪造、变造会计凭证、会计账簿及其他会计资料,不得提供虚假的财务会计报告;(3)对会计电算化的基本要求。使用电子计算机进行会计核算的,其软件及其生成的会计凭证、会计账簿、财务会计报告和其他会计资料,也必须符合国家统一的会计制度的规定。

会计核算的内容包括:(1)款项和有价证券的收付;(2)财物的收发、增减和使用;(3)债权债务的发生和结算;(4)资本、基金的增减;(5)收入、支出、费用、成本的计算;(6)财务成果的计算和处理;(7)需要办理会计手续、进行会计核算的其他事项。

(三)会计年度和记账本位币

我国会计年度采用公历制,自公历 1 月 1 日起至 12 月 31 日止。会计核算以人民币为记账本位币。业务收支以人民币以外的货币为主的单位,可以选定其中一种货币作为记账本位币,但是编报的财务会计报告应当折算为人民币。

(四)会计凭证

《会计法》第 14 条规定,办理会计业务事项,必须填制或者取得原始凭证并及时送交会计机构。会计机构、会计人员必须按照国家统一的会计制度的规定对原始凭证进行审核,对不真实、不合法的原始凭证有权不予接受,并向单位负责人报告;对记载不准确、不完整的原始凭证予以退回,并要求按照国家统一的会计制度的规定更正、补充。

原始凭证记载的各项内容均不得涂改;原始凭证有错误的,应当由出具单位重开或者更正,更正处应当加盖出具单位印章。原始凭证金额有错误的,应当由出具单位重开,不得在原始凭证上更正。

(五)会计账簿

各单位发生的各项经济业务事项应当在依法设置的会计账簿上统一登记、核算,不得违反会计法和国家统一的会计制度的规定私设会计账簿登记、核算。

会计账簿登记,必须以经过审核的会计凭证为依据,并符合有关法律、行政法规和国家统一的会计制度的规定。会计账簿包括总账、明细账、日记账和其他辅助性账簿。会计凭证包括原始凭证和记账凭证。

会计账簿应当按照连续编号的页码顺序登记。会计账簿记录发生错误或者隔页、缺号、跳行的,应当按照国家统一的会计制度规定的方法更正,并由会计人员和会计机构负责人(会计主管人员)在更正处盖章。使用电子计算机进行会计核算的,其会计账簿的登记、更正,应当符合国家统一的会计制度的规定。

(六)账目核对

各单位应当定期将会计账簿记录与实物、款项及有关资料相互核对,保证会计账簿记录与实物及款项的实有数额相符,会计账簿记录与会计凭证的有关内容相符,会计账簿之间相对应的记录相符,会计账簿记录与会计报表的有关内容相符。

(七)会计处理方法和或有事项的披露

各单位采用的会计处理方法,前后各期应当一致,不得随意变更;确有必要变更的,应当按照国家统一的会计制度的规定变更,并将变更的原因、情况及影响在财务会计报告中说明。单位提供的担保、未决诉讼等或有事项,应当按照国家统一的会计制度的规定,在财务会计报告中予以说明。

(八)财务会计报告

财务会计报告应当根据经过审核的会计账簿记录和有关资料编制,并符合会计法和国家统一的会计制度关于财务会计报告的编制要求、提供对象和提供期限的规定;其他法律、行政法规另有规定的,从其规定。

财务会计报告由会计报表、会计报表附注和财务情况说明书组成。向不同的会计资料使用者提供的财务会计报告,其编制依据应当一致。有关法律、行政法规规定会计报表、会计报表附注和财务情况说明书须经注册会计师审计的,注册会计师及其所在的会计师事务所出具的审计报告应当随同财务会计报告一并提供。

财务会计报告应当由单位负责人和主管会计工作的负责人、会计机构负责人（会计主管人员）签名并盖章；设置总会计师的单位，还须由总会计师签名并盖章。单位负责人应当保证财务会计报告真实、完整。

（九）各单位对会计凭证、会计账簿、财务会计报告和其他会计资料应当建立档案，妥善保管。会计档案的保管期限和销毁办法，由国务院财政部门会同有关部门制定。

（十）对公司、企业会计核算的特别规定

公司、企业必须根据实际发生的经济业务事项，按照国家统一的会计制度的规定确认、计量和记录资产、负债、所有者权益、收入、费用、成本和利润。

公司、企业进行会计核算不得有下列行为：(1)随意改变资产、负债、所有者权益的确认标准或者计量方法，虚列、多列、不列或者少列资产、负债、所有者权益；(2)虚列或者隐瞒收入，推迟或者提前确认收入；(3)随意改变费用、成本的确认标准或者计量方法，虚列、多列、不列或者少列费用、成本；(4)随意调整利润的计算、分配方法，编造虚假利润或者隐瞒利润；(5)违反国家统一的会计制度规定的其他行为。

三、会计监督

（一）单位内部会计监督制度

会计监督是会计的基本职能之一，是我国经济监督体系的重要组成部分。各单位应当建立、健全本单位内部会计监督制度。单位内部会计监督制度应当符合下列要求：

(1)记账人员与经济业务事项和会计事项的审批人员、经办人员、财物保管人员的职责权限应当明确，并相互分离、相互制约；

(2)重大对外投资、资产处置、资金调度和其他重要经济业务事项的决策和执行的相互监督、相互制约程序应当明确；

(3)财产清查的范围、期限和组织程序应当明确；

(4)对会计资料定期进行内部审计的办法和程序应当明确。

单位负责人应当保证会计机构、会计人员依法履行职责，不得授意、指使、强令会计机构、会计人员违法办理会计事项。会计机构、会计人员对违反本法和国家统一的会计制度规定的会计事项，有权拒绝办理或者按照职权予以纠正。

会计机构、会计人员发现会计账簿记录与实物、款项及有关资料不相符的，按照国家统一的会计制度的规定有权自行处理的，应当及时处理；无权处理的,应当立即向单位负责人报告,请求查明原因,作出处理。

(二)对违法会计行为的检举

任何单位和个人对违反本法和国家统一的会计制度规定的行为,有权检举。收到检举的部门有权处理的,应当依法按照职责分工及时处理;无权处理的,应当及时移送有权处理的部门处理。收到检举的部门、负责处理的部门应当为检举人保密,不得将检举人姓名和检举材料转给被检举单位和被检举人个人。

(三)会计工作的社会监督和国家监督

有关法律、行政法规规定,须经注册会计师进行审计的单位,应当向受委托的会计师事务所如实提供会计凭证、会计账簿、财务会计报告和其他会计资料以及有关情况。任何单位或者个人不得以任何方式要求或者示意注册会计师及其所在的会计师事务所出具不实或者不当的审计报告。财政部门有权对会计师事务所出具审计报告的程序和内容进行监督。

财政部门对各单位的下列情况实施监督:(1)是否依法设置会计账簿;(2)会计凭证、会计账簿、财务会计报告和其他会计资料是否真实、完整;(3)会计核算是否符合本法和国家统一的会计制度的规定;(4)从事会计工作的人员是否具备从业资格。

财政、审计、税务、人民银行、证券监管、保险监管等部门应当依照有关法律、行政法规规定的职责,对有关单位的会计资料实施监督检查。

各单位必须依照有关法律、行政法规的规定,接受有关监督检查部门依法实施的监督检查,如实提供会计凭证、会计账簿、财务会计报告和其他会计资料以及有关情况,不得拒绝、隐匿、谎报。

四、法律责任

(一)违反会计制度规定的法律责任

根据《会计法》第 42 条的规定,应当承担法律责任的行为包括:(1)不依法设置会计账簿的;(2)私设会计账簿的;(3)未按照规定填制、取得原始凭证或者填制、取得的原始凭证不符合规定的;(4)以未经审核的会计凭证为依据登记会计账簿或者登记会计账簿不符合规定的;(5)随意变更会计处理方法的;(6)向不同的会计资料使用者提供的财务会计报告编制依据不一致的;(7)未按照规定使用会计记录文字或者记账本位币的;(8)未按照规定保管会计资料,致使会计资料毁损、灭失的;(9)未按照规定建立并实施单位内部会计监督制度、拒绝依法实施的监督,不如实提供有关会计资料及有关情况的;(10)任用会计人员不符合本法规定的。

有上述行为之一,构成犯罪的,依法追究刑事责任。会计人员有上述行为之一,情节严重的,由县级以上人民政府财政部门吊销会计从业资格证书。

(二)其他违法行为

其他违法行为主要有:(1)伪造、变造会计凭证、会计账簿,编制虚假财务会计报告;(2)隐匿或者故意销毁依法应当保存的会计凭证、会计账簿、财务会计报告;(3)授意、指使、强令会计机构、会计人员及其他人员伪造、变造会计凭证、会计账簿,编制虚假财务会计报告或者隐匿、故意销毁依法应当保存的会计凭证、会计账簿、财务会计报告;(4)单位负责人对依法履行职责、抵制违反本法规定行为的会计人员以降级、撤职、调离工作岗位、解聘或者开除等方式实行打击报复;(5)财政部门及有关行政部门的工作人员在实施监督管理中滥用职权、玩忽职守、徇私舞弊或者泄露国家秘密、商业秘密。

上述行为,尚不构成犯罪的,视不同情况,可处以罚款、行政处分、吊销会计从业资格证书等处罚;构成犯罪的,依法追究刑事责任。

第二节　价格管理法律制度

一、价格法概述

价格是商品或者服务价值的货币表现形式,是国民经济运行的综合反映,也是各方面经济活动主体利益关系的调节机制,是市场的核心之一。为了规范价格行为,发挥价格合理配置资源的作用,稳定市场价格总水平,保护消费者和经营者的合法权益,促进社会主义市场经济健康发展,经八届全国人大常务委员会第 29 次会议审议,通过了《中华人民共和国价格法》(以下简称《价格法》),并于 1997 年 12 月 29 日颁布,1998 年 5 月 1 日起实施。这是我国价格改革取得的重大成果,标志着我国价格管理走上了法制化、规范化的轨道,对于巩固价格改革成果,深化价格改革,用法律形式促进价格合理形成,维系市场机制正常运行,为市场优化资源配置创造公平竞争环境,具有非常重要的意义。

二、我国基本价格制度和价格工作的基本原则
(一)价格的概念

《价格法》所称价格,包括商品价格和服务价格。商品价格是指各类有形产品和无形资产的价格,其中有形产品是指消费品、生产资料等有实物形态和物质载体的产品,比如:农产品、工业制成品、建筑产品等;无形资产是指长期使用而没有实物形态的资产,比如:专利权、商标权、著作权等。服务价格是指各类有偿服务的收费,即不出售实物,而以一定的设备、工具和服务性劳动,为消费者或经营者提供某种服务所收取的费用,具体包括经营性收费和事业性收费,其中经营性收费是指企业、事业单位以营利为目的,借助一定的场所、工具和设备提供经营性服务所收取的费用,比如:理发、照相和各种修理收费。事业性收费是指政府办的事业单位在向社会提供公共服务的过程中,按照国家有关政策规定,为弥补或部分弥补服务成本而收取的费用,比如:医疗、教育、检验和鉴定费等。

(二)我国基本价格制度

《价格法》规定:"国家实行并逐步完善宏观经济调控下主要由市场形成价格的机制。价格的制定应当符合价值规律,大多数商品和服务价格实行市场调节价,极少数商品和服务价格实行政府指导价或者政府定价。"这是对我国基本价格制度的规定。新的价格制度包括了两个基本方面:市场形成价格和政府宏观调控价格。这一价格制度要求我国价格形成机制由过度集中的行政定价为主转换为国家调控下的市场定价为主。与此相适应,定价形式包括以下三种。

1.市场调节价。市场调节价是指由经营者自主制定、通过市场竞争形成的价格。经营者是指从事生产、经营商品或者提供有偿服务的自然人、法人和其他组织。

2.政府指导价。政府指导价是指依照《价格法》规定,由政府价格主管部门或者其他有关部门,按照定价权限和范围规定基准价及其浮动幅度,指导经营者制定的价格。

3.政府定价。政府定价是指依照《价格法》规定,由政府价格主管部门或者其他有关部门,按照定价权限和范围制定的价格。

(三)价格工作的基本原则

《价格法》规定:"国家支持和促进公平、公开、合法的市场竞争,维护正常的价格秩序,对价格活动实行管理、监督和必要的调控。"由此明确了价格工作的基本原则有以下两点。

1.公平、公开、合法原则

维护正常的价格秩序,促进市场价格合理形成,创造公平有序的市场竞争环境,是价格工作的基本任务,因此,《价格法》倡导正当竞争、公平交易,对价格欺诈、价格垄断、价格歧视等不正当价格竞争行为要予以制止。

2.实行管理、监督和必要的调控原则

虽然市场形成的价格具有高度灵活和自动调节的优点,但同时存在自发性、盲目性和滞后性的缺陷,并且我国市场体系不完善,公平、正当的市场竞争秩序还未建立起来,加上经营者在市场竞争中行为不规范,所有这些都要求政府采取必要的手段,对价格活动进行管理、监督和调控。

三、经营者的价格行为

经营者是市场调节价的定价主体,其价格行为对市场价格秩序的建立、市场价格总水平的稳定以及市场合理价格的形成,产生着重要的影响。《价格法》对经营者的定价原则、定价基准、经营者定价活动的权利和义务以及相关的事宜进行了规定。

(一)市场调节价的范围

在新的价格形成机制中,《价格法》确定了市场调节价的主导地位。为了准确划分市场调节价和政府指导价以及政府定价的具体范围,《价格法》采取排除法,明确规定:"商品价格和服务价格,除依照本法第十八条规定适用政府指导价或者政府定价外,实行市场调节价,由经营者依照本法自主制定。"

1.政府指导价和政府定价的范围

依据《价格法》第十八条规定,政府定价的商品和服务是:(1)与国民经济发展和人民生活关系重大的极少数商品;(2)资源稀缺的少数商品;(3)自然垄断经营的商品;(4)重要的公用事业价格;(5)重要的公益性服务价格。

2.市场调节价的范围

除上述商品和服务的价格,政府在必要时实行政府指导价和政府定价以外,均实行市场调节价,由经营者自主制定。

(二)经营者定价原则和基本依据

1.定价原则

经营者确定价格时,不仅要接受市场竞争法则和效率法则的约束,而且要受到法制原则和道德规范的约束,从而发挥价格机制的积极作用。为此,《价格法》规定:"经营者定价,应当遵循公平、合法和诚实信用的原则。"

2.基本依据

生产经营成本是经营者在生产经营中发生的各种活劳动和物化劳动耗费的总和,是确定价格高低的基本因素。同时,市场供求关系对价格的形成具有制约作用,是确定价格高低的决定因素。经营者虽然是市场调节价的定价主体,具有自主定价的权利,但必须尊重客观规律,主动适应供求变化,制定合理的价格。《价格法》规定："经营者定价的基本依据是生产经营成本和市场供求状况。"

(三)经营者在价格活动中的权利和义务

1.经营者在价格活动中的权利：(1)自主制定属于市场调节的价格；(2)在政府指导价规定的幅度内制定价格；(3)制定属于政府指导价、政府定价产品范围内的新产品的试销价格,特定产品除外；(4)检举、控告侵犯其依法自主定价权利的行为。

2.经营者在价格活动中的义务：(1)建立、健全内部价格管理制度,准确记录与核定商品和服务的生产经营成本,不得弄虚作假；(2)遵守法律、法规,执行依法制定的政府指导价、政府定价和法定的价格干预措施、竞争措施；(3)按照政府主管部门的规定明码标价,不得在标价之外加价出售商品,不得收取任何未予标明的费用。

3.不正当价格行为：(1)相互串通,操纵市场价格,损害其他经营者和消费者的合法权益；(2)除依法降价处理鲜活商品、季节性商品、积压商品等商品外,为了排挤竞争对手或者独占市场,以低于成本的价格倾销,扰乱正常的生产经营秩序,损害国家利益或者其他经营者的合法权益；(3)捏造、散布涨价信息,哄抬价格,推动商品价格过高过快上涨；(4)利用虚假的或者使人误解的价格手段,诱骗消费者或者其他经营者与其进行交易；(5)提供相同商品或者服务,对具有同等条件的其他经营者实行价格歧视；(6)采取抬高等级或者压低等级等手段收购、销售商品或者提供服务,变相提高或者压低价格；(7)违反法律、法规的规定牟取暴利；(8)法律、行政法规禁止的其他不正当价格行为。

四、政府的定价行为

政府是政府指导价和政府定价的定价主体,为增强政府调控价格能力,规范政府本身的价格行为,《价格法》设专章规定了政府指导价和政府定价的适用范围、定价权限、定价依据,还规定了政府制定价格应开展调查、听取意见,实行公告制度、听证会制度,并对政府指导价和政府定价应适时调整以及消费者、经营者有调价建议权作出了规定。

(一)定价目录的制定权限和程序

定价目录是划分中央和地方价格主管部门定价权限和具体适用范围的规范性文件,为了保证各级政府不层层截留企业定价权,《价格法》规定如下：(1)政府指导价、政府定价的定价权限和具体适用范围,以中央的和地方的定价目录为依据；(2)中央定价目录由国务院价格主管部门制定、修订,报国务院批准后公布;(3)地方定价目录由省、自治区、直辖市人民政府价格主管部门按照中央定价目录规定的定价权限和具体适用范围制定,经本级人民政府审核同意,报国务院价格主管部门审定后公布;(4)省、自治区、直辖市人民政府以下各级地方人民政府不得制定定价目录。

(二)定价权限和定价依据

1.定价权限

对实行政府指导价、政府定价的商品和服务的定价权限,《价格法》规定如下:(1)国务院价格主管部门和其他有关部门,按照中央定价目录规定的定价权限和具体运用范围制定政府指导价、政府定价,其中重要的商品和服务价格的政府指导价、政府定价,应当按照规定经国务院批准;(2)省、自治区、直辖市人民政府价格主管部门和其他有关部门,应当按照地方定价目录的定价权限和具体适用范围制定本地区执行的政府指导价、政府定价;(3)市、县人民政府可以根据省、自治区、直辖市人民政府的授权,按照地方定价目录规定的定价权限和具体适用范围制定在本地区执行的政府指导价、政府定价。

2.定价依据

《价格法》规定,制定政府指导价、政府定价,应当依据有关商品或者服务的社会平均成本和市场供求状况、国民经济与社会发展要求以及社会承受能力,实行合理的购销差价、批发差价、地区差价和季节性差价。

(三)听证会制度

《价格法》规定,制定关系群众切身利益的公用事业价格、公益性服务价格、自然垄断经营的商品价格等政府指导价、政府定价,应当建立听证会制度,由政府价格主管部门主持,征求消费者、经营者和有关方面的意见,论证其必要性、可行性。

实行听证会制度,有利于沟通经营者与消费者之间的联系;有利于促使经营者加强经营管理;有利于提高消费者的心理承受能力;有利于使价格决策形成多方制约的格局,提高政府制定价格的科学性、全面性,减少盲目性、片面性。

(四)公告制度

《价格法》规定,政府指导价、政府定价制定后,由制定价格的部门向消费者、经营者公布。这一规定,不仅可以提高政府的定价行为的透明度,也便于经营者执行和社会监督。

五、价格总水平调控

价格总水平是指在一定时期内全社会所有商品和服务价格的加权平均

水平。价格总水平通过价格总指数来表现,我国采用社会商品零售价格总指数和居民消费价格总指数。

价格总水平调控是指国家通过经济、法律和行政手段,对价格总水平的变动进行直接或者间接的干预和约束,以保证价格总水平调控目标的实现。

《价格法》对价格总水平调控目标、实现措施和手段,价格监测制度,粮食等重要农产品收购保护价制度,价格干预措施,价格紧急措施进行了规定。

六、价格监督检查

价格监督检查是国家价格管理的重要组成部分,《价格法》对政府的价格监督检查、价格的社会监督、价格的举报制度作了规定。其中,规定政府价格主管部门进行价格监督检查时,可以行使下列职权:

1.询问当事人或者有关人员,要求其提供证明材料和与价格违法行为有关的其他资料;

2.查询、复制与价格违法行为有关的账簿、单据、凭证、文件及其他资料,核对与价格违法行为有关的银行资料;

3.检查与价格违法行为有关的财物,必要时可以责令当事人暂停相关营业;

4.在证据可能灭失或者以后难以取得的情况下,可以依法先行登记保存,当事人或者有关人员不得转移、隐匿、销毁。

七、法律责任

《价格法》依经营者违法行为的性质、情节以及危害程度的不同,确定了相应的行政责任、民事责任;对地方各级人民政府或者各级人民政府有关部门及其工作人员、价格工作人员违反该法的法律责任也进行了规定。

第三节　工程造价管理制度

一、我国工程造价管理制度的历史沿革[①]

我国工程项目造价管理的历史非常悠久。在中国的封建社会,不少官

___

① 徐大图主编:《工程项目投资控制》,中国计划出版社,1997年,第5～6页

府建筑规模宏大、技术要求很高,历代工匠积累了丰富的经验,逐步形成了一套工料限额管理制度,即我们现在所说的人工、材料定额。据我国春秋战国时期的科学技术名著《考工记》"匠人为沟洫"一节的记载,早在两千多年前我们的祖先就已经有了关于工程造价预算与工程施工控制、工程造价控制方法方面的规定。我国北宋李诫所著《营造法式》一书,实际上就是官府颁布的建筑规范和定额,它汇集了北宋以前的技术精华,吸取了历代工匠的经验,对控制工料消耗,加强设计监督和施工管理起了很大作用,并一直沿用到明清。明代管辖官府建筑的工部所编著的《工程做法》则一直流传至今。

新中国成立后,从 1950 年到 1957 年,是与计划经济相适应的概预算定额制度建立时期。在引进前苏联概预算定额管理制度的基础上,我国于 1957 年颁布的《关于编制工业与民用建设预算的若干规定》规定各个不同设计阶段都应当编制概算和预算,明确了概预算的作用。在此之前,当时的国务院和国家建设委员会还先后颁布了《基本建设工程设计和预算文件审核批准暂行办法》、《工业与民用建设设计及预算编制办法》和《工业与民用建设预算编制暂行细则》等一系列国家性的法规与文件。为加强概预算的管理工作,国家先后成立了标准定额局(处),1956 年又单独成立了建筑经济局。同时,各地分支定额管理机构也相继成立。

从 1958 年到 1966 年,是概预算定额管理逐渐被削弱的阶段。从 1958 年开始,在"左"的思想影响下,概预算与定额管理权限全部下放。1958 年 6 月,基本建设预算编制办法、建筑安装工程预算定额和间接费用定额交各省、自治区、直辖市负责管理,其中有关专业性的定额由中央各部负责修订、补充和管理。这也是造成现在全国工程量计量规则和定额项目在各地区不统一的原因。各级基建管理机构的概预算部门被精简,设计单位概预算人员减少,只算政治账,不讲经济账,概预算控制投资作用被削弱,"吃大锅饭,投资大撒手之风"逐渐滋长。尽管在短时期内也有过重整定额管理的迹象,但总的趋势并未改变。

从 1966 年到 1976 年,是概预算定额管理工作遭到严重破坏的阶段。概预算和定额管理机构被撤销、"砸烂",预算人员改行,大量基础资料被销毁。定额被说成是"管、卡、压"的工具。造成设计无概算,施工无预算,竣工无决算,投资大敞口,吃大锅饭。1967 年,建工部直属企业实行经常费制度。工程完工后向建设单位实报实销,从而使施工企业变成了行政事业单位。这一制度实行了 6 年,于 1973 年 1 月 1 日被迫停止。恢复建设单位与施工单位施工图预算结算制度。1973 年制定了《关于基本建设概算管理办法》,但并未能施行。

从 1976 年到 20 世纪 90 年代初,是造价管理工作整顿和发展的时期。1976 年,"十年动乱"结束后,随着国家经济中心的转移,为恢复与重建造价管理制度提供了良好的条件。

从 1977 年起,国家恢复重建造价管理机构,至 1983 年 8 月成立基本建设标准定额局,概预算定额统一归口,1988 年划归建设部,成立标准定额司,各省市、各部委建立了定额管理站,在这一阶段,全国颁布了大量的有关工程造价管理方面的文件和一系列工程造价概预算定额、工程造价管理方法,以及工程项目财务和经济评价的方法与参数等一系列的指南、法规和文件,主要有《建设项目经济评价方法》、《建设项目经济评价参数》、《中外合资经营项目经济评价方法》、《全国统一建筑工程预算基础定额》、《全国统一安装工程预算基础定额》、《建设项目工程招投标管理办法》、《基本建设项目财务管理的若干规定》等。①

自 1992 年开始,我国改革开放的力度不断加大,市场经济体制开始建立,在工程造价管理的模式、理论和方法等方面也开始发生了全面变革。我国传统的工程造价概预算定额实际上是用来对工程造价实行行政指令的直接管理,遏制了竞争,抑制了生产者和经营者的积极性与创造性,已经越来越无法适应社会主义市场经济的需要。当时我国的工程造价管理体制、基本理论和方法与改革开放的现实出现了很大的不相容性。因此,自 1992 年全国工程建设标准定额工作会议以后,我国的工程造价管理体制从原来引进前苏联的"量、价统一"的工程造价定额管理模式,开始向"量、价分离"的工程项目造价管理新模式的转变。

从 1995 年开始准备,到 1997 年国家建设部和人事部开始共同组织试行和实施全国造价工程师执业资格考试与认证工作。同时,从 1997 年开始由建设部组织进行我国工程造价咨询单位的资质审查和批准工作。这方面的工作对我国工程项目造价管理的发展带来了很大的促进作用。现在我国的注册造价工程师和工程造价咨询单位都已经相继诞生。工程造价管理的许多专业性工作已经在按照国际通行的中介咨询服务的方式在运作。所有这些进步使得 20 世纪 90 年代后期成了我国工程项目造价管理在适应经济体制转化和与国际工程项目造价管理惯例接轨方面发展最快的一个阶段。②

① 杨思忠:《中国建设工程造价管理协会第三届理事会报告》,《工程造价管理》,1995 年第 4 期
② 赵宝江:《在全国工程建设标准定额工作会议上的讲话》,《工程造价管理》,1997 年第 6 期

随着我国建设市场的快速发展,招标投标制度、合同法律制度的逐步推行以及加入 WTO 与国际接轨等要求,工程造价计价依据改革不断深化。近几年,广东、吉林、天津等地相继开展了工程量清单计价的试点,在有些省市和行业的世界银行贷款项目也都实行国际通用的工程量清单投标报价,工程量清单计价做法已得到各级工程造价管理部门和各有关方面的赞同,也得到了工程建设主管部门的认可。根据建设部 2002 年工作部署和建设部标准定额司工程造价管理工作要点,为改革工程造价计价方法,推行工程量清单计价,建设部标准定额研究所受建设部标准定额司的委托,于 2002年 2 月 28 日开始组织有关部门和地区工程造价专家编制《全国统一工程量清单计价办法》,为了增强工程量清单计价办法的权威性和强制性,2003 年2 月 17 日,建设部以第 119 号公告批准发布了国家标准《建设工程工程量清单计价规范》(GB50500—2003),自 2003 年 7 月 1 日起实施。为了进一步完善工程量清单计价工作,2008 年 7 月 9 日,历经两年多的起草、论证和多次修改,住房和城乡建设部以第 63 号公告发布了《建设工程工程量清单计价规范》(GB50500—2008),自 2008 年 12 月 1 日起实施。

二、工程造价管理的法律形式

法律形式是指法律的存在和表现形式,即国家制定和认可的法律规范的各种表现形式,也被称为法的渊源。目前,我国在工程造价管理方面的法律形式有以下几种。

(一)法律

在工程造价管理方面,我国没有单独的法律,但是有许多法律规定涉及工程造价的管理。例如,《建筑法》第 18 条规定:"建筑工程造价应当按照国家有关规定,由发包单位与承包单位在合同中约定。公开招标发包的,其造价的约定,须遵守招投标法律的规定。发包单位应当按照合同的约定,及时拨付工程款项。"《价格法》第 3 条规定:"极少数商品和服务价格实行政府指导价或政府定价。"该法还对政府指导价和政府定价作了规定。政府指导价是指依照规定,由政府价格主管部门或其他有关部门,按照定价权限和范围规定基准价及其浮动幅度,指导经营者制定的价格。政府定价是指按照有关规定,由政府价格主管部门或其他有关部门,按照定价权限和范围制定的价格。1999 年 8 月 30 日全国人大常委会通过的《招标投标法》第 33 条规定,投标人不得以低于成本的报价竞标。该法第 41 条规定中标人应当具备的条件中,如果是采用评标价最低作为中标标准的,中标人的投标价格不能低于成本。这些法律法规实际上规定了工程造价管理的法律基础。

(二)行政法规

行政法规是由国务院制定的,是仅次于宪法和法律的一种法律形式。在国务院制定的许多行政法规中,都有有关工程造价的规定。如《建设工程质量管理条例》第 10 条规定,建设工程发包单位不得迫使承包方以低于成本的价格竞标,不得任意压缩合理工期。

(三)部门规章

我国工程造价行政主管部门是国家建设部,因此关于工程造价的部门规章一般是由建设部颁发的,如建设部 1999 年 1 月 5 日发布的《建设工程施工发包与承包价格管理暂行规定》。由于工程造价管理涉及的范围较广,也存在着大量的国务院其他部委制定的一些规范性文件涉及这方面内容的情况。

(四)地方性法规和规章

近年来,许多省市通过各种形式加快了工程造价管理立法工作。比如,云南省人大常委会颁发的《云南省建设工程造价管理条例》,这是云南省贯彻实施《建筑法》及有关法规,整顿建设市场,全面规范建设工程造价管理活动和计价行为的地方性法规。它的出台对进一步加强云南省建设工程造价管理提供了有力的保证。北京市建委颁发的《关于北京市建设工程造价计价办法的通知》、珠海市政府颁发的《珠海市建设工程造价管理规定》等都属于地方政府规章。

通过以上分析,我们可以看到,工程造价管理在现行法律规章中已有据可循,有法可依。一个以国家法律为依据,国务院建设行政主管部门以及各级地方政府行政法规所构成的具有中国特色的建设工程造价管理法规体系,正在逐步建立和形成。

【本章小结】通过对本章的学习,应当掌握我国一般成本管理的法律制度体系,要注意掌握《价格法》中有关价格管理的规定,对我国的会计法律制度做一般性的了解。应当掌握我国工程项目成本管理的法律形式,对我国工程项目造价管理制度的变迁要有足够的了解,掌握两种计价方式的优缺点。

本章进一步阅读材料:

1.［美］查尔斯·T.霍恩格伦等著,王立彦等译:《成本会计学:以管理为重心》(第九版),东北财经大学出版社,2000 年

2.万寿义著:《现代企业成本管理研究》,东北财经大学出版社,2004 年

3.徐大图主编:《工程项目投资控制》,中国计划出版社,1997年

4.戚安邦著:《工程项目全面造价管理》,南开大学出版社,2000年

5.刘允延主编:《建设工程项目造价成本管理》,机械工业出版社,2003年

思考题:

1.《会计法》规定的对会计人员的特别保护措施有哪些?

2.简述会计核算的要求和内容。

3.对会计工作的监督有哪些?

4.我国《价格法》规定的定价方式有哪几种?

5.根据《价格法》规定,哪些商品或服务可以采用政府定价?

6.简述我国的价格听证会制度。

7.试述工程造价定额管理模式的利弊。

8.我国目前有关工程项目造价管理的法律制度有哪些?

第四章　项目质量管理法律制度

【本章导读】本章主要讨论与项目质量管理有关的法律制度,首先介绍我国质量管理的法律制度体系,接着分别讨论我国质量法律体系中的产品计量和标准化法律制度、产品质量法律制度、建筑工程质量法律制度和服务质量管理法律制度。

第一节　概述

由于项目的一次性和独特性等特性,决定了项目质量管理的概念不同于一般质量管理的概念。但项目质量管理的一般性方法与质量管理的思想基本上是一致的,只是项目质量管理的方法与产品和服务质量管理的方法有较大差别。这种差别是由项目本身所具有的一次性、独特性、创新性等特性和项目质量的双重性与过程性决定的。[①] 因此,对于法律制度而言,调整项目质量管理活动的法律规范与调整一般意义上的质量管理活动的法律规范并无二致,都涉及产品、服务和工程三个方面。

质量管理法律制度是调整质量管理活动中各种社会关系的法律规范的总和,是指国家、政府部门为了加强对产品、服务和工程质量的监督管理,保证产品、服务和工程质量,保护人民生命和财产安全而制定的一系列法律、法规、规章等规范性文件。

一、质量管理法律体系的构成

我国的质量管理法律体系从效力上可以划分为三个层次(见图 4-1)。

---

① 戚安邦主编:《项目管理学》,南开大学出版社,2003 年 6 月,第 258 页

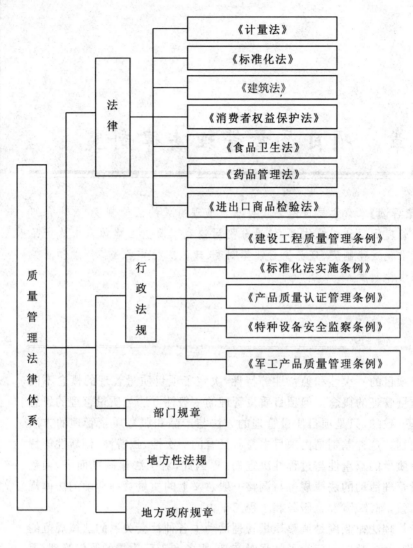

图 4-1 我国质量管理法律体系的构成

(一)法律

"法律"一词,在我国有广义和狭义之分。狭义的法律仅指由全国人民代表大会及其常务委员会制定和修改的刑事、民事等基本法律以及基本法律以外的其他法律。广义的法律则包括宪法、法律、行政法规、地方性法规、民族自治条例和单行条例、国务院部门规章和地方政府规章,以及国家权力机关对宪法、法律、行政规章等做的立法、司法和行政解释。

质量管理法律由全国人民代表大会及其常务委员会制定,以国家主席令公布实施。改革开放以来,全国人大及其常务委员会制定了一系列有关质量管理的法律,如《标准化法》、《计量法》、《产品质量法》、《进出口商品检验法》、《食品卫生法》、《药品管理法》、《建筑法》等。

(二)行政法规和部门规章

行政法规由国务院制定并颁布施行,部门规章由国务院有关部委制定并公布施行。对于全国人大及其常委会制定的有关质量管理的法律,国务院大多制定了相应的实施条例或者细则,以确保法律的贯彻实施,如《标准化法实施条例》、《计量法实施细则》等。

(三)地方性法规和地方政府规章

地方性法规由省、自治区、直辖市的人民代表大会,省、自治区人民政府所在地的市和经国务院批准的较大的市的人民代表大会及其常务委员会制定并公布施行。地方政府规章由省、自治区、直辖市以及省、自治区人民政府所在地的市和经国务院批准的较大的市的人民政府制定颁布。

二、质量管理法律体系的内容

质量管理包括产品质量管理、服务质量管理和工程质量管理,涉及工业企业、服务企业和建筑企业三大领域。并且,无论是哪个领域的质量管理都离不开标准和计量。因此,从内容上可以把我国质量管理的法律规定分为四类:一是作为质量管理技术基础的标准化法和计量法;二是有关产品质量管理的法律规定;三是有关建筑工程质量管理法律规定;四是有关服务质量管理法律规定。

(一)质量管理技术基础法

所谓质量管理技术基础法,主要是指作为质量管理技术基础的标准化和计量方面的法律、行政法规和规章。这方面的法律主要有:《中华人民共和国标准化法》(1988 年 12 月 29 日七届全国人大常委会第五次会议通过,1989 年 4 月 1 日生效实施)、《中华人民共和国计量法》(1985 年 9 月 6 日六届全国人大常委会第十二次会议通过,1986 年 7 月 1 日生效实施);行政法规主要包括:《中华人民共和国标准化法实施条例》(1990 年 4 月 6 日国务院发布施行)、《中华人民共和国计量法实施细则》(1987 年 1 月 19 日国务院批准,同年 2 月 1 日国家计量局发布施行)、《军用标准化管理办法》(1984 年 1 月 7 日国务院、中央军委发布施行)等;规章比较多,主要有:《工程建设标准规范管理办法》(1980 年 1 月 3 日国家建委发布施行)、《计量器具新产品管理办法》(2005 年 5 月 20 日国家质量监督检验检疫总局发布施行)、《进口计量器具监督管理办法》(1989 年 11 月 4 日国家技术监督局发布施

行)、《工程建设国家标准管理办法》(1992 年 12 月 30 日建设部发布施行)、
《工程建设行业标准管理办法》(1992 年 12 月 30 日建设部发布施行)、《采
用国际标准管理办法》(2001 年 12 月 4 日国家质量监督检验检疫总局发
布,原国家质量技术监督局 1993 年 12 月 13 日发布的《采用国际标准和国
外先进标准管理办法》同时废止)等。

(二)产品质量监督管理法

产品质量管理是质量管理最重要的领域,我国在这方面的立法比较健
全,已形成一个较为完善的法律体系。

1. 法律

全国人大常委会制定并通过的关于产品质量管理方面的法律包括四
类。一是产品质量管理基本法,即《中华人民共和国产品质量法》(以下简称
《产品质量法》),七届全国人大常委会第三十次会议于 1993 年 2 月 22 日通
过,1993 年 9 月 1 日起施行,于 2000 年 7 月 8 日修订,同年 9 月 1 日起施
行。二是有关特殊产品质量监督管理的法律,主要包括:《中华人民共和国
药品管理法》,第五届全国人民代表大会常务委员会第七次会议于 1984 年
9 月 20 通过,2001 年 2 月 28 日第九届全国人民代表大会常务委员会第二
十次会议修订,自 2001 年 12 月 1 日起施行;《中华人民共和国食品安全
法》,第十一届全国人民代表大会常务委员会第七次会议于 2009 年 2 月 28
日通过,自 2009 年 6 月 1 日起施行(《中华人民共和国食品卫生法》同时废
止)。三是有关进出口商品质量监督管理的法律,主要是《中华人民共和国
进出口商品检验法》,由七届全国人大常委会第六次会议于 1989 年 2 月 21
日通过,2002 年 4 月 28 日第九届全国人民代表大会常务委员会第二十七
次会议修订,自 2002 年 10 月 1 日起施行。四是产品责任法,我国将产品责
任法与产品质量监督管理法合二为一,制定颁布了统一的《产品质量法》,因
此,《产品质量法》既是产品质量管理的基本法,也是产品责任基本法。另
外,从世界各国的立法实践以及国内学界的观点来看,1993 年 10 月 31 日
由八届全国人大常委会第四次会议通过并自 1994 年 1 月 1 日起施行《中华
人民共和国消费者权益保护法》(以下简称《消法》),也是我国质量管理法律
体系的一个重要组成部分①。因为《消法》的立法目的主要在于保护消费者
的合法权益,从这一角度出发,《消法》不仅规定了因商品或服务质量不合格
造成他人财产、人身损害的民事责任,还规定了经营者违反《消法》的行政责
任以及刑事责任。另外,《民法通则》也对产品责任作了规定。

---

① 赵康主编:《现代企业质量管理的法律问题》,广东人民出版社,1999 年,第 39 页

2.行政法规和部门规章

质量管理行政法规是国务院依据宪法和法律制定的有关质量监督管理的行政法规。质量管理部门规章主要是指国务院有关部委依据法律和行政法规制定的有关质量监督管理的规范性文件。

产品质量监督管理方面的行政法规和部门规章主要有：《医疗器械产品质量管理办法》(1985 年)、《工业产品质量责任条例》(1986 年)、《禁止食品加药卫生管理办法》(1987 年)、《军工产品质量管理条例》(1987 年)、《药品管理法实施办法》(1989 年)、《产品质量认证管理条例》(1991 年)、《实施工程建设强制性标准监督规定》(2000 年)、《药品注册管理办法(试行)》(2002 年)、《药品管理法实施条例》(2002 年)、《麻醉药品和精神药品管理条例》(2005 年)、《进出口商品检验法实施条例》(2005 年)、《食品安全法实施条例》(2009 年)等。

3.地方性法规和规章

根据宪法和有关组织法的规定,省、自治区、直辖市以及省级人民政府所在地的市和国务院批准的较大的市的人民代表大会及其常务委员会,有权制定地方性法规。省、自治区、直辖市以及省、自治区人民政府所在地的市和经国务院批准的较大的市的人民政府,可以根据法律和行政法规,制定规章。改革开放以来,享有地方性法规和规章制定权的地方人民代表大会及其常务委员会和地方人民政府充分发挥其职能,制定了许多地方性法规和规章,其中不乏有关质量管理方面的地方性法规和规章。以天津为例,天津市人大及其常委会制定颁布的涉及质量管理的地方性法规主要有:《天津市消费者权益保护条例》(2004 年 7 月 15 日公布,自 2004 年 9 月 1 日起施行)、《天津市产品质量监督条例》(2001 年 12 月 28 日公布,2002 年 2 月 1 日实施,原同名条例废止)等;天津市人民政府发布的有关质量管理的地方政府规章主要有:《天津市严厉惩处经销伪劣商品责任者暂行办法》(1989 年)、《天津市工业产品生产许可证管理办法》(1990 年)等。

(三)建筑工程质量监督管理法

《产品质量法》规定:"建筑工程不适用本法规定。"建筑工程是经过加工制作的"产品",其中也有一些是用于销售,但是由于建筑工程具有与一般工业产品不同的特点,《产品质量法》的许多规定难以适用,所以需要另行立法予以调整。经过几年努力,《中华人民共和国建筑法》(以下简称《建筑法》)于 1997 年 11 月 1 日由八届全国人大常务委员会第二十八次会议通过,自 1998 年 3 月 1 日起生效实施。《建筑法》的颁布实施,为加强对建筑活动的监督管理,保证建筑工程的质量和安全,提供了法律依据。在建筑工程质量的监督管理方面,国务院及其有关部委还制定颁布了一系列行政法规和规章。如《建设工程质量管理条例》(2000 年 1 月 30 日国务院发布实施)、《工程建设行业标准管理办法》(1992 年 12 月 30 日建设部发布实施)、《建设工程施工许可管理办法》(2001 年 7 月 4 日经修订后建设部重新发布实施)、《房屋建筑工程质量保修办法》(2000 年 6 月 26 日建设部发布实施)等。一些地方省级人大及其常委会、人民政府也制定并颁布了一些有关建筑质量管理的地方性法规或规章①,如《天津市建设工程质量管理规定》(2003 年 9 月 10 日发布,2003 年 12 月 1 日起施行。原《天津市建设工程质量管理条例》同时废止)、《深圳市建设工程质量管理条例》、《浙江省建设工程质量管理条例》等。

(四)服务质量监督管理法

服务业的范围十分广泛,包括交通、通信、医疗、金融、贸易、维修以及旅游、餐饮、娱乐、咨询等,难以制定统一的质量监督管理法,但全国人大在其制定的相关法律中,对服务质量的监督管理也作出了相应的法律规定。如《中华人民共和国铁路法》、《中华人民共和国民用航空法》、《中华人民共和国邮政法》、《中华人民共和国保险法》、《中华人民共和国商业银行法》等都对相关行业的服务质量的监督管理作了原则性规定。此外,在国务院及其有关部委制定的相关服务行业管理的行政法规和规章中,也有关于服务质量的规定。

三、质量管理法律的适用

在实际的质量管理工作中,我们经常会遇到这样的难题:对于同一个问题,这个条例这样规定,那个规章可能那样规定,究竟应该依据哪一个法律规范性文件,常常使人无所适从。这涉及一个法律适用的问题,根据《中华人民共和国立法法》(以下简称《立法法》)的有关规定,对于质量管理法律规范的适用问题,我们可以采用以下原则进行处理。

(一)法律和行政法规、地方性法规、规章

法律的效力高于行政法规、地方性法规、规章。比如在规范产品质量管理方面,《产品质量法》具有最高的法律效力,任何行政法规、地方性法规及

---

① 20 世纪 90 年代中后期,一些有权制定地方性法规的各级人民代表大会及其常委会、人民政府制定了一些有关建设工程质量管理方面的地方性法规和地方政府规章,随着 2000 年国务院《建设工程质量管理条例》的发布实施,一些与该法不相符合的地方性法规和规章频频被修订或废止,如《北京市建设工程质量管理条例》、《天津市建设工程质量管理条例》等均已废止。

规章都不得与之相抵触。

(二)行政法规和地方性法规、规章

行政法规的效力高于地方性法规、规章。比如在规范工程质量管理方面,《建设工程质量管理条例》的效力要高于地方性法规(如《天津市建设工程质量管理规定》、《深圳市建设工程质量管理条例》等),也高于建设部及有关部委发布的部门规章(如《房屋建筑工程质量保修办法》等)。

(三)地方性法规和地方政府规章

地方性法规的效力高于本级和下级地方政府规章。省、自治区的人民政府制定的规章的效力高于本行政区域内的较大的市的人民政府制定的规章。

(四)自治条例、单行条例和经济特区法规

自治条例和单行条例依法对法律、行政法规、地方性法规作变通规定的,在本自治地方适用自治条例和单行条例的规定。经济特区法规根据授权对法律、行政法规、地方性法规作变通规定的,在本经济特区适用经济特区法规的规定。

(五)部门规章和地方政府规章

部门规章之间、部门规章与地方政府规章之间具有同等效力,在各自的权限范围内施行。

(六)新法、特别法优先

同一机关制定的法律、行政法规、地方性法规、自治条例和单行条例、规章,特别规定与一般规定不一致的,适用特别规定;新的规定与旧的规定不一致的,适用新的规定。

法律之间对同一事项的新的一般规定与旧的特别规定不一致,不能确定如何适用时,由全国人民代表大会常务委员会裁决。行政法规之间对同一事项的新的一般规定与旧的特别规定不一致,不能确定如何适用时,由国务院裁决。

(七)法不溯及既往

法律、行政法规、地方性法规、自治条例和单行条例、规章不溯及既往,但为了更好地保护公民、法人和其他组织的权利和利益而作的特别规定除外。

(八)地方性法规和部门规章

地方性法规、规章之间不一致时,由有关机关依照下列规定的权限作出裁决。

(1)同一机关制定的新的一般规定与旧的特别规定不一致时,由制定机关裁决。

（2）地方性法规与部门规章之间对同一事项的规定不一致，不能确定如何适用时，由国务院提出意见，国务院认为应当适用地方性法规的，应当决定在该地方适用地方性法规的规定；认为应当适用部门规章的，应当提请全国人民代表大会常务委员会裁决。

（3）部门规章之间、部门规章与地方政府规章之间对同一事项的规定不一致时，由国务院裁决。根据授权制定的法规与法律规定不一致，不能确定如何适用时，由全国人民代表大会常务委员会裁决。

法律适用问题是质量管理人员在具体工作中经常遇到的，我国的《立法法》对此有详细的规定，限于篇幅我们在此不作赘述，但希望读者能仔细学习《立法法》第五章"适用与备案"的有关内容，这可以帮助我们有效解决实践中碰到的各种规范性法律文件相互之间矛盾冲突的问题。

第二节　产品计量和标准化法律制度

项目质量是通过项目质量计划的制定与实施和根据项目质量计划所开展的质量保障与控制活动达到的。所以在项目质量管理中，首要的工作就是项目质量计划的制定和安排。项目组织在制定项目质量计划时，必须充分考虑所有与项目质量相关领域的国家、地方、行业等标准、规范以及政府规定等。当项目所属专业领域暂时没有相关的标准和规范时，项目组织应该组织有关人员根据项目目标制定相关的项目标准和规范。另外，计量工作和标准化工作一样，属于质量管理的技术基础工作。因此，本节主要介绍我国有关产品计量和标准化的相关法律制度。

一、计量法

（一）计量法概述

计量是以统一单位制、统一量值为内容的，为各行各业提供计算准则和量值尺度的工作，是国民经济的一项重要技术基础。生产的发展、经营管理的改善、产品质量和经济效益的提高，都与计量息息相关。科学研究表明，没有精确的计量仪器和测量方法，就难以保证数据的准确可靠。全面质量管理必须有健全的计量做基础。总之，计量工作是生产和经营管理的重要技术基础，是提高企业素质，保证产品或工程质量，促进技术进步和管理现代化的重要条例，也是有效实行技术监督的必要手段。

所谓计量法,就是关于计量单位制度和国家法定计量单位,关于计量基准标准器具的建立及其检定,关于计量管理监督体制及其办法以及有关法律责任的法律规范的总称。1985 年 9 月 6 日,第六届全国人民代表大会常务委员会第十二次会议通过的《中华人民共和国计量法》(以下简称《计量法》),为全面加强计量的基础工作提供了必要的法律准则,为促进技术进步提供了必要的法律保护。它是科学技术、经济和法律相结合的产物,是一部新型的经济技术法律。

(二)《计量法》的主要内容

《计量法》包括:总则,计量基准器具、计量标准器具和计量检定,计量器具管理,计量监督,法律责任和附则,共六章三十五条。其主要内容可以归纳为五个方面。

1.总则

关于计量法的立法目的、适用范围、法定计量单位和管理机构的规定。

(1)立法目的。制定计量法的目的是为了加强计量监督管理,保障国家计量单位制的统一和量值的准确可靠,有利于生产、贸易和科学技术的发展,适应社会主义现代化建设的需要,维护国家、人民的利益。

(2)计量法的适用范围。在中华人民共和国境内,建立计量基准器具、计量标准器具,进行计量检定,制造、修理、销售、使用计量器具,必须遵守计量法。

(3)法定计量单位。国家采用国际单位制。国际单位制计量单位和国家选定的其他计量单位,为国家法定计量单位。国家法定计量单位的名称、符号由国务院公布。非国家法定计量单位应当废除。废除的办法由国务院制定。

(4)管理体制和主管部门。国务院计量行政部门对全国计量工作实施统一监督管理。县级以上地方人民政府计量行政部门对本行政区域内的计量工作实施监督管理。

2.计量基准器具、计量标准器具和计量检定

国务院计量行政部门负责建立各种计量基准器具,作为统一全国量值的最高依据。县级以上地方人民政府计量行政部门根据本地区的需要,建立社会公用计量标准器具,经上级人民政府计量行政部门主持考核合格后使用。

国务院有关主管部门和省、自治区、直辖市人民政府有关主管部门,根据本部门的特殊需要,可以建立本部门使用的计量标准器具,其各项最高计量标准器具经同级人民政府计量行政部门主持考核合格后使用。企业、事

业单位根据需要，可以建立本单位使用的计量标准器具，其各项最高计量标准器具经有关人民政府计量行政部门主持考核合格后使用。

　　县级以上人民政府计量行政部门对社会公用计量标准器具，部门和企业、事业单位使用的最高计量标准器具，以及用于贸易结算、安全防护、医疗卫生、环境监测方面的列入强制检定目录的工作计量器具，实行强制检定。未按照规定申请检定或者检定不合格的，不得使用。实行强制检定的工作计量器具的目录和管理办法，由国务院制定。对前述规定以外的其他计量标准器具和工作计量器具，使用单位应当自行定期检定或者送其他计量检定机构检定，县级以上人民政府计量行政部门应当进行监督检查。

　　计量检定必须按照国家计量检定系统表进行。国家计量检定系统表由国务院计量行政部门制定。计量检定必须执行计量检定规程。国家计量检定规程由国务院计量行政部门制定。没有国家计量检定规程的，由国务院有关主管部门和省、自治区、直辖市人民政府计量行政部门分别制定部门计量检定规程和地方计量检定规程，并向国务院计量行政部门备案。此外，计量检定工作应当按照经济合理的原则，就地就近进行。

　　3.计量器具管理

　　制造、修理计量器具的企业、事业单位，必须具备与所制造、修理的计量器具相适应的设施、人员和检定仪器设备，经县级以上人民政府计量行政部门考核合格，取得《制造计量器具许可证》或者《修理计量器具许可证》。制造、修理计量器具的企业未取得《制造计量器具许可证》或者《修理计量器具许可证》的，工商行政管理部门不予办理营业执照。

　　制造计量器具的企业、事业单位生产本单位未生产过的计量器具新产品，必须经省级以上人民政府计量行政部门对其样品的计量性能考核合格后，方可投入生产。

　　未经国务院计量行政部门批准，不得制造、销售和进口国务院规定废除的非法定计量单位的计量器具和国务院禁止使用的其他计量器具。

　　制造、修理计量器具的企业、事业单位必须对制造、修理的计量器具进行检定，保证产品计量性能合格，并对合格产品出具产品合格证。

　　县级以上人民政府计量行政部门应当对制造、修理的计量器具的质量进行监督检查。

　　进口的计量器具，必须经省级以上人民政府计量行政部门检定合格后，方可销售。

　　使用计量器具不得破坏其准确度，损害国家和消费者的利益。

　　个体工商户可以制造、修理简易的计量器具。制造、修理计量器具的个体工商户,必须经县级人民政府计量行政部门考核合格,发给《制造计量器具许可证》或者《修理计量器具许可证》后,方可向工商行政管理部门申请营业执照。个体工商户制造、修理计量器具的范围和管理办法,由国务院计量行政部门制定。

4.计量监督

县级以上人民政府计量行政部门,根据需要设置计量监督员。计量监督员管理办法,由国务院计量行政部门制定。

县级以上人民政府计量行政部门可以根据需要设置计量检定机构,或者授权其他单位的计量检定机构,执行强制检定和其他检定、测试任务。执行检定、测试任务的人员,必须考核合格。

处理因计量器具准确度所引起的纠纷,以国家计量基准器具或者社会公用计量标准器具检定的数据为准。

为社会提供公证数据的产品质量检验机构,必须经省级以上人民政府计量行政部门对其计量检定、测试的能力和可靠性考核合格。

5.法律责任

根据《计量法》的规定,对违反计量法的下列行为必须追究其法律责任,分别给予处罚。

(1)未取得《制造计量器具许可证》、《修理计量器具许可证》制造或者修理计量器具的,责令停止生产、停止营业,没收违法所得,可以并处罚款。

(2)制造、销售未经考核合格的计量器具新产品的,责令停止制造、销售该种新产品,没收违法所得,可以并处罚款。

(3)制造、修理、销售的计量器具不合格的,没收违法所得,可以并处罚款。

(4)属于强制检定范围的计量器具,未按照规定申请检定或者检定不合格继续使用的,责令停止使用,可以并处罚款。

(5)使用不合格的计量器具或者破坏计量器具准确度,给国家和消费者造成损失的,责令赔偿损失,没收计量器具和违法所得,可以并处罚款。

(6)制造、销售、使用以欺骗消费者为目的的计量器具的,没收计量器具和违法所得,处以罚款;情节严重的,对个人或者单位直接责任人员追究刑事责任。

(7)违反计量法规定,制造、修理、销售的计量器具不合格,造成人身伤亡或者重大财产损失的,对个人或者单位直接责任人员追究刑事责任。

(8)计量监督人员违法失职,情节严重的,依照《中华人民共和国刑法》有关规定追究刑事责任;情节轻微的,给予行政处分。

　　计量法规定的行政处罚,由县级以上地方人民政府计量行政部门决定。对使用不合格的计量器具或者破坏计量器具准确度,给国家和消费者造成损失的行为的行政处罚,也可以由工商行政管理部门决定。

　　当事人对行政处罚决定不服的,可以在接到处罚通知之日起 15 日内向人民法院起诉;对罚款、没收违法所得的行政处罚决定期满不起诉又不履行的,由作出行政处罚决定的机关申请人民法院强制执行。

二、标准化法

　　项目质量管理是从对项目质量的计划安排开始的,通过对项目质量计划的实施和开展项目质量保障与控制活动而得以实现,所以在项目质量管理中,首要的工作就是项目质量计划的制定和安排。项目组织在制定项目质量计划时,必须充分考虑所有与项目质量相关领域的国家、地方、行业等标准、规范以及政府规定等。随着生产技术的发展和管理水平的提高,标准化工作在项目质量管理中的地位日益重要。因此,要推行和加强项目质量管理,就必须做好标准化工作,而推行标准化必须依靠法律。

(一)标准化法概述

　　要理解标准化法,首先要弄懂标准和标准化。根据 ISO/IEC 第 2 号指南《标准化与相关活动的基本术语及其定义(1991 年第 6 版)》给出的定义,标准是由一个公认的机构制定和批准的文件,它对活动或活动的结果规定了规则、准则或特性值,供共同和反复使用,以实现在预定领域内最佳秩序和效益。标准化是对实际与潜在的问题做出统一规定,供共同和反复使用,以在预定的领域内获取最佳秩序和效益的活动。

　　新中国成立后最早的一部标准化管理法规,是国务院于 1962 年发布的《工农业产品和工程建设技术标准管理办法》。1979 年,国务院又发布了《中华人民共和国标准化管理条例》,原《工农业产品和工程建设技术标准管理办法》停止执行。1984 年 4 月,国务院批转了原国家经委《关于加快采用国际标准工作报告》。1985 年 3 月,国务院发布了《工业产品质量责任条例》。1988 年 12 月 29 日第七届全国人民代表大会常务委员会第五次会议通过的《中华人民共和国标准化法》(以下简称《标准化法》)是我国标准化的最基本法律,该法的制定,标志着我国标准化工作进入了一个新的阶段。为更好地贯彻实施《标准化法》,国务院于 1990 年 4 月 6 日发布了《中华人民共和国标准化法实施条例》(以下简称《标准化法实施条例》)。

　　我们所说的标准化法,有广义和狭义之分。狭义的标准化法,就是指《标准化法》这部法律;广义的标准化法,则是指调整标准的制定、实施、监督和管理过程中发生的社会关系的法律规范的总称。广义上的标准化法,除《标准化法》外,还包括国务院发布的《标准化法实施条例》和国务院各部委制定的有关标准化的部门规章(如建设部颁布的《工程建设行业标准管理办法》、国家质监总局颁布的《采用国际标准管理办法》等)以及地方立法机关制定的有关标准化的地方性法规(如《天津市实施〈中华人民共和国标准化法〉办法》等)。我国标准化法已形成一个以《标准化法》为核心,由法律、行政法规、部门规章和地方性法规构成的标准化法体系,标准化工作已经走上法制之路。

(二)标准化法的作用

标准化法的作用是同标准化的重要意义紧密联系在一起的。标准化是组织现代化生产的重要手段,是科学管理的重要组成部分。在经济建设中执行标准化是国家的一项重要技术经济政策。实践证明,没有标准化,就没有技术化,就没有高质量,就没有国民经济按比例协调发展,也就没有市场的有序运转。搞好标准化,是发展专业化、提高劳动生产率、建立产品质量责任制、使企业的生产向先进的技术转变的一项技术基础,是充分利用和保障国家资源的一个重要保证,也是实行对外开放、充分利用国外先进技术和设备、强化进出口贸易的一个重要内容和重要手段。完善标准化资料是现代国家发展不可缺少的技术条件。一些国外厂商在进出口谈判与洽谈业务中,总是以国际上通用的惯例和标准为依据进行交易,因此,在我国的农业、工业、交通运输业、基本建设、服务行业和环境保护诸多领域,都有制定与开拓标准化工作的广阔前景。为加强标准化管理,提高标准化水平,与国际交往中的通用标准接轨,我们很有必要加强标准化方面的法制管理。①

(三)标准化法的主要内容

1. 立法宗旨

《标准化法》的立法宗旨是为了发展社会主义商品经济,促进技术进步,改进产品质量,提高社会经济效益,维护国家和人民的利益,使标准化工作适应社会主义现代化建设和发展对外经济关系的需要。

2. 标准化的范围

根据《标准化法》及《标准化法实施条例》的规定,下列需要统一的技术要求,应当制定标准:(1)工业产品的品种、规格、质量、等级或者安全、卫生要求;(2)工业产品的设计、生产、试验、检验、包装、储存、运输、使用的方法或者生产、储存、运输过程中的安全、卫生要求;(3)有关环境保护的各项技

---

① 曲振涛等著:《产品质量法概论》,中国财政经济出版社,2002 年,第 141~142 页

术要求和检验方法;(4)建设工程的勘察、设计、施工、验收的技术要求和方法;(5)有关工业生产、工程建设和环境保护的技术术语、符号、代号、制图方法、互换配合要求;(6)农业(含林业、牧业、渔业)产品(含种子、种苗、种畜、种禽)的品种、规格、质量、等级、检验、包装、储存、运输以及生产技术、管理技术的要求;(7)信息、能源、资源、交通运输的技术要求。

3. 标准的制定

(1)制定原则。制定标准应当有利于保障安全和人民的身体健康,保护消费者的利益,保护环境;有利于合理利用国家资源,推广科学技术成果,提高经济效益,并符合使用要求;有利于产品的通用互换,做到技术上先进、经济上合理。制定标准应当做到有关标准的协调配套,有利于促进对外经济技术合作和对外贸易。

制定标准应当发挥行业协会、科学研究机构和学术团体的作用。制定标准的部门应当组织由专家组成的标准化技术委员会,负责标准的草拟,参加标准草案的审查工作。

标准实施后,制定标准的部门应当根据科学技术的发展和经济建设的需要适时进行复审,以确认现行标准继续有效或者予以修订、废止。标准复审周期一般不超过五年。

(2)依据标准的制定机关及其效力的不同,这些标准可分为四级:国家标准、行业标准、地方标准和企业标准。

国家标准是指由国家标准化行政主管部门制定的,对全国经济、技术发展具有重要意义,并且必须在全国范围内统一实施的标准。我国《标准化法》第6条规定:"对需要在全国范围内统一的技术要求,应当制定国家标准。国家标准由国务院标准化行政主管部门制定。"

国家标准的范围主要包括以下几方面的内容:①互换配合、通用技术语言要求;②保障人体健康和人身、财产安全的技术要求;③基本原料、燃料、材料的技术要求;④通用基础件的技术要求;⑤通用的试验、检验方法;⑥通用的管理技术要求;⑦工程建设的重要技术要求;⑧国家需要控制的其他重要产品的技术要求。[1]

国家标准由国务院标准化行政主管部门编制计划,组织草拟,统一审批、编号、发布。工程建设、药品、食品卫生、兽药、环境保护的国家标准,分别由国务院工程建设主管部门、卫生主管部门、农业主管部门、环境保护主管部门组织草拟、审批,其编号、发布办法由国务院标准化行政主管部门会

---

[1] 《中华人民共和国标准化法实施条例》第11条

同国务院有关行政主管部门制定。

行业标准是指没有国家标准而又需要在全国某个行业范围内统一技术要求的,由国务院有关行政主管部门制定的在全国该行业范围内普遍适用的标准。

根据《标准化法》及《标准化法实施条例》的规定,行业标准由国务院有关行政主管部门制定,并报国务院标准化行政主管部门备案。制定行业标准的项目由国务院有关行政主管部门确定。行业标准的效力仅次于国家标准,并不得与国家标准相抵触。国务院标准化行政主管部门有权依法废止与国家标准相抵触的行业标准。行业标准在相应的国家标准实施后,自行废止。

地方标准是指在省、自治区、直辖市范围内统一适用的标准。《标准化法》第6条规定,对没有国家标准和行业标准而又需要在省、自治区、直辖市范围内统一的工业产品的安全、卫生要求,可以制定地方标准。这一规定,既肯定了地方标准的法律地位,又对地方标准的范围作了严格的限制。地方标准由省、自治区、直辖市标准化行政主管部门制定,并报国务院标准化行政主管部门和国务院有关行政主管部门备案,在公布国家标准或者行业标准之后,该项地方标准即行废止。制定地方标准的项目,由省、自治区、直辖市人民政府标准化行政主管部门确定。

企业标准是指在没有国家标准、行业标准和地方标准的情况下,由企业自己制定的仅在本企业范围内有效的标准。《标准化法实施条例》第17条规定:"企业生产的产品没有国家标准、行业标准和地方标准的,应当制定相应的企业标准,作为组织生产的依据。企业标准由企业组织制定(农业企业标准制定办法另定),并按省、自治区、直辖市人民政府的规定备案。对已有国家标准、行业标准或者地方标准的,鼓励企业制定严于国家标准、行业标准或者地方标准要求的企业标准,在企业内部适用。"企业标准是最低一级的标准,不得与国家标准、行业标准中的强制性标准和地方标准相冲突。

(3)根据标准的性质不同,国家标准、行业标准可以分为强制性标准和推荐性标准。保障人体健康和人身、财产安全的标准和法律、行政法规规定强制执行的标准是强制性标准,其他标准是推荐性标准。省、自治区、直辖市标准化行政主管部门制定的工业产品的安全、卫生要求的地方标准,在本行政区域内是强制性标准。

根据《标准化法》的规定,强制性标准必须执行,不符合强制性标准的产品,禁止生产、销售和进口。国家质量技术监督局于2000年2月22日发布的《关于强制性标准实行条文强制的若干规定》中,将强制性标准又分为全文强制和条文强制两种形式:①标准的全部技术内容需要强制时,为全文强制形式;②标准中部分技术内容需要强制时,为条文强制形式。根据建设部于 2000 年 8 月 25 日发布的《实施工程建设强制性标准监督规定》,工程建设强制性标准是指直接涉及工程质量、安全、卫生及环境保护等方面的工程建设标准强制性条文。国家工程建设标准强制性条文由国务院建设行政主管部门会同国务院有关行政主管部门确定。

4.标准的实施与监督

标准一经批准发布,就是技术法律、法规,各级生产、建设、科研、设计管理部门和企事业单位,都必须严格贯彻执行,任何单位不得擅自更改或降低标准。《标准化法》对标准的实施,作了以下规定。

(1)强制性标准,必须执行。不符合强制性标准的产品,禁止生产、销售和进口。推荐性标准,国家鼓励企业自愿采用。

(2)企业对有国家标准或者行业标准的产品,可以向国务院标准化行政主管部门或者国务院标准化行政主管部门授权的部门申请产品质量认证。认证合格的,由认证部门授予认证证书,准许在产品或者其包装上使用规定的认证标志。已经取得认证证书的产品不符合国家标准或者行业标准的,以及产品未经认证或者认证不合格的,不得使用认证标志出厂销售。

(3)出口产品的技术要求,依照合同的约定执行。企业研制新产品、改进产品,进行技术改造,应当符合标准化要求。

(4)县级以上政府标准化行政主管部门负责对标准的实施进行监督检查。县级以上政府标准化行政主管部门,可以根据需要设置检验机构,或者授权其他单位的检验机构,对产品是否符合标准进行检验。法律、行政法规对检验机构另有规定的,依照法律、行政法规的规定执行。

(5)处理有关产品是否符合标准的争议,以法定的检验机构的检验数据为准。

5.法律责任

根据《标准化法》的规定,对违反标准化法的下列行为必须追究其法律责任,分别给予处罚。

(1)生产、销售、进口不符合强制性标准的产品的,由法律、行政法规规定的行政主管部门依法处理,法律、行政法规未作规定的,由工商行政管理部门没收产品和违法所得,并处罚款;造成严重后果构成犯罪的,对直接责任人员依法追究刑事责任。

(2)已经授予认证证书的产品不符合国家标准或者行业标准而使用认证标志出厂销售的,由标准化行政主管部门责令停止销售,并处罚款;情节严重的,由认证部门撤销其认证证书。

(3)产品未经认证或者认证不合格而擅自使用认证标志出厂销售的,由标准化行政主管部门责令停止销售,并处罚款。

(4)当事人对没收产品、没收违法所得和罚款的处罚不服的,可以在接到处罚通知之日起 15 日内,向作出处罚决定的机关的上一级机关申请复议;对复议决定不服的,可以在接到复议决定之日起 15 日内,向人民法院起诉。当事人也可以在接到处罚通知之日起 15 日内,直接向人民法院起诉。当事人逾期不申请复议或者不向人民法院起诉又不履行处罚决定的,由作出处罚决定的机关申请人民法院强制执行。

(5)标准化工作的监督、检验、管理人员违法失职、徇私舞弊的,给予行政处分;构成犯罪的,依法追究刑事责任。

第三节　产品质量法律制度

产品质量法律制度是调整因产品质量而发生在生产者、销售者、用户/消费者之间的产品质量责任关系和责任者与监督管理机关之间的产品质量监督管理关系的法律规范的总和。我国目前关于产品质量方面的基本法律是 1993 年颁布、2000 年修订的《产品质量法》。此外,在《消费者权益保护法》、《民法通则》、《合同法》和《刑法》中也有一些关于产品质量和质量责任的规定。目前我国已经初步建立起一套协调、系统的产品质量法律体系,限于篇幅,本节仅仅介绍与项目质量管理联系较为紧密的产品质量法和消费者权益保护法的相关内容。

一、产品质量法

(一)产品和产品质量

《产品质量法》第 2 条规定:"本法所称产品是指经过加工、制作,用于销售的产品。"未经过人类加工和制作,没有凝结人类劳动的天然物质,即便用于交换也不能视为产品,因为其内在质量是天然形成的,没有具备承担质量责任的主体。不用于交换,只是供生产者自己使用的物质也不是产品,因为根据侵权责任原则的基本原理,生产者不可能对因自己的过错造成的自己的损害承担民事责任。此外,《产品质量法》中的产品还不包括建筑产品,但是建设工程使用的建筑材料、建筑构配件和设备,如果属于经过加工、制作,用于销售的产品,仍然适用《产品质量法》的规定。

产品质量是指产品实现其功能而应具备的特性的总和。所谓产品应实现的功能既可以通过生产者明示的途径表示出来,如广告、产品使用说明、样品,也可以通过法律、法规、技术标准以及使用者的基本期望等其他隐含的途径表示。所谓应具备的特性,既包括结构、性能、成分等内在特性,也包括外观、形状、手感等外在特性,考察一个产品的质量,要通过内在和外在特性的结合作出全面的判断。同时,随着科学技术水平的不断进步,产品质量标准也在不断发展,因此,一定阶段的社会普遍标准也是判断产品质量的重要依据。

(二)产品质量的监督

1.产品质量监督部门

根据《产品质量法》第 8 条的规定,国务院产品质量监督部门负责全国产品质量监督工作;国务院有关部门在各自的职责范围内负责产品质量监督工作;县级以上地方产品质量监督部门主管本行政区域内的产品质量监督工作;县级以上地方人民政府有关部门在各自的职责范围内负责产品质量监督工作。

2.产品质量标准检验制度

标准是指由有权部门制定,适用广义的产品质量标准化管理,包括标准的制定、实施和监督的全部活动。产品质量法主要规定产品质量标准监督检验方面的内容,而产品质量标准的制定主要由《标准化法》和其他相关法律规定。

《产品质量法》规定的产品标准制度要求有:(1)产品质量必须符合一定的标准;(2)产品应检验合格,不得以不合格产品冒充合格产品;(3)可能危及人体健康和人身、财产安全的工业产品,必须符合保障人体健康和人身、财产安全的国家标准、行业标准,未制定国家标准、行业标准的,必须符合保障人体健康和人身、财产安全要求。

产品是否符合标准由产品质量检验机构进行检验。《产品质量法》规定,产品质量检验机构必须具备相应的检测条件和能力,经省级以上人民政府产品质量监督管理部门或其授权的部门考核合格后,方可承担产品质量检验工作。

3.企业质量体系认证制度

企业质量体系认证制度是依据国际标准化组织(ISO)制定的质量管理和质量保证系列标准,经过认证机构对企业质量体系进行审核,通过颁发证书的形式,证明企业的质量保证体系符合相应要求的制度。《产品质量法》规定,国家根据国际通用的质量体系标准,推行企业质量体系认证制度;企业根据自愿原则,可以向国务院产品质量监督管理部门,或者国务院产品质量监督管理部门授权的部门所认可的认证机构申请企业质量体系认证,经认证合格的,由认证机构颁发企业质量体系认证证书。

4.产品质量认证制度

产品质量认证制度是依据法定或指定的产品标准和技术要求,经过认证机构确认,通过颁发认证证书和认证标志,证明某一产品符合相应标准和技术要求的制度。我国《产品质量法》对于产品质量认证制度作了如下规定:(1)企业按照自愿原则申请产品质量认证;(2)认证机构为国务院产品质量监督管理部门或国务院产品质量监督管理部门授权的部门所认可的认证机构;(3)认证的标准为具有国际水平的国家标准或行业标准;(4)我国产品质量认证分为合格认证和安全认证两种。实行安全认证的标准是产品的安全性能,而实行合格认证的标准是产品的使用性能。

5.产品质量监督检查制度

产品质量监督检查制度包括两方面的内容。(1)抽查制度,即国家对某些产品采取的以抽查为主的监督检查制度。检查对象有三类,包括可能危及人体健康和人身、财产安全的产品,影响国计民生的重要工业产品以及消费者、有关组织反映有质量问题的产品。这种抽查工作由国务院产品质量监督部门规划和组织,县级以上地方产品质量监督部门在本行政区域内可以组织监督抽查。(2)社会监督。其具体内容是,消费者有权就产品质量问题,向生产者、销售者查询;有权向产品质量监督部门、工商行政管理部门及有关部门申诉,有关部门应当负责处理。保护消费者权益的社会组织可以就消费者反映的产品质量问题建议有关部门负责处理。支持消费者对因产品质量造成的损害向人民法院起诉。

(三)生产者、销售者的产品质量义务

1.生产者的产品质量义务

产品质量应当符合下列要求:(1)不存在危及人身、财产安全的不合理的危险,有保障人体健康和人身、财产安全的国家标准、行业标准的,应当符合该标准;(2)具备产品应当具备的使用性能,但是,对产品存在使用性能的瑕疵作出说明的除外;(3)符合在产品或者其包装上注明采用的产品标准,符合以产品说明、实物样品等方式表明的质量状况。

产品或者其包装上的标识必须真实,并符合下列要求:(1)有产品质量检验合格证明;(2)有中文标明的产品名称、生产厂厂名和厂址;(3)根据产品的特点和使用要求,需要标明产品规格、等级、所含主要成分的名称和含量的,用中文相应予以标明,需要事先让消费者知晓的,应当在外包装上标明或者预先向消费者提供有关资料；（4）限期使用的产品，应当在显著位置清晰地标明生产日期和安全使用期或者失效日期；（5）使用不当，容易造成产品本身损坏或者可能危及人身、财产安全的产品，应当有警示标志或者中文警示说明。裸装的食品和其他根据产品的特点难以附加标识的裸装产品，可以不附加产品标识。

生产者的禁止性义务：（1）生产者不得生产国家明令淘汰的产品；（2）生产者不得伪造产地，不得伪造或者冒用他人的厂名、厂址；（3）生产者不得伪造或者冒用认证标志等质量标志；（4）生产者生产产品，不得掺杂、掺假，不得以假充真、以次充好，不得以不合格产品冒充合格产品。

2.销售者的产品质量义务

销售者的产品质量义务包括：（1）销售者应当建立并执行进货检查验收制度，验明产品合格证明和其他标识；（2）销售者应当采取措施，保证销售产品的质量；（3）销售者不得销售国家明令淘汰并停止销售的产品和失效、变质的产品；（4）销售者销售的产品的标识应当合法；（5）销售者不得伪造产地，不得伪造或者冒用他人的厂名、厂址；（6）销售者不得伪造或者冒用认证标志等质量标志；（7）销售者销售产品，不得掺杂、掺假，不得以假充真、以次充好，不得以不合格产品冒充合格产品。

(四)产品责任

1.产品责任的概念

产品责任是指产品的生产者、销售者因其生产、销售的产品存在缺陷而造成他人人身、该产品以外的其他财产损害而依法应承担的责任。

产品责任是产品质量责任的一个重要组成部分。产品质量责任包括以违约责任为表现的销售者的瑕疵担保责任和以侵权责任为表现的生产者、销售者的产品责任。根据《产品质量法》的规定，所谓瑕疵担保责任是指当产品有下列情形时，由销售者对购买者、使用者承担的修理、更换、退货、赔偿损失的民事责任：（1）售出的产品不具备应当具备的使用性能而事先未做说明；（2）售出的产品不符合在产品或者其包装上证明采用的产品标准；（3）售出的产品不符合以产品说明、实物样品等方式表明的质量状况。销售者在承担了瑕疵担保责任后，属于生产者的责任或者属于向销售者提供产品的其他销售者的责任的，销售者有权向生产者、供货者追偿。

设立产品责任的目的在于当产品出现不安全因素导致损害时，受害者即使和生产者、销售者没有合同关系，也可以追究生产者和销售者的责任，从而弥补瑕疵担保责任的不足，更有力地维护消费者的权益。

2.产品责任的归责原则和构成要件

民事责任的归责原则可以分为过错责任原则、过错推定原则和严格责任原则三类。我国《产品质量法》规定,因产品存在缺陷造成人身、缺陷产品以外的其他财产损害的,生产者应当承担赔偿责任。依据该规定可以看出,我国法律规定的产品责任归责原则为严格责任原则,即凡缺陷产品导致损害的,无论生产者在主观上是否有错,都应当向受害者赔偿损失。

根据以上归责原则,产品责任的构成要件可以归纳为:(1)产品有缺陷。我国《产品质量法》将产品缺陷定义为:"产品存在危及人身、他人财产安全的不合理的危险;产品有保障人体健康和人身、财产安全的国家标准、行业标准的,是指不符合该标准。"同时这种产品缺陷是产品投入流通前就已存在和以当时的科学水平可以发现的缺陷;(2)有损害结果。即产品造成了人身、缺陷产品以外的财产损害。这个构成要件是产品责任和瑕疵担保责任的重要区别,产品瑕疵仅造成产品本身的损害,而不会造成人身、缺陷产品以外的其他财产损害;(3)产品缺陷和损害结果之间有因果关系。即只有产品缺陷是损害结果的唯一原因时,产品责任才成立。

《产品质量法》还规定了产品销售者的特殊产品责任,即由于销售者的过错使产品存在缺陷,造成人身、产品以外的财产损害,或者销售者不能指明产品的生产者也不能指明缺陷产品的供货者的,销售者承担赔偿责任。在销售者承担赔偿责任的情况下,归责原则为过错责任原则。

3.产品责任的免除

产品责任作为民事责任的一种,当然适用《民法通则》规定的免除民事责任的一般条件,同时针对产品责任的特殊性,《产品质量法》还规定了以下几种特殊的免责条件:(1)未将产品投入流通的;(2)产品投入流通时,引起损害的缺陷尚不存在的;(3)将产品投入流通时的科学技术水平尚不能发现缺陷的存在的。

4.产品责任的赔偿范围

(1)人身伤害的赔偿范围。我国《产品质量法》规定,因产品缺陷造成受害人人身伤害的,侵害人应当赔偿医疗费、治疗期间的护理费、因误工减少的收入、残疾者生活补助费等费用;造成受害人死亡的,并应当支付丧葬费、死亡赔偿金以及由死者生前抚养的人所必需的生活费等费用。

(2)财产损害的赔偿范围。因产品缺陷造成受害人财产损失的,侵害人应当恢复原状或折价赔偿。受害人因此遭受其他重大损失的,侵害人应当赔偿损失。

5.产品责任的诉讼时效

《产品质量法》规定,因产品存在缺陷造成损害要求赔偿的诉讼时效期限为 2 年,自当事人知道或者应当知道其权益受到损害时起计算。因产品存在缺陷造成损害要求赔偿的请求权,在造成损害的产品交付最初消费者满 10 年丧失;但是,尚未超过明示的安全使用期的除外。

6.产品责任形式

《产品质量法》规定的产品责任形式有民事责任、行政责任和刑事责任三种。产品缺陷致人损害或导致财产损害的,生产者和有过错的销售者应承担损害赔偿的民事责任。对于违反产品质量法的单位,有关行政机关可以采取的行政处罚方式主要有责令停止生产、销售产品,没收违法生产、销售的产品和违法所得,罚款,吊销营业执照、责令改正等。生产者、销售者违反产品质量法的规定,构成犯罪的,应依法追究刑事责任。

二、消费者权益保护法

(一)调整对象

消费者权益保护法的调整对象,是在保护消费者合法权益过程中所发生的各种社会关系,主要包括:(1)国家机关对经营者监督管理过程中发生的关系;(2)国家机关与消费者之间在指导、服务和保护过程中发生的关系;(3)消费者组织与经营者之间在社会监督过程中发生的关系;(4)消费者组织与消费者之间在保护消费者合法权益过程中发生的关系;(5)经营者与消费者之间在商品交换和提供服务过程中为实现和保护消费者权益而发生的关系。

(二)消费者的权利和经营者的义务

1.消费者的权利

法律对某种权益的保护,总是通过一定的权利和义务关系体现出来的。用法律保护消费者的利益,就必须在法律上赋予消费者一定的权利,从而为消费者利益受到损害寻求保护时提供法律上的依据。

最早从法律角度明确提出"消费者权利"的是美国总统约翰·肯尼迪于 1962 年 3 月 15 日向美国国会提出的《关于保护消费者利益的总统咨文》,也因此,3 月 15 日被确定为"国际消费者权益保护日"。肯尼迪在此咨文中提出了消费者应享有的四项权利:获得安全保障权;获得正确的信息资料权;自由选择权;提出消费意见权。国际消费者运动在此基础上,又提出了获得合理赔偿权、获得健康环境权和获得消费教育权。这七项权利被世界公认为是消费者的基本权利。

　　我国《消费者权益保护法》在借鉴国外立法的基础上,结合我国自身的经济和文化发展水平,在第二章专门规定了消费者的权利,主要包括以下九个方面。

　　(1)安全保障权,是消费者最基本的权利。它是指消费者在购买、使用商品和接受服务时所享有的保障其人身、财产安全不受损害的权利。消费者有权要求经营者提供的商品和服务,符合保障人身、财产安全的要求。

　　(2)真情知悉权,又称知情权、了解权、获取信息权等,是指消费者享有的知悉其购买、使用的商品或者接受的服务的真实情况的权利。只有这样消费者才能在正确判断的基础之上做出科学的消费决策,根据《消费者权益保护法》的规定,消费者有权根据商品或者服务的不同情况,要求经营者提供商品的价格、产地、生产者、用途、性能、规格、等级、主要成分、生产日期、有效期限、检验合格证明、使用方法说明书、售后服务,或者服务的内容、规格、费用等有关情况。

　　(3)自主选择权。消费者享有自主选择商品或者服务的权利。消费者有权自主选择提供商品或者服务的经营者;自主选择商品品种或者服务方式;自主决定购买或者不购买任何一种商品、接受或者不接受任何一项服务;消费者在自主选择商品或者服务时,有权进行比较、鉴别和挑选。

　　(5)公平交易权。消费者享有公平交易的权利,具体是指消费者在购买商品或者接受服务时,有权获得质量保障、价格合理、计量正确等公平交易条件,有权拒绝经营者的强制交易行为。此项权利正是自愿、平等、公平、诚实信用交易原则的体现。

　　(5)依法求偿权。消费者因购买、使用商品或者接受服务受到人身、财产损害的,享有依法获得赔偿的权利。此项权利是消费者在受到损害时获取法律救济的重要权利。求偿的主体既包括购买、使用商品或接受服务的消费者,也包括没有购买商品但使用商品的消费者,还包括未购买又未使用商品但因他人使用商品而受到损害的人。

　　(6)依法结社权。消费者享有依法成立维护自身合法权益的社会团体的权利。它能够使消费者从分散走向集中,通过集体的力量来改变自身在消费活动中的弱者地位,以与经营者相抗衡,削弱事实中交易双方的不平等性,从而更好地保护消费者的权益。目前我国消费者成立的维护其权益的社会团体主要是消费者协会。

　　(7)获得相关知识权。又称受教育权,是指消费者享有获得有关消费和消费者权益保护方面的知识的权利。为了使该权利得以实现,消费者应当努力掌握所需商品或者服务的知识及使用技能,正确使用商品,提高自我保护意识。同时,国家有关机关、大众传媒、教育机构以及经营者都有义务向消费者提供消费常识和咨询。可以说,获得相关知识权既是消费者的权利,又是消费者的义务。

(8)受尊重权。消费者在购买、使用商品和接受服务时有民族风俗习惯得到尊重的权利。

(9)监督权。消费者享有对商品和服务以及保护消费者权益工作进行监督的权利。消费者有权检举、控告侵害消费者权益的行为和国家机关及其工作人员在保护消费者权益工作中的违法失职行为,有权对保护消费者权益工作提出批评、建议。

2.经营者的义务

经营者是为消费者提供其生产、销售的商品或者提供服务的市场主体。它是与消费者直接进行交易的另一方,消费者权利的实现有赖于经营者义务的履行。因此,通过严格规定经营者的义务来约定和限制其经营行为,就是对消费者权益的最有效的保护。我国《消费者权益保护法》明确规定经营者在与消费者发生交易关系时应当承担以下义务。

(1)依法定或约定履行义务。经营者向消费者提供商品或者服务,应当依照《产品质量法》和其他有关法律、法规的规定履行义务。经营者和消费者有约定的,应当按照约定履行义务,但双方的约定不得违背法律、法规的规定。

(2)接受消费者监督的义务。经营者应当听取消费者对其提供的商品或者服务的意见,接受消费者的监督。

(3)保证安全的义务。经营者应当保证其提供的商品或者服务符合保障人身、财产安全的要求。对可能危及人身、财产安全的商品和服务,应当向消费者作出真实的说明和明确的警示,并说明和标明正确使用商品或者接受服务的方法以及防止危害发生的方法。经营者发现其提供的商品或者服务存在严重缺陷,即使正确使用商品或者接受服务仍然可能对人身、财产安全造成危害的,应当立即向有关行政部门报告和告知消费者,并采取防止危害发生的措施。

(4)提供真实信息的义务。经营者应当向消费者提供有关商品或者服务的真实信息,不得作引人误解的虚假宣传。经营者对消费者就其提供的商品或者服务的质量和使用方法等问题提出的询问,应当作出真实、明确的答复。商店提供商品应当明码标价。

(5)标明真实名称或标记的义务。经营者应当标明其真实名称和标记。租赁他人柜台或者场地的经营者,应当标明其真实名称和标记。

(6)出具购货凭证或服务单据的义务。经营者提供商品或者服务,应当按照国家有关规定或者商业惯例向消费者出具购货凭证或者服务单据;消费者索要购货凭证或者服务单据的,经营者必须出具。

(7)提供符合要求的商品或服务的义务。经营者应当保证在正常使用商品或者接受服务的情况下其提供的商品或者服务应当具有的质量、性能、用途和有效期限;但消费者在购买该商品或者接受该服务前已经知道其存在瑕疵的除外。经营者以广告、产品说明、实物样品或者其他方式标明商品或者服务的质量状况的,应当保证其提供的商品或者服务的实际质量与标明的质量状况相符。

(8)承担售后服务的义务。经营者提供商品或者服务,按照国家规定或者与消费者的约定,承担包修、包换、包退或者其他责任的,应当按照国家规定或者约定履行,不得故意拖延或者无理拒绝。

(9)保证公平交易的义务。经营者不得以格式合同、通知、声明、店堂告示等方式做出对消费者不公平、不合理的规定,或者减轻、免除其损害消费者合法权益应当承担的民事责任。格式合同、通知、声明、店堂告示等含有上述内容的,其内容无效。

(10)维护消费者的人格权。经营者不得对消费者进行侮辱、诽谤,不得搜查消费者的身体及其携带的物品,不得侵犯消费者的人身自由。

(三)消费者权益争议的解决

消费者在购买、使用商品或者接受服务,其合法权益受到侵害时,必然要同经营者发生争议或纠纷。在这种争议未得到合理解决之前,消费者的权利是无法实现的。因此,依法合理解决消费者权益争议就成了实现消费者合法权益的重要途径和条件。

1.争议解决的途径

我国《消费者权益保护法》第 34 条规定:"消费者和经营者发生消费者权益争议的,可以通过下列途径解决:(1)与经营者协商和解;(2)请求消费者协会调解;(3)向有关行政部门申诉;(4)根据与经营者达成的仲裁协议提请仲裁机构仲裁;(5)向人民法院提起诉讼。"

2.承担赔偿责任主体的确定

(1)销售者先行赔偿制度。消费者在购买、使用商品时,其合法权益受到损害的,可以向销售者要求赔偿。销售者赔偿后,属于生产者的责任或者属于向销售者提供商品的其他销售者的责任的,销售者有权向生产者或者其他销售者追偿。

(2)销售者与生产者之间的连带赔偿制度。消费者或者其他受害人因商品缺陷造成人身、财产损害的,可以向销售者要求赔偿,也可以向生产者要求赔偿。属于生产者责任的,销售者赔偿后,有权向生产者追偿。属于销售者责任的,生产者赔偿后,有权向销售者追偿。

(3)服务者赔偿制度。消费者在接受服务时,其合法权益受到损害的服务者要求赔偿。

(4)变更后的企业仍应承担赔偿责任。消费者在购买、使用商品或者接受服务时,其合法权益受到损害,因原企业分立、合并的,可以向变更后承受其权利义务的企业要求赔偿。

(5)营业执照的持有人与租借人的连带赔偿责任。使用他人营业执照的违法经营者提供商品或者服务,损害消费者合法权益,消费者可以向其要求赔偿,也可以向营业执照的持有人要求赔偿。

(6)展销会举办者、柜台出租者的特殊责任。消费者在展销会、租赁柜台购买商品或者接受服务,其合法权益受到损害的,可以向销售者或者服务者要求赔偿。展销会结束或者柜台租赁期满后,也可以向展销会的举办者、柜台的出租者要求赔偿。展销会的举办者、柜台的出租者赔偿后,有权向销售者或者服务者追偿。

(7)虚假广告主与广告经营者的责任。消费者因经营者利用虚假广告提供商品或者服务,其合法权益受到损害的,可以向经营者要求赔偿。广告的经营者发布虚假广告的,消费者可以请求行政主管部门予以惩处。广告的经营者不能提供经营者的真实名称、地址的,应当承担赔偿责任。

(四)法律责任

我国《消费者权益保护法》对经营者和国家机关工作人员侵害消费者合法权益和违反法律规定的行为,根据不同情况,分别规定了相应的民事责任、行政责任和刑事责任。

1.民事责任

(1)关于承担民事责任的概括性规定。经营者提供商品或者服务有下列情形之一的,除《消费者权益保护法》另有规定外,应当依照《产品质量法》和其他有关法律、法规的规定,承担民事责任:①商品存在缺陷的;②不具备商品应当具备的使用性能而出售时未作说明的;③不符合在商品或者其包装上注明采用的商品标准的;④不符合商品说明、实物样品等方式标明的质量状况的;⑤生产国家明令淘汰的商品或者销售失效、变质的商品的;⑥销售的商品数量不足的;⑦服务的内容和费用违反约定的;⑧对消费者提出的修理、重作、更换、退货、补足商品数量、退还货款和服务费用或者赔偿损失的要求,故意拖延或者无理拒绝的;⑨法律、法规规定的其他损害消费者权益的情形。

(2)侵犯人身权的民事责任的具体规定。经营者提供商品或者服务,造成消费者或者其他受害人人身伤害的,应当支付医疗费、治疗期间的护理费、因误工减少的收入等费用,造成残疾的,还应当支付残疾者生活自助用具费、生活补助费、残疾赔偿金以及由其扶养的人所必需的生活费等费用;经营者提供商品或者服务,造成消费者或者其他受害人死亡的,应当支付丧葬费、死亡赔偿金以及由死者生前扶养的人所必需的生活费等费用。经营者侵害消费者的人格尊严或者侵犯消费者人身自由的,应当停止侵害、恢复名誉、消除影响、赔礼道歉,并赔偿损失。

(3)侵犯财产权的民事责任的具体规定:①经营者提供商品或者服务,造成消费者财产损害的,应当按照消费者的要求,以修理、重作、更换、退货、补足商品数量、返还货款和服务费用或者赔偿损失等方式承担民事责任。消费者与经营者另有约定的,按照约定履行;②对国家规定或者经营者与消费者约定包修、包换、包退的商品,经营者应当负责修理、更换或者退货。在保修期内两次修理仍不能正常使用的,经营者应当负责更换或者退货。对包修、包换、包退的大件商品,消费者要求经营者修理、更换、退货的,经营者应当承担运输等合理费用;③经营者以邮购方式提供商品的,应当按照约定提供。未按照约定提供的,应当按照消费者的要求履行约定或者退回货款,并应当承担消费者必须支付的合理费用;④经营者以预收款方式提供商品或者服务的,应当按照约定提供。未按照约定提供的,应当按照消费者的要求履行约定或者退回预付款,并应当承担预付款的利息、消费者必须支付的合理费用;⑤经营者出售的商品,依法经有关行政部门认定为不合格的商品的,经营者应当负责退货;⑥经营者提供商品或者服务有欺诈行为的,应当按照消费者的要求增加赔偿其受到的损失,增加赔偿的金额为消费者购买商品的价款或者接受服务的费用的1倍。

2.行政责任

我国《消费者权益保护法》第50条规定:"经营者有下列情形之一,《产品质量法》和其他有关法律、法规对处罚机关和处罚方式有规定的,依照法律、法规的规定执行;法律、法规未作规定的,由工商行政管理部门责令改正。可以根据情节单处或者并处警告、没收违法所得、处以违法所得1倍以上5倍以下的罚款,没有违法所得的,处以1万元以下的罚款;情节严重的,责令停业整顿、吊销营业执照:(1)生产、销售的商品不符合保障人身、财产安全要求的;(2)在商品中掺杂、掺假,以假充真,以次充好,或者以不合格商品冒充合格商品的;(3)生产国家明令淘汰的商品或者销售失效、变质的商

品的;(4)伪造商品的产地,伪造或者冒用他人的厂名、厂址,伪造或者冒用
认证标志、名优标志等质量标志的;(5)销售的商品应当检验、检疫而未检
验、检疫或者伪造检验、检疫结果的;(6)对商品或者服务作引人误解的虚假
宣传的;(7)对消费者提出的修理、重作、更换、退货、补足商品数量、退还货
款和服务费用或者赔偿损失的要求,故意拖延或者无理拒绝的;(8)侵害消
费者人格尊严或者侵犯消费者人身自由的;(9)法律、法规规定的对损害消
费者权益应当予以处罚的其他情形。"

3.刑事责任

依据我国《消费者权益保护法》的有关规定,需要追究刑事责任的情形
主要有:

(1)经营者提供商品或者服务,造成消费者或者其他受害人人身伤害或
者死亡的,构成犯罪的,依法追究刑事责任;

(2)以暴力、威胁等方法阻碍有关行政部门工作人员依法执行职务的,
依法追究刑事责任;拒绝、阻碍有关行政部门工作人员依法执行职务,未使
用暴力、威胁方法的,由公安机关依照《治安管理处罚条例》的规定处罚;

(4)国家机关工作人员玩忽职守或者包庇经营者侵害消费者合法权益
的行为的,由其所在单位或者上级机关给予行政处分;情节严重,构成犯罪
的,依法追究刑事责任。

第四节　建设工程质量管理法律制度

一、我国建设工程质量管理法律规范体系

在建设工程质量管理方面,我国也制定和颁布了一系列法律、行政法规
和规章,为建设工程质量监督管理提供了较为充分的法律依据。建设工程
的质量管理本身就是一项系统工程,它需要从不同的角度、不同的方面加强
管理。从立法来看,除了直接以建设工程质量管理为目的、为名称制定颁布
法律和法规外,还需要其他相关建设法规从不同的角度对建设工程的质量
管理加以规范。我国建设工程质量管理法律规范的基本形式主要包括以下
几种。

(一)法律——《建筑法》

由于建设工程质量的监督管理不适用《产品质量法》的规定,全国人大
在1993年制定《产品质量法》的同时,将建筑法的制定工作提上了议事日

程。经过近五年的努力,《建筑法》于 1997 年 11 月 1 日经第八届全国人大常委会第二十八次会议通过,自 1998 年 3 月 1 日起施行。《建筑法》第六章规定了建筑工程的质量管理,其他各章也从不同角度对建筑工程的质量管理作出了规定。这些规定是建筑工程质量管理的基本法律依据,对于加强对建筑活动的监督管理,维护建筑市场秩序,保证建筑工程的质量和安全,促进建筑业的健康发展,具有十分重要的意义。

(二)行政法规——《建设工程质量管理条例》

《建设工程质量管理条例》于 2000 年 1 月 10 日经国务院第 25 次常务会议通过,自 2000 年 1 月 30 日发布实施。《建设工程质量管理条例》以参与建筑活动的各方主体为主线,分别规定了建设单位、勘察单位、设计单位、施工单位、工程监理单位的质量责任和义务,确立了建设工程质量保修制度、工程质量监督管理制度等内容。《建设工程质量管理条例》对违法行为的种类和相应处罚作出了原则性规定,同时完善了责任追究制度,加大了处罚力度。它的发布施行,对于强化政府质量监督,规范建设工程各方主体的质量责任和义务,维护建筑市场秩序,全面提高建设工程质量,具有重要意义。

(三)技术法规

严格来讲,我国目前还没有真正意义上的工程建设技术法规,但"组织编制技术法规,取代现行的强制性标准,这是将来改革的方向"①。《工程建设标准强制性条文》虽然是技术法规的过渡成果,但《建设工程质量管理条例》确立了其法律地位,已经成为我国工程质量管理法律规范体系中的一个重要部分。

(四)地方性法规、自治法规

地方性法规是由省、自治区、直辖市以及省级人民政府所在地的市和国务院批准的较大的市的人民代表大会及其常务委员会制定和修改的,效力不超过本行政区域范围,作为地方司法依据之一的规范性文件。我国的地方性法规,一般采用"条例"、"规则"、"规定"、"办法"等名称,如《天津市建设工程质量管理规定》、《深圳市建设工程质量管理条例》、《浙江省建设工程质量管理条例》等,都是有关工程质量管理的地方性法规。

自治法规是民族自治地方的权力机关所制定的特殊的地方规范性文件,包括自治条例和单行条例。自治条例是民族自治地方根据自治权制定的综合性法律规范,单行条例是根据自治权制定的调整某一方面事项的规

---

① 　何佰洲编著:《工程建设法规与案例》,中国建筑工业出版社,2003 年,第 167 页

范性文件。

(五)部门规章和地方政府规章

部门规章是国务院所属部委根据法律、行政法规、决定、命令,在本部门的权限范围内,所制定发布的各种行政性的规范性文件。有关工程质量管理的部门规章很多,比如《建筑工程施工许可管理办法》、《房屋建筑工程质量保修办法》等。

地方政府规章是省、自治区、直辖市以及省、自治区人民政府所在地的市和经国务院批准的较大的市的人民政府,根据法律和行政法规以及相应的地方性法规,制定的规范性文件。

二、工程质量管理法律规范的适用范围及调整对象

(一)适用范围

根据《建筑法》和《建设工程质量管理条例》的有关规定,我国工程质量管理法律规范适用于在中华人民共和国境内(不包括香港、澳门两个特别行政区和台湾地区)从事的建设工程活动和监督管理活动。对于建设工程活动来讲,不管项目的投资主体是谁,也不管建设工程项目的类别,只要是在中华人民共和国境内实施的建设工程,都要遵守我国的工程质量管理法律规范。

(二)调整对象

任何法律都是用来调整一定的社会关系的,《建筑法》和《建设工程质量管理条例》等工程质量管理法律规范所调整的社会关系包括两类:一类是国家主管机关与建设单位、勘察单位、设计单位、施工单位以及监理单位之间的工程质量监督管理关系,这是纵向的工程质量管理;另一类是建设工程活动中各有关主体之间的民事关系,包括建设单位与勘察、设计单位之间的勘察设计合同关系,建设单位与施工单位之间的施工合同关系,建设单位与监理单位之间的委托监理合同关系等,这是横向的工程质量管理。

(三)建设工程的范围

1. 建筑活动

这里需要指出的是,《建筑法》并非适用于所有建筑工程的建筑活动。根据《建筑法》第 2 条的规定,该法的适用范围是我国境内各类房屋建筑及其附属设施的建造和与其配套的线路、管道、设备的安装活动,以及对这些建筑活动的监督管理。换言之,铁路、公路、机场、港口、水库、矿井等专业建筑工程的建造和安装活动不适用《建筑法》。因为"这些工程各有特点和技术上、质量上的特殊要求,工程建设也各有其主管部门,本法难以完全适用和解决对它们的监督管理问题"①。但是,"本法关于施工许可、建筑施工企业资质审查和建筑工程发包、承包、禁止转包,以及建筑工程安全和质量管理的规定,适用于其他专业建筑工程的建筑活动,具体办法由国务院规定"②。

2.建设工程

在《建设工程质量管理条例》中,建设工程是指土木工程、建筑工程、线路管道和设备安装工程及装修工程。其中:(1)土木工程包括矿山、铁路、公路、隧道、桥梁、堤坝、电站、码头、飞机场、运动场、营造林、海洋平台等工程;(2)建筑工程是指房屋建筑工程,即有顶盖、梁柱、墙壁、基础以及能够形成内部空间,满足人们生产、生活、公共活动的工程实体,包括厂房、剧院、旅馆、商店、学校、医院和住宅等工程;(3)线路、管道和设备安装工程包括电力、通信线路、石油、燃气、给水、排水、供热等管道系统和各类机械设备、装置的安装活动;(4)装修工程包括对建筑物内外进行的以美化、舒适化、增加使用功能为目的的工程建设活动。

(四)工程质量的责任主体

在建设工程的建设过程中,影响工程质量的责任主体主要有以下五种。

1.建设单位

建设单位是建设工程的投资人,也称"业主"。建设单位是工程建设项目建设过程的总负责方,拥有确定建设项目的规模、功能、外观、选用材料设备、按照国家法律法规规定选择承包单位等权利。建设单位可以是法人或自然人,包括房地产开发商。

2.勘察、设计单位

勘察单位是指已通过建设行政主管部门的资质审查,从事工程测量、水文地质和岩土工程等工作的单位。勘察单位依据建设项目的目标,查明并分析、评价建设场地和有关范围内的地质地理环境特征与岩土工作条件,编制建设项目所需的勘察文件,提供相关服务和咨询。

设计单位是指经过建设行政主管部门的资质审查,从事建设工程可行性研究、建设工程设计、工程咨询等工作的单位。设计是依据建设项目的目标,对其技术、经济、资源、环境等条件进行综合分析,制定方案,论证比选,编制建设项目所需的设计文件,并提供相关服务和咨询。

---

① 王叔文:《全国人大法律委员会关于〈中华人民共和国建筑法(草案)〉审议结果的报告》,载于卞耀武主编:《中华人民共和国建筑法释义》,法律出版社,1998年,第228页

② 《建筑法》第8条

3.施工单位

施工单位是指经过建设行政主管部门的资质审查,从事土木工程、建筑工程、线路管理设备安装、装修工程施工承包的单位。

4.工程监理单位

工程监理单位是指经过建设行政主管部门的资质审查,受建设单位委托,依照国家法律规定要求和建设单位要求,在建设单位委托和范围内对建设工程进行监督管理的单位。它可以是具有法人资格的监理公司、监理事务所,也可以是兼营监理业务的工程技术、科学研究及工程咨询的单位。

5.建筑材料、建筑构配件、设备的生产者及单位

建筑材料、建筑构配件、设备的质量,也与工程质量有直接关系,因此这些材料、设备的生产供应单位同样是工程质量的责任主体,《建设工程质量管理条例》从不同角度对建筑材料、建筑构配件、设备提出了要求。另外,建筑材料、建筑构配件、设备的质量还属于《产品质量法》的调整范围。

建设工程项目具有投资大、规模大、建设周期长、生产环节多、参与方多、影响质量形成的因素多等特点,不论是哪个主体、哪个环节出了问题,都会导致质量缺陷,甚至重大质量事故的产生。譬如,如果建设单位发包给不具备相应资质等级的单位承包工程,或指示施工单位使用不合格的建筑材料、构配件和设备,或勘察单位提供的水文地质资料不准确,或设计单位计算错误,或设备选型不准,或施工单位不按图施工,或工程监理单位不严格进行隐蔽工程检查等,都会造成工程质量出现缺陷,或导致重大事故。因此,建设工程质量管理最基本的原则和方法就是建立健全的质量责任制,有关各方对其本身工作成果负责。

三、工程质量管理责任和义务
(一)建设单位的质量责任和义务

随着国家投资体制的改革,投资主体日趋多元化,除了国家投资、国有企业投资,私人投资和外资(包括港澳台投资)日益增多,投资主体多元化带来利益多元化;同时,公有制投资普遍实行了项目法人责任制,投资主体以项目法人的形式参与市场经营活动。因此,必须加强对投资主体(建设单位)市场行为的管理。建设单位作为建设工程的投资人,是建设工程的重要责任主体。建设单位有权选择承包单位,有权对建设过程检查、控制,对工程进行验收,支付工程款和费用,在工程建设各个环节负责综合管理工作,在整个建设活动中居于主导地位。因此,要保证建设工程的质量,首先就要对建设单位的行为进行规范,对其质量责任予以明确。长期以来,对建设单

位的管理一直是监督管理的薄弱环节,因建设单位行为不规范,直接或间接导致工程出现问题的情况屡屡发生。

我国工程质量管理法律规范规定的建设单位质量责任和义务主要包括:

(1)建设单位应当将工程发包给具有相应资质等级的单位,不得将建设工程肢解发包;

(2)建设单位应当依法对工程建设项目的勘察、设计、施工、监理以及与工程建设有关的重要设备、材料等的采购进行招标;

(3)建设单位必须向有关的勘察、设计、施工、工程监理等单位提供与建设工程有关的原始资料;

(4)建设工程发包单位,不得迫使承包方以低于成本的价格竞标,不得任意压缩合理工期,不得明示或者暗示设计单位或者施工单位违反工程建设强制性标准,降低建设工程质量;

(5)建设单位应当将施工图设计文件报县级以上人民政府建设行政主管部门或者其他有关部门审查,施工图设计文件未经审查批准的,不得使用;

(6)实行监理的建设工程,建设单位应当委托具有相应资质等级的工程监理单位进行监理,也可以委托具有工程监理相应资质等级并与被监理工程的施工承包单位没有隶属关系或者其他利害关系的该工程的设计单位进行监理;

(7)建设单位在领取施工许可证或者开工报告前,应当按照国家有关规定办理工程质量监督手续;

(8)合同约定由建设单位采购建筑材料、建筑构配件和设备的,建设单位应当保证建筑材料、建筑构配件和设备符合设计文件和合同要求,建设单位不得明示或者暗示施工单位使用不合格的建筑材料、建筑构配件和设备;

(9)涉及建筑主体和承重结构变动的装修工程,建设单位应当在施工前委托原设计单位或者具有相应资质等级的设计单位提出设计方案,没有设计方案的,不得施工;

(10)建设单位收到建设工程竣工报告后,应当组织设计、施工、工程监理等有关单位进行竣工验收,建设工程经验收合格的,方可交付使用;

(11)建设单位应当严格按照国家有关档案管理的规定,及时收集、整理建设项目各环节的文件资料,建立、健全建设项目档案,并在建设工程竣工验收后,及时向建设行政主管部门或者其他有关部门移交建设项目档案。

(二)勘察、设计单位的质量责任和义务

勘察、设计单位和执业注册人员是勘察设计质量的责任主体,也是整个工程质量的责任主体之一,是由他们来承担勘察设计质量的法律责任和经济责任。因此,我国工程质量管理法律规范对勘察、设计单位的责任和义务专门做了如下规定。

(1)勘察、设计的单位应当依法取得相应等级的资质证书,并在其资质等级许可的范围内承揽工程,不得超越其资质等级许可的范围或者以其他勘察、设计单位的名义承揽工程,不得允许其他单位或者个人以本单位的名义承揽工程,不得转包或者违法分包所承揽的工程。

(2)勘察、设计单位必须按照工程建设强制性标准进行勘察、设计,并对其勘察、设计的质量负责;注册建筑师、注册结构工程师等注册执业人员应当在设计文件上签字,对设计文件负责;勘察单位提供的地质、测量、水文等勘察成果必须真实、准确。

(3)设计单位应当根据勘察成果文件进行建设工程设计,设计文件应当符合国家规定的设计深度要求,注明工程合理使用年限。

(4)设计单位在设计文件中选用的建筑材料、建筑构配件和设备,应当注明规格、型号、性能等技术指标,其质量要求必须符合国家规定的标准;除有特殊要求的建筑材料、专用设备、工艺生产线等外,设计单位不得指定生产厂、供应商。

(5)设计单位应当就审查合格的施工图设计文件向施工单位做出详细说明;设计单位应当参与建设工程质量事故分析,并对因设计造成的质量事故,提出相应的技术处理方案。

(三)施工单位的质量责任和义务

施工阶段是建设工程实物质量的形成阶段,勘察工作质量、设计工作质量均要在这一阶段得以实现。由于施工阶段涉及的责任主体多,生产环节多,时间长,影响质量稳定的因素多,协调管理难度较大,因此,施工阶段的质量责任制度显得尤为重要。施工单位是建设市场的重要责任主体之一。它的能力和行为对建设工程的施工质量起关键性作用。施工单位是否有能力承担某一工程,用该施工单位的资质等级来衡量。但能不能保证所承包工程的施工质量,除了必须具备相应的资质等级,还与该施工单位承包、分包等市场行为、企业质量保证体系的建立和有效运行,是否按图施工、按标准施工,是否按要求对材料进行检验,是否严格隐蔽工程检查等密切相关。据此,我国工程质量管理法律规范对施工单位的责任和义务专门做了具体规定。

(1)施工单位应当依法取得相应等级的资质证书,并在其资质等级许可的范围内承揽工程;不得超越本单位资质等级许可的业务范围或者以其他施工单位的名义承揽工程;不得允许其他单位或者个人以本单位的名义承揽工程;不得转包或者违法分包工程。

(2)施工单位对建设工程的施工质量负责,建设工程实行总承包的,总承包单位应当对全部建设工程质量负责;建设工程勘察、设计、施工、设备采购的一项或者多项实行总承包的,总承包单位应当对其承包的建设工程或者采购的设备的质量负责。

(3)总承包单位依法将建设工程分包给其他单位的,分包单位应当按照分包合同的约定对其分包工程的质量向总承包单位负责,总承包单位与分包单位对分包工程的质量承担连带责任。

(4)施工单位必须按照工程设计图纸和施工技术标准施工,不得擅自修改工程设计,不得偷工减料,施工单位在施工过程中发现设计文件和图纸有差错的,应当及时提出意见和建议。

(5)施工单位必须按照工程设计要求、施工技术标准和合同约定,对建筑材料、建筑构配件、设备和商品混凝土进行检验,检验应当有书面记录和专人签字;未经检验或者检验不合格的,不得使用。

(6)施工单位必须建立、健全施工质量的检验制度,严格工序管理,做好隐蔽工程的质量检查和记录。隐蔽工程在隐蔽前,施工单位应当通知建设单位和建设工程质量监督机构。

(7)施工人员对涉及结构安全的试块、试件以及有关材料,应当在建设单位或者工程监理单位监督下现场取样,并送具有相应资质等级的质量检测单位进行检测。

(8)施工单位对施工中出现质量问题的建设工程或者竣工验收不合格的建设工程,应当负责返修。

(9)施工单位应当建立、健全教育培训制度,加强对职工的教育培训;未经教育培训或者考核不合格的人员,不得上岗作业。

(四)工程监理单位的质量责任和义务

工程监理单位是工程建设的责任主体之一,工程监理是一种有偿技术服务,工程监理单位接受建设单位委托,代表建设单位,对建设工程进行管理。我国工程质量管理法律规范对监理单位的市场行为准则、工作的服务特性、监理过程中的职责和义务等几方面做了规定。

(1)工程监理单位应当依法取得相应等级的资质证书,并在其资质等级许可的范围内承担工程监理业务;不得超越本单位资质等级许可的范围或者以其他工程监理单位的名义承担工程监理业务；不得允许其他单位或者个人以本单位的名义承担工程监理业务；不得转让工程监理业务。

(2)工程监理单位与被监理工程的施工承包单位以及建筑材料、建筑构配件和设备供应单位不得有隶属关系或者其他利害关系，不得承担该项建设工程的监理业务。

(3)工程监理单位应当依照法律、法规以及有关技术标准、设计文件和建设工程承包合同，代表建设单位对施工质量实施监理，并对施工质量承担监理责任。

(4)工程监理单位应当选派具备相应资格的总监理工程师和监理工程师进驻施工现场，未经监理工程师签字，建筑材料、建筑构配件和设备不得在工程上使用或者安装，施工单位不得进行下一道工序的施工；未经总监理工程师签字，建设单位不拨付工程款，不进行竣工验收。

(5)监理工程师应当按照工程监理规范的要求，采取旁站、巡视和平行检验等形式，对建设工程实施监理。

四、工程质量保修制度

建设工程实行质量保修制度是《建筑法》所确定的重要法律制度，也是《建设工程质量管理条例》进一步明确的一项重要制度。建设工程质量保修制度是指建设工程在办理竣工验收手续后，在规定的保修期限内，因勘察、设计、施工、材料等原因造成的质量缺陷，应当由施工承包单位负责维修、返工或更换，由责任单位负责赔偿损失。质量缺陷是指工程不符合国家或行业现行的有关技术标准、设计文件以及合同中对质量的要求等。

工程保修的主体是建设工程的承包单位，通常指施工单位；工程保修的客体是建设工程；工程保修的服务对象是建设单位；工程质量保修的承诺应由承包单位以工程质量保修书这一书面形式来体现。

根据《建筑法》的规定，保修范围应包括：地基基础工程、主体结构工程、屋面防水工程和其他土建工程，以及电气管线、上下水管线的安装工程，供热供冷系统等项目。保修期限应当按照保证建筑物合理寿命年限内正常使用，维护使用者合法权益的原则确定。遵照《建筑法》的规定，《建设工程质量管理条例》对最低保修期限作出了具体规定：(1)基础设施工程、房屋建筑的地基基础工程和主体结构工程，为设计文件规定的该工程的合理使用年限；(2)屋面防水工程、有防水要求的卫生间、房间和外墙面的防渗漏，为5年；(3)供热与供冷系统，为2个采暖期、供冷期；(4)电气管线、给排水管道、设备安装和装修工程，为2年；(5)其他项目的保修期限由发包方与承包方约定;(6)建设工程的保修期,自竣工验收合格之日起计算。

对在保修期限和保修范围内发生质量问题的,一般应先由建设单位组织勘察、设计、施工等单位分析质量问题的原因,确定保修方案,由施工单位负责保修。但当问题严重或紧急时,不管是什么原因造成的,均先由施工单位履行保修义务,不得推诿和扯皮。对于保修费用,则由质量缺陷的责任方承担。

五、工程质量监督管理制度

政府质量监督作为一项制度,以行政法规的形式在《建设工程质量管理条例》中加以明确,强调了建设工程的质量必须实行政府监督管理。所谓建设工程质量监督管理是指国家各级建设行政主管部门和国务院铁路、交通、水利等有关专业部门依据有关法律、法规以及规定的职权,代表国家对建设工程质量活动进行的监督和管理行为。国家对工程质量的监督管理主要是以保证建筑工程使用安全和环境质量为主要目的,以法律、法规和强制性标准为依据,以地基基础、主体结构、环境质量和与此相关的工程建设各方主体的质量行为为主要内容,以施工许可制度和竣工验收备案制度为主要手段。

(一)工程监督管理部门

1.建设行政主管部门及有关专业部门

我国实行国务院建设行政主管部门统一监督管理,各专业部门按照国务院确定的职责分别对其管理范围内的专业工程进行监督管理。根据国务院批准的"三定"方案的规定,建设部是综合管理全国"三建三业"等建设事业的职能部门,国务院铁路、交通、水利等有关部门分别对专业建设工程进行管理。

县级以上人民政府建设行政主管部门在本行政区域内实行建设工程质量监督管理,专业部门按其职责对本专业建设工程质量实行监督管理,并对所管理的工程质量负责。

这种管理体制明确了政府各部门的职责,职权划分清晰,权力与职责一致,谁管理谁负责,有利于对建设工程质量实施监督管理。

2.工程质量监督机构

对建设工程质量进行监督管理的主体是各级政府建设行政主管部门和其他有关部门,但是,因为建设工程周期长,环节多,点多面广,工程质量监督工作是一项专业性强、技术性强,而且又很繁杂的工作,政府部门不可能有庞大的编制,亲自进行日常检查工作,这就需要委托由政府认可的第三方,即具有独立法人资格的单位来代行工程质量监督职能,也就是说,建设工程质量的监督管理职责可以由建设行政主管部门或者其他有关部门委托的工程质量监督机构承担。

工程质量监督机构是指经建设行政主管部门或其他有关部门考核,具有独立法人资格的单位。它受政府建设行政主管部门或有关专业部门的委托,对建设工程质量具体实施监督管理,向委托的政府有关部门出具工程质量监督报告,并对委托的政府有关部门负责。

从事房屋建筑工程和市政基础设施工程的质量监督机构,必须按照国家有关规定经国务院建设行政主管部门或省、自治区、直辖市人民政府建设行政主管部门考核;从事专业工程质量监督的机构,也必须经国务院有关部门或者省、自治区、直辖市人民政府有关部门考核,经考核合格后,方可实施质量管理。目前我国工程质量监督机构实施工程质量监督工作的主要依据为2003年8月5日施行的《工程质量监督工作导则》。

(二)工程竣工验收备案制度

《建设工程质量管理条例》确立了建设工程竣工验收备案制度。该项制度是加强政府监督管理,防止不合格工程流向社会的一个重要手段。依据国家有关规定,建设单位应当在工程竣工验收合格后的15日内到县级以上人民政府建设行政主管部门或其他有关部门备案。

建设行政主管部门或其他有关部门收到建设单位的竣工验收备案申请后,依据质量监督机构的监督报告,对备案申请进行审查,发现建设单位在竣工验收过程中有违反国家有关建设工程质量管理规定行为的,责令停止使用,限期整改,重新组织竣工验收后,再办理竣工验收备案。

(三)工程质量事故报告制度

工程质量事故报告制度是《建设工程质量管理条例》确立的一项重要制度。根据该条例的规定,建设工程发生质量事故后,有关单位应当在24小时内向当地建设行政主管部门和其他有关部门报告。对重大质量事故,事故发生地的建设行政主管部门和其他有关部门应按照事故类别和等级向当地人民政府和上级建设行政主管部门和其他有关部门报告。2007年6月1日起施行的《生产安全事故报告和调查处理条例》对生产安全事故的等级、生产安全事故的报告和调查处理等问题做了详细规定。发生重大工程质量事故隐瞒不报、谎报或者拖延报告期限的,对直接负责的主管人员和其他责任人员依法给予行政处分。

(四)工程质量检举、控告、投诉制度

依据《建筑法》的有关内容,《建设工程质量管理条例》中明确规定:"任何单位和个人对建设工程质量事故、质量缺陷都有权检举、控告、投诉。"工程质量检举、控告、投诉制度,是为了更好地发挥群众监督和社会舆论监督的作用,来保证建设工程质量的一项有效的措施。另外,在《消费者权益保护法》中也规定了"消费者有权检举、报告侵害消费者权益的行为"。建设工程质量问题也同样适用此规定。

建设行政主管部门和其他有关部门应当接受来自群众的检举、控告和投诉,并根据国家有关规定,认真处理。根据1997年4月2日起施行的《建设工程质量投诉处理暂行规定》,凡新建、改建、扩建的各类建筑安装、市政、公用、装饰装修等建设工程,公民、法人和其他组织通过信函、电话、来访等形式反映工程质量问题的,在保修期内和建设过程中发生的工程质量问题,均属投诉范围。

第五节　服务质量法律制度

一、服务与服务质量管理

(一)服务

ISO对服务的定义是:"服务是为满足顾客的需要,供方和顾客之间接触的活动以及供方内部活动所产生的结果。"[1]ISO9000标准将服务包括在"产品"概念之内,即都是"活动或过程的结果"。或者说,服务是一种广义的产品。服务产品具有以下特点[2]。

1.无形性

服务产品的无形性,使服务产品的接受者,即顾客去购买服务产品时,难以对其质量及价值预先作出准确定量的判定。

2.非贮存性

服务产品的非贮存性,使服务产品不可能贮存起来。如旅馆的一间房间在限定的时间内,服务人员虽然做了服务工作,但没有顾客来住宿,也就使服务的价值没有实现的机会。

3.同时性

服务产品的生产与使用具有同时性,这又使服务产品质量无法经过检查合格后才交付顾客。

---

① 国际标准化组织:ISO8402《质量管理和质量保证术语》,1994年

② 洪生伟主编:《服务质量体系》,中国计量出版社,1998年,第12页

4.多变性

服务产品的质量具有多变性。由于服务对象的年龄、性别、职业、性格、爱好、文化程度、身体健康程度、思想情绪等的复杂,造成服务质量的多变性,难以用一个统一的标准或特性指标来要求和衡量,更不要说服务产品质量对服务人员素质有很大的依赖性等因素。

(二)服务业和服务质量

1.服务业

服务业是指交通运输、邮电、商业、金融、旅游、饮食、宾馆、医疗、文化娱乐等以向用户和消费者提供各种服务为特征的行业。服务业的范围十分广泛,GB/T19004-2-1994《质量管理和质量体系要素第 2 部分:服务指南》附录 A 列举了 12 个领域,近 70 个类别:(1)接待服务:饮食、旅店、旅行社、娱乐场所、广播、电视、度假村;(2)交通与通信:机场和空运、公路、铁路和海上运输、电信、邮政、数据通信;(3)健康服务:药剂师/医生、医院、救护队、医疗实验室、牙医、眼镜商;(4)维修:电器、机械、车辆、热力系统、空调、建筑、计算机;(5)公用事业:清洁工作、废物处理、供水、场地维护、供电、煤气和能源供应、消防、治安、公共服务;(6)贸易:批发、零售、仓储、配送、营销、包装;(7)金融:银行、保险、津贴、财产服务、会计;(8)专业服务:建筑设计(建筑师)、勘探、法律、执法、安全、工程、项目管理、质量管理、咨询、培训和教育;(9)行政管理:人事、计算机处理、办公服务;(10)技术:咨询、摄影、实验室;(11)采购:签订合同、库存管理和分发;(12)科学:探索、开发、研究、决策支援。

2.服务质量

服务质量是指服务满足顾客明确或隐含需要能力的特性的总和。尽管服务产品具有上述各种与硬件产品不同的个性,但并不是不可度量的。它依据可以观察到的或顾客可以感受到的要求作出定量的或者较好的定性规定。一般我们可以从六个方面来度量服务质量。

(1)功能性。即服务效能上满足顾客需要的程度。如餐饮服务要求满足顾客吃喝的功能要求。

(2)安全性。即在服务过程中对顾客的生命健康及其财产安全的保障程度,如航空、铁路和汽车运输服务中安全性是第一位的服务质量特征。去酒店、餐厅提供的住宿、餐饮服务中,卫生要求是安全性的重要内容。

(3)经济性。即顾客获得服务所需要的费用合理程度,通常与服务等级相联系,如不同的星级宾馆,收费标准也不相同。

(4)时间性。即顾客在获取服务时,在时间上满足要求的程度,包括及时、准确和省时等三个方面的要求。

（5）文明性。即在服务提供过程中，服务人员的文明程度，如亲切友好的态度、清洁优美的环境、和谐的气氛等方面的要求。

（6）舒适性。即在服务过程中，顾客感官上感受到的舒适程度，包括服务设施的适用舒适，服务方式的方便有序等方面的要求。

当然，服务业范围广泛，不同的服务业在上述六个方面的服务质量特性要求与重要性先后排列次序是不同的。如民航的运输服务质量特性，首先是安全性，其次是时间性（即准时地到达目的地）；而商店的售货服务却首先要求文明性、经济性。

服务质量的好坏，可以由服务业自己决定，但更多地是依靠顾客评价。顾客评价是度量服务质量的重要方式。

(三)服务质量管理

服务质量管理是指制定服务质量方针和目标，并通过服务质量体系使其得以实施的全部管理职能。服务质量管理的实质内涵与产品质量管理、建筑工程质量管理的内涵是一致的，其根本目的就是通过一系列的管理活动，提高服务质量，争取更多的顾客，使企业取得最佳经济效益，在激烈的市场竞争中立于不败之地。

服务质量方针是服务组织的最高管理者正式发布的该组织总的服务质量宗旨和服务质量方向。现代服务企业的质量方针是企业各部门和全体员工执行服务质量职能以及从事服务质量管理活动所必须遵循的行动指南。服务企业没有明确的质量方针，就如航船在大海迷失方向。因此，服务企业要提高服务质量，首先就要制定服务质量方针。

服务质量目标是根据服务质量方针的要求，在一定的间内质量所要达到的预期成果。按照达到目标的期限长短，服务质量目标可以分为短期、中期、长期目标；按照达到预期成果的特点，服务质量目标也可以分为突破性目标和控制性目标。中长期的质量目标要靠短期内能突破或者保持的具体目标和活动来实现。

服务质量体系是指为实施服务质量管理所需的组织结构、职责、程序、过程和资源。服务企业或组织的服务质量体系主要是为了满足企业或组织内部管理需要而设计的。为了履行合同或服务质量评价的目的，服务企业可以要求对已确定的服务质量体系要素的实施进行质量体系认证。

如果从宏观角度考察，服务质量管理还指国家对服务市场及服务质量的监督和管理。当前，我国的服务业在数量上赶不上发达国家，在服务质量上与发达国家的差距更大，这在一定程度上制约了我国服务业的进一步发展。特别是加入 WTO 后,我国更面临开放服务业的挑战。因此,国家对服务市场和服务质量的监督管理不仅十分必要,而且十分紧迫。

二、我国的服务质量管理法律制度

　　服务业的范围十分广泛,包括交通、通信、医疗、金融、贸易、维修以及旅游、餐饮、娱乐、咨询等等,难以制定统一的服务质量管理法,但全国人大常委会在其制定的相关法律中,对服务质量管理也有原则性的规定。这些法律主要有:《中华人民共和国邮政法》(1986 年 12 月 12 日第六届全国人大常委会第十八次会议通过,2009 年 4 月 24 日第十一届全国人民代表大会常务委员会第八次会议修订)、《中华人民共和国铁路法》(1990 年 9 月 7 日第七届全国人大常委会第十五次会议通过,1991 年 5 月 1 日起施行)、《中华人民共和国民用航空法》(1995 年 10 月 30 日第八届全国人大常委会第十六次会议通过,1996 年 3 月 1 日起施行)、《中华人民共和国保险法》(1995 年 6 月 30 日第八届全国人大常委会第十四次会议通过,1995 年 10 月 1 日起施行,2002 年 10 月 28 日第一次修订,2009 年 2 月 28 日第二次修订)、《中华人民共和国商业银行法》(1995 年 5 月 10 日第八届全国人大常委会第十三次会议通过,1995 年 7 月 1 日起施行,2003 年 12 月 27 日修正)以及《中华人民共和国律师法》(1996 年 5 月 15 日第八届全国人大常委会第十九次会议通过,1997 年 1 月 1 日起施行,2001 年 12 月 29 日第一次修订,2007 年 10 月 28 日第二次修订)等。

　　国务院及其有关部委制定的相关行政法规和规章对服务质量的监督管理也有规定,如:《中华人民共和国邮政法实施细则》(1990 年 11 月 12 日国务院令第 65 号发布,自发布之日起施行)、《铁路旅客运输损害赔偿规定》(1994 年 8 月 13 日国务院批准,1994 年 8 月 30 日铁道部发布,1994 年 9 月 1 日起施行)、《国内航空运输旅客身体损害赔偿暂行规定》(1989 年 1 月 3 日国务院第 31 次常务会议通过,1989 年 2 月 20 日国务院令第 82 号发布,1989 年 5 月 1 日起施行,1993 年 11 月 29 日修改)、《旅行社管理条例》(2009 年 2 月 20 日国务院令第 550 号发布,自 2009 年 5 月 1 日起施行,1996 年 10 月 15 日国务院发布的《旅行社管理条例》同时废止)等。这些行政法规和规章从不同角度、不同方面对服务质量的监督管理作出了相应规定。

　　此外,我国等同采用的 ISO9004－2《质量管理和质量体系要素第 2 部分:服务指南》(GB/T19004－2－1994)对服务企业的质量管理具有重要指导意义。ISO9000 系列标准不是国际法规范,也不是国际惯例,不具有直接的法律约束力。但由于它是在总结世界各国尤其是发达国家企业质量管理实践经验的基础上制定的,反映了质量管理标准规范化、系列化、国际化的要求,适应了国际贸易和国际间经济技术合作与交流的客观需要,因而受到世界各国的高度重视,许多国家予以等同或等效采用。我国等同采用ISO9000 系列标准意味着我国将 ISO9000 系列标准转化为我国国家标准时,是直接采用,即在技术内容和编写方法上和该国际标准完全相同。因此,ISO9000 系列标准经国家等同采用转化为我国的国家标准后,尽管属于推荐性标准,但也具有"法律效力"。当然,这种"法律效力"不是强制执行的效力,而是指导执行的效力[①]。

【本章小结】通过本章的学习,在宏观把握我国质量管理法律体系的基础上,应当重点掌握我国的产品质量法律制度和工程质量法律制度,掌握我国标准的分类及法律效力,对计量法以及服务质量法律制度仅做一般性的了解。

本章进一步阅读材料:

1.赵康主编:《现代企业质量管理的法律问题》,广东人民出版社,1999 年

2.卞耀武著:《产品质量法诠释》,人民法院出版社,2000 年

3.董念清主编:《新编经济法教程》,中共中央党校出版社,2002 年

4.曲振涛等著:《产品质量法概论》,中国财政经济出版社,2002 年

5.何佰洲编著:《工程建设法规与案例》,中国建筑工业出版社,2003 年

6.洪生伟主编:《服务质量体系》,中国计量出版社,1998 年

7.何红锋著:《工程建设相关法律实务》,人民交通出版社,2000 年

思考题:

1.我们在日常的项目质量管理中,如果适用相关的质量法规出现冲突时应该如何处理?

2.我国质量法律从内容上可以分为哪几类? 它们各自的调整范围是什么?

3.为什么建筑产品不是我国《产品质量法》的调整对象?

4.根据我国相关法律规定,哪些方面的技术要求需要制定标准?

---

①　赵康主编:《现代企业质量管理的法律问题》,广东人民出版社,1999 年,第 168 页

5. 我国《标准化法》把标准分几类？它们的效力层次是怎样的？

6. 我国法律赋予消费者的权利有哪些？

7. 试述产品责任的归责原则和构成要件。

8. 简述我国建设工程的保修范围及其最低保修期限。

9. 我国《产品质量法》对产品质量认证制度是如何规定的？

10. 简述我国《建设工程质量条例》规定的施工企业的质量责任和义务。

第五章　项目合同管理法律制度

【本章导读】本章以《合同法》为依据,在介绍合同的概念、原则和分类的基础上,介绍了合同的订立、合同的效力、合同的履行、变更和转让、违约责任以及施工合同示范文本。

第一节　概述

一、合同的概念

合同是平等主体的自然人、法人、其他组织之间设立、变更、终止民事权利义务关系的协议。各国的合同法规范的都是债权合同,它是市场经济条件下规范财产流转关系的基本依据,因此,合同是市场经济中广泛进行的法律行为。而广义的合同还应包括婚姻、收养、监护等有关身份关系的协议,以及劳动合同等,这些合同由其他法律进行规范,不属于我国合同法中规范的合同。

在市场经济中,财产的流转主要依靠合同。特别是工程项目,标的大、履行时间长、协调关系多,合同尤为重要。因此,建筑市场中的各方主体,包括建设单位、勘察设计单位、施工单位、咨询单位、监理单位、材料设备供应单位等都要依靠合同确立相互之间的关系。如建设单位要与勘察设计单位订立勘察设计合同、建设单位要与施工单位订立施工合同、建设单位要与监理单位订立监理合同等。在市场经济条件下,这些单位相互之间都没有隶属关系,相互之间的关系主要依靠合同来规范和约束。这些合同都是属于我国合同法中规范的合同,当事人都要依据合同法的规定订立和履行。

合同作为一种协议,其本质是一种合意,必须是两个以上意思表示一致的民事法律行为。因此,合同的缔结必须由双方当事人协商一致才能成立。

合同当事人作出的意思表示必须合法，这样才能具有法律约束力。建设工程合同也是如此。即使在建设工程合同的订立中承包人一方存在着激烈的竞争（如施工合同的订立中，施工单位的激烈竞争是建设单位进行招标的基础），仍需双方当事人协商一致，发包人不能将自己的意志强加给承包人。双方订立的合同即使是协商一致的，也不能违反法律、行政法规，否则合同就是无效的，如施工单位超越资质等级许可的业务范围订立施工合同，该合同就没有法律约束力。

合同中所确立的权利义务，必须是当事人依法可以享有的权利和能够承担的义务，这是合同具有法律效力的前提。在建设工程合同中，发包人必须有已经合法立项的项目，承包人必须具有承担承包任务的相应的能力。如果在订立合同的过程中有违法行为，当事人不仅达不到预期的目的，还应根据违法情况承担相应的法律责任。如在建设工程合同中，当事人是通过欺诈、胁迫等手段订立的合同，则应当承担相应的法律责任。

二、合同法的基本原则
（一）平等原则

合同当事人的法律地位平等，即享有民事权利和承担民事义务的资格是平等的，一方不得将自己的意志强加给另一方。在订立建设工程合同中双方当事人的意思表示必须是完全自愿的，不能是在强迫和压力下所作出的非自愿的意思表示。因为建设工程合同是平等主体之间的法律行为，发包人与承包人的法律地位平等，只有订立建设工程合同的当事人平等协商，才有可能订立意思表示一致的协议。

（二）自愿原则

合同当事人依法享有自愿订立合同的权利，不受任何单位和个人的非法干预。民事主体在民事活动中享有自主的决策权，其合法的民事权利可以抗御非正当行使的国家权力，也不受其他民事主体的非法干预。合同法中的自愿原则有以下含义：第一，合同当事人有订立或者不订立合同的自由；第二，当事人有权选择合同相对人；第三，合同当事人有权决定合同内容；第四，合同当事人有权决定合同形式的自由。即合同当事人有权决定是否订立合同、与谁订立合同、有权拟定或者接受合同条款、有权以书面或者口头的形式订立合同。

当然，合同的自愿原则是要受到法律的限制的，这种限制对于不同的合同而有所不同。相对而言，由于建设工程合同的重要性，导致法律法规对建设工程合同的干预较多，对当事人的合同自愿的限制也较多。例如：建设工程合同内容中的质量条款,必须符合国家的质量标准,因为这是强制性的;建设工程合同的形式,则必须采用书面形式,当事人也没有选择的权利。

(三)公平原则

合同当事人应当遵循公平原则确定各方的权利和义务。在合同的订立和履行中,合同当事人应当正当行使合同权利和履行合同义务,兼顾他人利益,使当事人的利益能够均衡。在双务合同中,一方当事人在享有权利的同时,也要承担相应义务,取得的利益要与付出的代价相适应。建设工程合同作为双务合同也不例外,如果建设工程合同显失公平,则属于可变更或者可撤销的合同。

(四)诚实信用原则

建设工程同当事人行使权利、履行义务应当遵循诚实信用原则。这是市场经济活动中形成的道德规则,它要求人们在交易活动中(订立和履行合同)讲求信用,恪守诺言,诚实不欺。不论是发包人还是承包人,在行使权利时都应当充分尊重他人和社会的利益,对约定的义务要忠实地履行。具体包括:在合同订立阶段,如招标投标时,在招标文件和投标文件中应当如实说明自己和项目的情况;在合同履行阶段应当相互协作,如发生不可抗力时,应当相互告知,并尽量减少损失。

(五)遵守法律法规和公序良俗原则

建设工程合同的订立和履行,应当遵守法律法规和公序良俗原则。建设工程合同的当事人应当遵守《民法通则》、《建筑法》、《合同法》、《招标投标法》等法律法规,只有将建设工程合同的订立和履行纳入法律的轨道,才能保障建设工程的正常秩序。

公序良俗从词意上理解就是公共秩序和善良风俗。善良风俗应当是以道德为核心的,是某一特定社会应有的道德准则。公序良俗原则要求当事人订立、履行合同时,不但应当遵守法律、行政法规,而且应当尊重社会公德,不得扰乱社会经济秩序,损害社会公共利益。这一原则在司法实践中体现为:如果出现了现行法律未能规定的情况或者按现行法律处理会损害社会公共利益,法官可据此进行价值补充。

三、合同法内容简介

合同法是调整平等主体的自然人、法人、其他组织之间在设立、变更、终止合同时所发生的社会关系的法律规范总称。

为了满足我国发展社会主义市场经济的需要,消除市场交易规则的分歧,1999 年 3 月 15 日,第九届全国人大第二次会议通过了《中华人民共和国合同法》,于 1999 年 10 月 1 日起施行,原有的《经济合同法》、《技术合同法》和《涉外经济合同法》三部合同法同时废止。

《中华人民共和国合同法》由总则、分则和附则三部分组成。总则包括以下 8 章:一般规定;合同的订立;合同的效力;合同的履行;合同的变更和转让;合同的权利义务终止;违约责任;其他规定。分则按照合同标的的特点分为 15 种。

四、合同的分类

从不同的角度可以对合同作不同的分类。

(一) 合同法的基本分类

《合同法》分则部分将合同分为 15 类:买卖合同;供用电、水、气、热力合同;赠与合同;借款合同;租赁合同;融资租赁合同;承揽合同;建设工程合同;运输合同;技术合同;保管合同;仓储合同;委托合同;行纪合同;居间合同。这可以认为是合同法对合同的基本分类,合同法对每一类合同都作了较为详细的规定。

(二) 其他分类

其他分类是侧重学理分析的,虽然合同法中也有涉及。

1. 计划合同与非计划合同

计划合同是依据国家有关计划签订的合同;非计划合同则是当事人根据市场需求和自己的意愿订立的合同。虽然在市场经济中,依计划订立的合同的比重降低了,但仍然有一部分合同是依据国家有关计划订立的。对于计划合同,有关法人、其他组织之间应当依照有关法律、行政法规规定的权利和义务订立合同。

2. 双务合同与单务合同

双务合同是当事人双方相互享有权利和相互负有义务的合同。大多数合同都是双务合同,如建设工程合同。单务合同是指合同当事人双方并不是相互享有权利、负有义务的合同,如赠与合同。

3. 诺成合同与实践合同

诺成合同是当事人意思表示一致即可成立的合同。实践合同则要求在当事人意思表示一致的基础上,还必须交付标的物或者其他给付义务的合同。在现代经济生活中,大部分合同都是诺成合同。这种合同分类的目的在于确立合同的生效时间。

4. 主合同与从合同

主合同是指不依赖其他合同而独立存在的合同。从合同是以主合同的存在为存在前提的合同。主合同的无效、终止将导致从合同的无效、终止，但从合同的无效、终止不能影响主合同。担保合同是典型的从合同。

5. 有偿合同与无偿合同

有偿合同是指合同当事人双方任何一方均须给予另一方相应权益方能取得自己利益的合同。而无偿合同的当事人一方无须给予相应权益即可从另一方取得利益。在市场经济中，绝大部分合同都是有偿合同。

6. 要式合同与不要式合同

如果法律要求必须具备一定形式和手续的合同，称为要式合同。反之，法律不要求具备一定形式和手续的合同，称为不要式合同。

第二节　合同的订立

一、合同的形式和内容

（一）合同形式的概念和分类

合同的形式是当事人意思表示一致的外在表现形式。一般认为，合同的形式可分为书面形式、口头形式和其他形式。口头形式是以口头语言形式表现合同内容的合同。书面形式是指合同书、信件和数据电文（包括电报、电传、传真、电子数据交换和电子邮件）等可以有形地表现所载内容的形式。其他形式则包括公证、审批、登记等形式。

如果以合同形式的产生依据划分，合同形式则可分为法定形式和约定形式。合同的法定形式是指法律直接规定合同应当采取的形式。如《合同法》规定建设工程合同应当采用书面形式，则当事人不能对合同形式加以选择。合同的约定形式是指法律没有对合同形式作出要求，当事人可以约定合同采用的形式。

（二）合同形式的原则

合同法颁布前，我国有关法律对合同形式的要求是以要式为原则的。而合同法规定，当事人订立合同，有书面形式、口头形式和其他形式。法律、行政法规规定采用书面形式或者当事人约定采用书面形式，应当采用书面形式。我国合同法在一般情况下对合同形式并无要求，只要在法律、行政法规有规定和当事人有约定的情况下要求采用书面形式。可以认为，合同法在合同形式上的要求是以不要式为原则的。当然，这种合同形式的不要式原则并不排除一些特殊的合同，法律要求应当采用规定的形式（这种规定形式往往是书面形式),比如建设工程合同。我国合同法采用合同形式的不要式原则有以下理由。

1.合同本质对合同形式不作要求

奴隶社会和封建社会的合同法,普遍对合法形式有严格要求。这是由于当时的交易安全是人们所最关注的。在现代市场经济中,合同自由原则成为合同一切制度的核心。反映在合同订立形式上不再要求具有严格的形式。从合同的本质上看,合同是一种合意,这已为大陆法系国家和英美法系国家所共同接受。合同内容及法律效力的确定应当以当事人内在的真实意思为准,不能以其表现于外部的意志为准。

2.市场经济要求不应对合同形式进行限制

现代市场交易活动要求商品的流转迅速、方便。而“要式原则”无法做到这一点。如:书面合同的要求将使分处两地的当事人无法通过电话订立合同(也不能通过电话办理委托);标准合同形式或者要求书面签字盖章的合同无法通过电报、电传等方式订立。特别是通过竞争性方式订立的合同,“要式原则”更有无法克服的困难,如拍卖,在合同实质成立之前并无任何书面的形式。

3.国际公约要求不应对合同形式进行限制

立法应当与市场经济的国际惯例一致,这已成为我国的共识。虽然目前许多国家对合同形式有要式要求,但大多数市场经济国家并未改变“不要式为主”的状况,要式仅是对不要式合同的一种例外要求。在国际公约中也存在着“不要式为主”的原则,如《联合国国际货物买卖合同公约》。虽然我国对国际公约的这方面的规定声明保留,但从有利于国际贸易的角度考虑,我国也应建立起合同形式以不要式为主的立法体系。

4.电子技术对合同形式的革命

电子数据交换(Electronic Date Interchange)和电子邮件(E-mail)等电子技术的发展,使信息交流更为快捷,订货和履约更为迅速。并且电子技术实现了订立合同无纸化,在这种形势下对合同形式的严格要求无疑将极大地阻碍新技术的发展和应用。

(三)合同形式欠缺的法律后果

我国合同法规定的合同形式的不要式原则的一个重要体现还在于:即使法律、行政法规规定或当事人约定采用书面形式订立合同,当事人未采用书面形式,但一方已经履行了主要义务,对方接受的,该合同成立。采用合同书形式订立合同的,在签字盖章之前,当事人一方已经履行主要义务,对方接受的,该合同成立。当事人未以书面形式或者口头形式订立合同,但从双方从事的民事行为能够推定双方有订立合同意愿的,可以认定是以"其他形式"订立的合同。因为合同的形式只是当事人意思的载体,从本质上说,法律、行政法规在合同形式上的要求也是为了保障交易安全。如果在形式上不符合要求,但当事人已经有了交易事实,再强调合同形式就失去了意义。当然,在没有履行行为之前,合同的形式不符合要求,则合同未成立。

这一规定对于建设工程合同具有重要的意义。例如:某施工合同,在施工任务完成后由于发包人拖欠工程款而发生纠纷,但双方一直没有签订书面合同,此时是否应当认定合同已经成立? 答案应当是肯定的。又例如:在施工合同履行中,如果工程师发布口头指令,最后没有以书面形式确认,但承包人有证据证明工程师确实发布过口头指令(当然,需要经过一定的程序),一样可以认定口头指令的效力,构成合同的组成部分。

(四)合同的内容

合同的内容由当事人约定,这是合同自由的重要体现。合同法规定了合同一般应当包括的条款,但具备这些条款不是合同法成立的必备条件。建设工程合同也应当包括这些内容,但由于建设工程合同往往比较复杂,合同中的内容往往并不全部在狭义的合同文本中,如有些内容反映在工程量表中,有些内容反映在当事人约定采用的质量标准中。

1. 当事人的名称或者姓名和住所

合同主体包括自然人、法人、其他组织。明确合同主体,对了解合同当事人的基本情况,合同的履行和确定诉讼管辖具有重要的意义。自然人的姓名是指经户籍登记管理机关核准登记的正式用名。自然人的住所是指自然人有长期居住的意愿和事实的处所,即经常居住地。法人、其他组织的名称是指经登记主管机关核准登记的名称,如公司的名称以企业营业执照上的名称为准。法人和其他组织的住所是指它们的主要营业地或者主要办事机构所在地。当然,作为一种国家干预较多的合同,国家对建设工程合同的当事人有一些特殊的要求,如要求施工企业作为承包人时必须具有相应的资质等级。

2. 标的

标的是合同当事人双方权利和义务共同指向的对象。标的的表现形式为物、劳务、行为、智力成果、工程项目等。没有标的的合同是空的,当事人的权利义务无所依托;标的不明确的合同无法履行,合同也不能成立。所以,标的是合同的首要条款,签订合同时,标的必须明确、具体,必须符合国家法律和行政法规的规定。

3. 数量

数量是衡量合同标的多少的尺度,以数字和计量单位表示。没有数量或数量的规定不明确,当事人双方权利义务的多少,合同是否完全履行都无法确定。数量必须严格按照国家规定的法定计量单位填写,以免当事人产生不同的理解。施工合同中的数量主要体现的是工程量的大小。

4. 质量

质量是标的的内在品质和外观形态的综合指标。签订合同时,必须明确质量标准。合同对质量标准的约定应当是准确而具体的,对于技术上较为复杂的和容易引起歧义的词语、标准,应当加以说明和解释。对于强制性的标准,当事人必须执行,合同约定的质量不得低于该强制性标准。对于推荐性的标准,国家鼓励采用。当事人没有约定质量标准,如果有国家标准,则依国家标准执行;如果没有国家标准,则依行业标准执行;没有行业标准,则依地方标准执行;没有地方标准,则依企业标准执行。由于建设工程中的质量标准大多是强制性的质量标准,当事人的约定不能低于这些强制性的标准。

5. 价款或者报酬

价款或者报酬是当事人一方向交付标的的另一方支付的货币。标的物的价款由当事人双方协商,但必须符合国家的物价政策,劳务酬金也是如此。合同条款中应写明有关银行结算和支付方法的条款。价款或者报酬在勘察、设计合同中表现为勘察、设计费,在监理合同中则体现为监理费,在施工合同中则体现为工程款。

6. 履行的期限、地点和方式

履行的期限是当事人各方依照合同规定全面完成各自义务的时间。履行的地点是指当事人交付标的和支付价款或酬金的地点。包括标的的交付、提取地点,服务、劳务或工程项目建设的地点,价款或劳务的结算地点。施工合同的履行地点是工程所在地。履行的方式是指当事人完成合同规定义务的具体方法。包括标的的交付方式和价款或酬金的结算方式。履行的期限、地点和方式是确定合同当事人是否适当履行合同的依据。

7. 违约责任

违约责任是任何一方当事人不履行或者不适当履行合同规定的义务而应当承担的法律责任。当事人可以在合同中约定,一方当事人违反合同时,向另一方当事人支付一定数额的违约金,或者约定违约损害赔偿的计算方法。

8. 解决争议的方法

在合同履行过程中不可避免地会产生争议,为使争议发生后能够有一个双方都能接受的解决办法,应当在合同条款中对此作出规定。如果当事人希望通过仲裁作为解决争议的最终方式,则必须在合同中约定仲裁条款,因为仲裁是以自愿为原则的。

二、要约与承诺

当事人订立合同,采用要约与承诺的方式。合同的成立需要经过要约和承诺两个阶段,这是民法学界的公识,也是国际合同公约和世界各国合同立法的通行做法。建设工程合同的订立同样需要通过要约、承诺。

(一)要约

1. 要约的概念和条件

要约是希望和他人订立合同的意思表示。提出要约的一方为要约人,接受要约的一方为被要约人。要约应当具有以下条件:(1)内容具体确定;(2)表明经受要约人承诺,要约人即受该意思表示约束。具体地讲,要约必须是特定人的意思表示,必须是以缔结合同为目的。要约必须是对相对人发出的行为,必须由相对人承诺,虽然相对人的人数可能为不特定的多数人。另外,要约必须具备合同的一般条款。

2. 要约邀请

要约邀请是希望他人向自己发出要约的意思表示。要约邀请并不是合同成立过程中的必经过程,它是当事人订立合同的预备行为,在法律上无须承担责任。这种意思表示的内容往往不确定,不含有合同得以成立的主要内容,也不含相对人同意后受其约束的表示。比如价目表的寄送、招标公告、商业广告、招股说明书等,即是要约邀请。商业广告的内容符合要约规定的,视为要约。

3. 要约的撤回和撤销

要约撤回,是指要约在发生法律效力之前,欲使其不发生法律效力而取消要约的意思表示。要约人可以撤回要约,撤回要约的通知应当在要约到达受要约人之前或同时到达受要约人。

要约撤销,是指要约在发生法律效力之后,要约人欲使其丧失法律效力而取消该项要约的意思表示。要约可以撤销,撤销要约的通知应当在受要约人发出承诺通知之前到达受要约人。但有下列情形之一的,要约不得撤销:第一,要约人确定承诺期限或者以其他形式明示要约不可撤销;第二,受要约人有理由认为要约是不可撤销,并已经为履行合同做了准备工作。可以认为,要约的撤销是一种特殊的情况,且必须在受要约人发出承诺通知之前到达受要约人。

(二)承诺

1.承诺的概念和条件

承诺是受要约人作出的同意要约的意思表示。

承诺具有以下条件。

(1)承诺必须由受要约人作出。非受要约人向要约人作出的接受要约的意思表示是一种要约而非承诺。

(2)承诺只能向要约人作出。非要约对象向要约人作出的完全接受要约意思的表示也不是承诺,因为要约人根本没有与其订立合同的愿意。

(3)承诺的内容应当与要约的内容一致。但是,近年来,国际上出现了允许受要约人对要约内容进行非实质性变更的趋势。受要约人对要约的内容作出实质性变更的,视为新要约。有关合同标的、数量、质量、价款和报酬、履行期限和履行地点与方式、违约责任和解决争议方法等的变更,是对要约内容的实质性变更。承诺对要约的内容作出非实质性变更的,除要约人及时反对或者要约表明不得对要约内容作任何变更以外,该承诺有效,合同以承诺的内容为准。

(4)承诺必须在承诺期限内发出。超过期限,除要约人及时通知受要约人该承诺有效外,为新要约。

在建设工程合同的订立过程中,招标人发出中标通知书的行为是承诺。因此,作为中标通知书必须由招标人向投标人发出,并且其内容应当与招标文件、投标文件的内容一致。

2.承诺的期限

承诺必须以明示的方式,在要约规定的期限内作出。要约没有规定承诺期限的,视要约的方式而定。

(1)要约以对话方式作出的,应当即时作出承诺,但当事人另有约定的除外。

(2)要约以非对话方式作出的,承诺应当在合理期限内到达。

这样的规定主要是表明承诺的期限应当与要约相对应。"合理期限"要根据要约发出的客观情况和交易习惯确定,应当注意双方的利益平衡。要约以信件或者电报作出的,承诺期限自信件载明的日期或者电报交发之日开始计算。信件未载明日期的,自投寄该信件的邮戳日期开始计算。要约以电话、传真等快速通信方式作出的,承诺期限自要约到达受要约人时开始计算。

受要约人在承诺期限内发出承诺,按照通常情形能够及时到达要约人,但因其他原因承诺到达要约人时超过承诺期限的,除要约人及时通知受要约人因承诺超过期限不接受该承诺的以外,该承诺有效。

3.逾期承诺和迟到承诺

超过承诺期限到达要约人的承诺,按照迟到的原因不同,合同法对承诺的有效性作出了不同的区分。

(1)逾期承诺。是指受要约人超过承诺期限发出的承诺。除非要约人及时通知受要约人该承诺有效,否则该超期的承诺视为新要约,对要约人不具备法律效力。

(2)迟到承诺。是指非受要约人责任原因延误到达的承诺。受要约人在承诺期限内发出承诺,按照通常情况能够及时到达要约人,但因其他原因承诺到达要约人时超过了承诺期限。对于这种情况,除非要约人及时通知受要约人因承诺超过期限不接受该承诺,否则承诺有效。

4.承诺的撤回

承诺的撤回是承诺人阻止或者消灭承诺发生法律效力的意思表示。承诺可以撤回。撤回承诺的通知应当在承诺通知到达要约人之前或者与承诺通知同时到达要约人。

(三)要约和承诺的生效

对于要约和承诺的生效,世界各国有不同的规定,但主要有投邮主义、到达主义和了解主义。对于投邮主义,在现代信息交流方式中可作广义的理解:要约和承诺发出以后,只要要约和承诺已处于要约人和受承诺人控制范围之外,要约、承诺即生效。到达主义则要求要约、承诺达到受要约人、要约人时生效。了解主义则不但要求对方收到要约、承诺的意思表示,而且要求真正了解其内容时,该意思表示才生效。目前,世界上大部分国家和《联合国国际买卖合同公约》都采用了到达主义。我国也采用了到达主义。要约、承诺的生效与合同成立的许多规定都有关联性,如:只有到达主义可以允许承诺撤回,而投邮主义则不可能撤回承诺。

我国合同法规定,要约到达受要约人时生效。采用数据电文形式订立合同,收件人指定特定系统接收数据电文的,该数据电文进入该特定系统的时间,视为到达时间;未指定特定系统的,该数据电文进入收件人任何系统的首次时间,视为到达时间。承诺应当以通知的方式作出,根据交易习惯或者要约表明可以通过行为作出承诺的除外。承诺的通知送达给要约人时生效。

(四)合同的成立

1.不要式合同的成立

合同成立是指合同当事人对合同的标的、数量等内容协商一致。如果法律法规、当事人对合同的形式、程序没有特殊的要求,则承诺生效时合同成立。因为承诺生效即意味着当事人对合同的内容达成了一致,对当事人产生约束力。

在一般情况下,要约生效的地点为合同成立的地点。采用数据电文形式订立合同的,收件人的主营业地为合同成立的地点;没有主营业地的,其经常居住地为合同处理的地点。当事人另有约定的,按照其约定。

2.要式合同的成立

当事人采用合同书形式订立合同的,自双方当事人签字或者盖章时合同成立。需要注意的是,合同书的表现形式是多样的,在很多情况下双方签字、盖章只要具备其中的一项即可。双方签字或者盖章的地点为合同成立的地点。在建设工程施工合同履行中,有合法授权的一方代表签字确认的内容也可以作为合同的内容,就是这一法律规定在建设工程中的延伸。当事人在合同书上摁手印的行为具有与签字或者盖章同等的法律效力。采用书面形式订立合同,合同约定的签订地与实际签字或者盖章地点不符的,应当认定约定的签订地为合同签订地;合同没有约定签订地,双方当事人签字或者盖章不在同一地点的,应当认定最后签字或者盖章的地点为合同签订地。

当事人采用信件、数据电文等形式订立合同的,可以在合同成立之前要求签订确认书。签订确认书时合同成立。

三、关于格式条款

格式条款是指当事人为了重复使用而预先拟定,并在订立合同时未与对方协商即采用的条款。格式条款又被称为标准条款,提供格式条款的相对人只能在接受格式条款和拒签合同两者之间进行选择。格式条款既可以是合同的部分条款为格式条款,也可以是合同的所有条款为格式条款。在现代经济生活中,格式条款适应了社会化大生产的需要,提高了交易效率,在日常工作和生活中随处可见。但这类合同的格式条款提供人往往利用自己的有利地位,加入一些不公平、不合理的内容。因此,各国立法都对格式条款提供人进行一定的限制。

提供格式条款的一方应当遵循公平的原则确定当事人之间的权利义务关系,并采取合理的方式提请对方注意免除或限制其责任的条款,按照对方的要求,对该条款予以说明。提供格式条款一方免除其责任、加重对方责任、排除对方主要权利的,该条款无效。

对格式条款的理解发生争议的,应当按照通常的理解予以解释,对格式条款有两种以上解释的,应当作出不利于提供格式条款的一方的解释。在格式条款与非格式条款不一致时,应当采用非格式条款。

四、缔约过失责任

(一) 缔约过失责任的概念

缔约过失责任,是指在合同缔结过程中,当事人一方或双方因自己的过失而致合同不成立、无效或被撤销,应对信赖其合同为有效成立的相对人赔偿基于此项信赖而发生的损害。缔约过失责任既不同于违约责任,也有别于侵权责任,是一种独立的责任。现实生活中确实存在由于过失给当事人造成损失、但合同尚未成立的情况。缔约过失责任的规定能够解决这种情况的责任承担问题。

(二) 缔约过失责任的构成

缔约过失责任是针对合同尚未成立应当承担的责任,其成立必须具备一定的要件,否则将极大地损害当事人协商订立合同的积极性。

1.缔约一方受有损失

损害事实是构成民事赔偿责任的首要条件,如果没有损害事实的存在,也就不存在损害赔偿责任。缔约过失责任的损失是一种信赖利益的损失,既缔约人信赖合同有效成立,但因法定事由发生,致使合同不成立、无效或被撤销等而造成的损失。

2.缔约当事人有过错

承担缔约过失责任一方应当有过错,包括故意行为和过失行为导致的后果责任。这种过错主要表现为违反先合同义务。所谓"先合同义务",是指自缔约人双方为签订合同而互相接触磋商开始但合同尚未成立,逐渐产生的注意义务(或称附随义务),包括协助、通知、照顾、保护、保密等义务,它自要约生效开始产生。

3.合同尚未成立

这是缔约过失责任有别于违约责任的最重要原因。合同一旦成立,当事人应当承担的是违约责任或者合同无效的法律责任。

4.缔约当事人的过错行为与该损失之间有因果关系

缔约当事人的过错行为与该损失之间有因果关系,即该损失是由违反先合同义务引起的。

(三) 承担缔约过失的情形

1.假借订立合同,恶意进行磋商

恶意磋商,是指一方没有订立合同的诚意,假借订立合同与对方磋商而导致另一方遭受损失的行为。如甲施工企业知悉自己的竞争对手在协商与乙企业联合投标,为了与对手竞争,遂与乙企业谈判联合投标事宜,在谈判中故意拖延时间,使竞争对手失去与乙企业联合的机会,之后宣布谈判终止,致使乙企业遭受重大损害。

2.故意隐瞒与订立合同有关的重要事实或提供虚假情况

故意隐瞒重要事实或者提供虚假情况。是指以涉及合同成立与否的事实予以隐瞒或者提供与事实不符的情况而引诱对方订立合同的行为。如代理人隐瞒无权代理这一事实而与相对人进行磋商;施工企业不具有相应的资质等级而谎称具有;没有得到进(出)口许可而谎称获得;故意隐瞒标的物的瑕疵等等。

3.有其他违背诚实信用原则的行为

其他违背诚实信用原则的行为主要指当事人一方对附随义务的违反,即违反了通知、保护、说明等义务。

4.违反缔约中的保密义务

当事人在订立合同过程中知悉的商业秘密,无论合同是否成立,不得泄露或者不正当使用。泄露或者不正当使用该商业秘密给对方造成损失的,应当承担损害赔偿责任。例如,发包人在建设工程招标投标中或者合同谈判中知悉对方的商业秘密,如果泄露或者不正当使用,给承包人造成损失的,应当承担损害赔偿责任。

第三节　合同的效力

一、合同的生效
(一)合同生效应当具备的条件

合同生效是指合同对双方当事人的法律约束力的开始。合同成立后,必须具备相应的法律条件才能生效,否则合同是无效的。合同生效应当具备下列条件。

1.当事人具有相应的民事权利能力和民事行为能力

订立合同的人必须具备一定的独立表达自己的意思和理解自己的行为的性质和后果的能力,即合同当事人应当具有相应的民事权利能力和民事行为能力。对于自然人而言,民事权利能力始于出生,完全民事行为能力人可以订立一切法律允许自然人作为合同主体的合同。法人和其他组织的权利能力就是它们的经营、活动范围,民事行为能力则与它们的权利能力相一致。

在建设工程合同中,合同当事人一般都应当具有法人资格,并且承包人还应当具备相应的资质等级,否则,当事人就不具有相应的民事权利能力和民事行为能力,订立的建设工程合同无效。

2. 意思表示真实

合同是当事人意思表示一致的结果,因此,当事人的意思表示必须真实。但是,意思表示真实是合同的生效条件而非合同的成立条件。意思表示不真实包括意思与表示不一致、不自由的意思表示两种。含有意思表示不真实的合同是不能取得法律效力的。如建设工程合同的订立,一方采用欺诈、胁迫的手段订立的合同,就是意思表示不真实的合同,这样的合同就欠缺生效的条件。

3. 不违反法律或者社会公共利益

不违反法律或者社会公共利益,是合同有效的重要条件。所谓不违反法律或者社会公共利益,是就合同的目的和内容而言的。合同的目的,是指当事人订立合同的直接内心原因;合同的内容,是指合同中的权利义务及其指向的对象。不违反法律或者社会公共利益,实际是对合同自由的限制。

(二)合同的生效时间

1.合同生效时间的一般规定

一般说来,依法成立的合同,自成立时生效。具体地讲:口头合同自受要约人承诺时生效;书面合同自当事人双方签字或者盖章时生效;法律规定应当采用书面形式的合同,当事人虽然未采用书面形式但已经履行全部或者主要义务的,可以视为合同有效。合同中有违反法律或社会公共利益的条款的,当事人取消或改正后,不影响合同其他条款的效力。

法律、行政法规规定应当办理批准、登记等手续生效的,依照其规定。

2.附条件和期限合同的生效时间

当事人可以对合同生效约定附条件或者约定附期限。附条件的合同,包括附生效条件的合同和附解除条件的合同两类。附生效条件的合同,自条件成就时生效;附解除条件的合同,自条件成就时失效。当事人为了自己的利益不正当阻止条件成就的,视为条件已经成就;不正当促成条件成就的,视为条件不成就。附生效期限的合同,自期限界至时生效;附终止期限合同,自期限届满时失效。

附条件合同的成立与生效不是同一时间,合同成立后虽然并未开始履行,但任何一方不得撤销要约和承诺,否则应承担缔约过失责任,赔偿对方因此而受到的损失;合同生效后,当事人双方必须忠实履行合同约定的义务,如果不履行或未正确履行义务,应按违约责任条款的约定追究责任。一方不正当地阻止条件成就,视为合同已生效,同样要追究其违约责任。

(三)合同效力与仲裁条款

合同成立后,合同中的仲裁条款是独立存在的,合同的无效、变更、解除、终止,不影响仲裁协议的效力。如果当事人在施工合同中约定通过仲裁解决争议,不能认为合同无效将导致仲裁条款无效。若因一方的违约行为另一方按约定的程序终止合同而发生了争议,仍然应当由双方选定的仲裁委员会裁定施工合同是否有效及对争议的处理。

(四)效力待定的合同

有些合同的效力较为复杂,不能直接判断是否生效,而与合同的一些后续行为有关,这类合同即为效力待定的合同。

1.限制民事行为能力人订立的合同

无民事行为能力人不能订立合同,限制行为能力人一般情况下也不能独立订立合同。限制民事行为能力人订立的合同,经法定代理人追认以后,合同有效。限制民事行为能力人的监护人是其法定代理人。相对人可以催告法定代理人在一个月内予以追认,法定代理人未作表示的,视为拒绝追认。合同被追认之前,善意相对人有撤销的权利。撤销应当以通知的方式作出。

2.无代理权人订立的合同

行为人没有代理权、超越代理权或者代理权终止后以被代理人的名义订立的合同,未经被代理人追认,对被代理人不发生效力,由行为人承担责任。无权代理人以被代理人的名义订立合同,被代理人已经开始履行合同义务的,视为对合同的追认。相对人可以催告被代理人在一个月内予以追认。被代理人未作表示的,视为拒绝追认。合同被追认之前,善意相对人有撤销的权利。撤销应当以通知的方式作出。行为人没有代理权、超越代理权或者代理权终止后以被代理人的名义订立的合同,相对人有理由相信行为人有代理权的,该代理行为有效。

3.表见代理人订立的合同

表见代理是善意相对人通过被代理人的行为足以相信无权代理人具有代理权的代理。基于此项信赖,该代理行为有效。善意第三人与无权代理人进行的交易行为(订立合同),其后果由被代理人承担。表见代理的规定,其目的是保护善意的第三人。在现实生活中,较为常见的表见代理是采购员或者推销员拿着盖有单位公章的空白合同文本,超越授权范围与其他单位订立合同。此时其他单位如果不知采购员或者推销员的授权范围,即为善意第三人。此时订立的合同有效。

表见代理一般应当具备以下条件:(1)表见代理人并未获得被代理人的书面明确授权,是无权代理;(2)客观上存在让相对人相信行为人具备代理权的理由;(3)相对人善意且无过失。

有些情况下,表见代理与无权代理的区分是十分困难的。

4. 法定代表人、负责人越权代表订立的合同

法人或其他组织的法定代表人、负责人超越权限订立的合同,除相对人知道或应当知道其超越权限以外,该代表行为有效。

5. 无处分权人处分他人财产订立的合同

无处分权人处分他人财产订立的合同,一般情况下是无效的。但是,在下列两种情况下合同有效:(1)无处分权人处分他人财产,经权利人追认,订立的合同有效;(2)无处分权人通过订立合同取得处分权的合同有效。如在房地产开发项目的施工中,施工企业对房地产是没有处分权的,如果施工企业将施工的商品房卖给他人,则该买卖合同无效。但是,如果房地产开发商追认该买卖行为,则买卖合同有效;或者事后施工企业与房地产开发商达成该商品房折抵工程款,则该买卖合同也有效。

二、无效合同

(一)无效合同的概念

无效合同是指当事人违反了法律规定的条件而订立的,国家不承认其效力,不给予法律保护的合同。无效合同从订立之时起就没有法律效力,不论合同履行到什么阶段,合同被确认无效后,这种无效的确认要溯及到合同订立时。

在计划经济时期,由于国家对合同的干预较多,合同有效的条件也较多,因此,无效合同的比例较高。新合同法颁布之前,在我国的经济合同中,据不完全统计,无效经济合同约占经济合同总量的 10%～15%。这种情况实际上对我国的经济发展带来了相当大的负面影响。新合同法适应市场经济发展和与国际经济接轨的需要,树立全新的立法观念,以鼓励交易、尊重当事人意思自治为目标,立法上大大缩小无效合同的范围,把无效合同限定在违反法律和行政法规的强制性规定以及损害国家利益和社会公共利益的范围内。

(二)合同无效的情形

1.无效合同

(1)一方以欺诈、胁迫的手段订立,损害国家利益的合同

欺诈是指一方当事人故意告知对方虚假情况,或者故意隐瞒真实情况,诱使对方当事人作出错误意思表示的行为。如施工企业伪造资质等级证书与发包人签订施工合同。胁迫是以给自然人及其亲友的生命健康、荣誉、名誉、财产等造成损害或者以给法人的荣誉、名誉、财产等造成损害为要挟,迫使对方作出违背真实意思表示的行为。如材料供应商以败坏施工企业名誉为要挟,迫使施工企业与其订立材料买卖合同。以欺诈、胁迫的手段订立合同,如果损害国家利益,则合同无效。

(2)恶意串通,损害国家、集体或第三人利益的合同

这种情况在建设工程领域中较为常见的是投标人串通投标或者招标人与投标人串通,损害国家、集体或第三人利益,投标人、招标人通过这样的方式订立的合同是无效的。

(3)以合法形式掩盖非法目的的合同

如果合同要达到的目的是非法的,即使其有的形式作掩护,也是无效的。如企业之间为了达到借款的非法目的,即使设计了合法的形式也属于无效合同。

(4)损害社会公共利益

如果合同违反公共秩序和善良风俗(即公序良俗),就损害了社会公共利益,这样的合同也是无效的。例如,施工单位在劳动合同中规定雇员应当接受搜身检查的合同,或者在施工合同的履行中规定以债务人的人身作为担保的约定,都属于无效的合同条款。

(5)违反法律、行政法规的强制性规定的合同

违反法律、行政法规的强制性规定的合同也是无效的。如建设工程的质量标准是《标准化法》、《建筑法》规定的强制性标准,如果建设工程合同当事人约定的质量标准低于国家标准,则该合同是无效的。

2.无效的合同免责条款

合同免责条款,是指当事人约定免除或者限制其未来责任的合同条款。当然,并不是所有的免责条款都无效,合同中的下列免责条款无效:

(1)造成对方人身伤害的;

(2)因故意或者重大过失造成对方财产损失的。

上述两种免责条款具有一定的社会危害性,双方即使没有合同关系也可追究对方的侵权责任。因此这两种免责条款无效。

(三)无效合同的确认

无效合同的确认权归人民法院或者仲裁机构,合同当事人或其他任何机构均无权认定合同无效。

(四)无效合同的法律后果

合同被确认无效后,合同规定的权利义务即为无效。履行中的合同应当终止履行,尚未履行的不得继续履行。对因履行无效合同而产生的财产后果应当依法进行处理。

1. 返还财产

由于无效合同自始没有法律约束力,因此,返还财产是处理无效合同的主要方式。合同被确认无效后,当事人依据该合同所取得的财产,应当返还给对方;不能返还的,应当作价补偿。建设工程合同如果无效一般都无法返还财产,因为无论是勘察设计成果还是工程施工,承包人的付出都是无法返还的,因此,一般应当采用作价补偿的方法处理。

2. 赔偿损失

合同被确认无效后,有过错的一方应赔偿对方因此而受到的损失。如果双方都有过错,应当根据过错的大小各自承担相应的责任。

3. 追缴财产,收归国有

双方恶意串通,损害国家或者第三人利益的,国家采取强制性措施将双方取得的财产收归国库或者返还第三人。无效合同不影响善意第三人取得合法权益。

三、可变更或可撤销的合同

(一)可变更或可撤销合同的概念和种类

可变更或可撤销的合同,是指欠缺生效条件,但一方当事人可依照自己的意思使合同的内容变更或者使合同的效力归于消灭的合同。如果合同当事人对合同的可变更或可撤销发生争议,只有人民法院或者仲裁机构有权变更或者撤销合同。可变更或可撤销的合同不同于无效合同,当事人提出请求是合同被变更、撤销的前提,人民法院或者仲裁机构不得主动变更或者撤销合同。当事人如果只要求变更,人民法院或者仲裁机构不得撤销其合同。

有下列情形之一的,当事人一方有权请求人民法院或者仲裁机构变更或者撤销其合同。

1. 因重大误解而订立的合同

重大误解是指由于合同当事人一方本身的原因,对合同主要内容发生误解,产生错误认识。由于建设工程合同订立的程序较为复杂,当事人发生重大误解的可能性很小,但在建设工程合同的履行或者变更的具体问题上仍有发生重大误解的可能性。如在工程师发布的指令中,或者建设工程涉及的买卖合同中等。行为人因对行为的性质、对方当事人、标的物的品种、质量、规格和数量等的错误认识,使行为的后果与自己的意思相悖,并造成较大损失时,可以认定为重大误解。当然,这里的重大误解必须是当事人在订立合同时已经发生的误解,如果是合同订立后发生的事实,且一方当事人订立时由于自己的原因而没有预见到,则不属于重大误解。

2. 在订立合同时显失公平的合同

一方当事人利用优势或者利用对方没有经验,致使双方的权利与义务明显违反公平原则的,可以认定为显失公平。最高人民法院的司法解释认为,民间借贷(包括公民与企业之间的借贷)约定的利息高于银行同期同种贷款利率的 4 倍,为显失公平。但在其他方面,显失公平尚无定量的规定。

3. 以欺诈、胁迫等手段或者乘人之危,使对方在违背真实意思的情况下订立的合同

一方以欺诈、胁迫等手段或者乘人之危,使对方在违背真实意思的情况下订立的合同,受损害方有权请求人民法院或者仲裁机构变更或者撤销。

(二)合同撤销权的消灭

由于可撤销的合同只是涉及当事人意思表示不真实的问题,因此法律对撤销权的行使有一定的限制。有下列情形之一的,撤销权消灭:

(1)具有撤销权的当事人自知道或者应当知道撤销事由之日起 1 年内没有行使撤销权;

(2)具有撤销权的当事人知道撤销事由后明确表示或者以自己的行为放弃撤销权。

(三)合同被撤销后的法律后果

合同被撤销后的法律后果与合同无效的法律后果相同,也是返还财产,赔偿损失,追缴财产、收归国有三种。

【案例 5—1】从事家电销售业务的甲到 A 商场购物,将一套售价为 7200 元的音响看成 1200 元一套。该柜台售货员乙参加工作不久,也将售价看成了 1200 元一套。于是甲以 1200 元一套购买了两套。A 商场发现问题后找到甲,要求甲支付差价或者退货。问:

(1)如果音响尚在甲处且完好无损,应当如何处理? 为什么?

(2)如果音响已经由甲销售给丙,且无法找到丙,应当如何处理? 为什么?

解答：(1)由于乙的销售行为是职务行为，可以代表 A 商场，因此可以理解为甲和 A 商场都对这一买卖行为存在重大误解，故这一买卖合同是可变更或者可撤销的合同。因此，如果音响尚在甲处且完好无损，甲应当支付差价（变更合同）或者退货（撤销合同）。

(2)如果音响已经由甲销售给丙，且无法找到丙，这意味着这一可变更或者可撤销的合同已经给当事人造成损失。有过错一方应当承担赔偿责任，如果是双方共同过错，则应当共同承担赔偿责任。当然，在买卖合同中，对价格的重大误解，卖方（A 商场）应当承担主要、甚至全部过错。如果考虑甲是从事家电销售业务的，可以认为他有丰富的经验，也可以要求他承担一定的责任。

四、当事人名称或者法定代表人变更对合同效力的影响

当事人名称或者法定代表人变更不会对合同的效力产生影响。因此，合同生效后，当事人不得因姓名、名称的变更或者法定代表人、负责人、承办人的变动而不履行合同义务。有些单位，因为名称或者法定代表人变更而拒绝承担合同义务，是没有法律依据的。

五、当事人合并或分立后对合同效力的影响

在现实的市场经济活动中，经常由于资产的优化或重组而产生法人的合并或分立，但不应影响合同的效力。按照合同法的规定，订立合同后当事人与其他法人或组织合并，合同的权利和义务由合并后的新法人或组织继承，合同仍然有效。

订立合同后分立的，分立的当事人应及时通知对方，并告知合同权利和义务的继承人，双方可以重新协商合同的履行方式。如果分立方没有告知或分立方的该合同责任归属通过协商对方当事人仍不同意，则合同的权利义务由分立后的法人或组织连带负责，即享有连带债权，承担连带债务。

第四节　合同的履行、变更和转让

一、合同的履行
(一)合同履行的概念
合同履行，是指合同各方当事人按照合同的规定，全面履行各自的义

务,实现各自的权利,使各方的目的得以实现的行为。合同依法成立,当事人就应当按照合同的约定,全部履行自己的义务。签订合同的目的在于履行,通过合同的履行而取得某种权益。合同的履行以有效的合同为前提和依据,因为无效合同从订立之时起就没有法律效力,不存在合同履行的问题。合同履行是该合同具有法律约束力的首要表现。建设工程合同的目的也是履行,因此,合同订立后同样应当严格履行各自的义务。

(二)合同履行的原则

1.全面履行的原则

当事人应当按照约定全面履行自己的义务。即按合同约定的标的、价款、数量、质量、地点、期限、方式等全面履行各自的义务。按照约定履行自己的义务,既包括全面履行义务,也包括正确适当履行合同义务。建设工程合同订立后,双方应当严格履行各自的义务,不按期支付预付款、工程款,不按照约定时间开工、竣工,都是违约行为。

合同有明确约定的,应当依约定履行。但是,合同约定不明确并不意味着合同无须全面履行或约定不明确部分可以不履行。

合同生效后,当事人就质量、价款或者报酬、履行地点等内容没有约定或者约定不明的,可以协议补充。不能达成补充协议的,按照合同有关条款或者交易习惯确定。按照合同有关条款或者交易习惯确定,一般只能适用于部分常见条款欠缺或者不明确的情况,因为只有这些内容才能形成一定的交易习惯。交易习惯包括:在交易行为当地或者某一领域、某一行业通常采用并为交易对方订立合同时所知道或者应当知道的做法;当事人双方经常使用的习惯做法。对于交易习惯,由提出主张的一方当事人承担举证责任。如果按照上述办法仍不能确定合同如何履行的,适用下列规定进行履行。

(1)质量要求不明的,按国家标准、行业标准履行,没有国家、行业标准的,按通常标准或者符合合同目的的特定标准履行。作为建设工程合同中的质量标准,大多是强制性的国家标准,因此,当事人的约定不能低于国家标准。

(2)价款或报酬不明的,按订立合同时履行地的市场价格履行;依法应当执行政府定价或政府指导价的,按规定履行。在建设工程施工合同中,合同履行地是不变的,肯定是工程所在地。因此,约定不明确时,应当执行工程所在地的市场价格。

(3)履行地点不明确的,给付货币的,在接收货币一方所在地履行;交付不动产的,在不动产所在地履行;其他标的在履行义务一方所在地履行。

（4）履行期限不明确的，债务人可以随时履行，债权人也可以随时要求履行，但应当给对方必要的准备时间。

（5）履行方式不明确的，按照有利于实现合同目的的方式履行。

（6）履行费用的负担不明确的，由履行义务一方承担。

合同在履行中既可能是按照市场行情约定价格，也可能执行政府定价或政府指导价。如果是按照市场行情约定价格履行，则市场行情的波动不应影响合同价，合同仍执行原价格。

如果执行政府定价或政府指导价的，在合同约定的交付期限内政府价格调整时，按照交付时的价格计价。逾期交付标的物的，遇价格上涨时按照原价格执行；遇价格下降时，按新价格执行。逾期提取标的物或者逾期付款的，遇价格上涨时，按新价格执行；价格下降时，按原价格执行。

2.诚实信用原则

当事人应当遵循诚实信用原则，根据合同性质、目的和交易习惯履行通知、协助和保密的义务。当事人首先要保证自己全面履行合同约定的义务，并为对方履行义务创造必要的条件。当事人双方应关心合同履行情况，发现问题应及时协商解决。一方当事人在履行过程中发生困难，另一方当事人应在法律允许的范围内给予帮助。在合同履行过程中应信守商业道德，保守商业秘密。

（三）合同履行中的抗辩权

抗辩权是指在双务合同的履行中，双方都应当履行自己的债务，一方不履行或者有可能不履行时，另一方可以据此拒绝对方的履行要求。

1.同时履行抗辩权

当事人互负债务，没有先后履行顺序的，应当同时履行。同时履行抗辩权包括：一方在对方履行之前有权拒绝其履行要求；一方在对方履行债务不符合约定时，有权拒绝其相应的履行要求。如施工合同中期付款时，对承包人施工质量不合格部分，发包人有权拒付该部分的工程款；如果发包人拖欠工程款款，则承包人可以放慢施工进度，甚至停止施工。后果的影响，由违约方承担。

同时履行抗辩权的适用条件是：（1）由同一双务合同产生互负的对价给付债务；（2）合同中未约定履行的顺序；（3）对方当事人没有履行债务或者没有正确履行债务；（4）对方的对价给付是可能履行的义务。所谓对价给付是指一方履行的义务和对方履行的义务之间具有互为条件、互为牵连的关系并且在价格上基本相等。

2.先履行抗辩权

先履行抗辩权也包括两种情况:当事人互负债务,有先后履行顺序的,应当先履行的一方未履行时,后履行的一方有权拒绝其对本方的履行要求;应当先履行的一方履行债务不符合规定的,后履行的一方也有权拒绝其相应的履行要求。如材料供应合同按照约定应由供货方先行交付订购的材料后,采购方再行付款结算,若合同履行过程中供货方交付的材料质量不符合约定的标准,采购方有权拒付货款。

先履行抗辩权的应满足的条件为:(1)由同一双务合同产生互负的对价给付债务;(2)合同中约定了履行的顺序;(3)应当先履行的合同当事人没有履行债务或者没有正确履行债务;(4)应当先履行的对价给付是可能履行的义务。

3.不安抗辩权

不安抗辩权,是指合同中约定了履行的顺序,合同成立后发生了应当后履行合同一方财务状况恶化的情况,应当先履行合同一方在对方未履行或者提供担保前有权拒绝先为履行。设立不安抗辩权的目的在于,预防合同成立后情况发生变化而损害合同另一方的利益。

应当先履行合同的一方有确切证据证明对方有下列情形之一的,可以中止履行:

(1)经营状况严重恶化;

(2)转移财产、抽逃资金,以逃避债务的;

(3)丧失商业信誉;

(4)有丧失或者可能丧失履行债务能力的其他情形。

当事人中止履行合同的,应当及时通知对方。对方提供适当的担保时应当恢复履行。中止履行后,对方在合理的期限内未恢复履行能力并且未提供适当的担保,中止履行一方可以解除合同。当事人没有确切证据就中止履行合同的应承担违约责任。

(四)合同不当履行的处理

1.因债权人致使债务人履行困难的处理

合同生效后,当事人不得因姓名、名称的变更或法定代表人、负责人、承办人的变动而不履行合同义务。债权人分立、合并或者变更住所应当通知债务人。如果没有通知债务人,会使债务人不知向谁履行债务或者不知在何地履行债务,致使履行债务发生困难。出现这些情况,债务人可以中止履行或者将标的物提存。

中止履行是指债务人暂时停止合同的履行或者延期履行合同。提存是指由于债权人的原因致使债务人无法向其交付标的物，债务人可以将标的物交给有关机关保存以此消灭合同的制度。

2.提前履行或者部分履行的处理

提前履行是指债务人在合同规定的履行期限到来之前就开始履行自己的义务。部分履行是指债务人没有按照合同约定履行全部义务而只履行了自己的一部分义务。提前或者部分履行会给债权人享受权利带来困难或者增加费用。

债权人可以拒绝债务人提前或部分履行债务，由此增加的费用由债务人承担。但不损害债权人利益且债权人同意的情况除外。

3.合同不当履行中的保全措施

保全措施是指为防止因债务人的财产不当减少而给债权人的债权带来危害时，允许债权人为确保其债权的实现而采取的法律措施。这些措施包括代位权和撤销权两种。

（1）代位权。代位权是指因债务人怠于行使其到期债权，对债权人造成损害，债权人可以向人民法院请求以自己的名义代位行使债务人的债权。但该债权专属于债务人时不能行使代位权。代位权的行使范围以债权人债权为限，其发生的费用由债务人承担。

（2）撤销权。撤销权是指因债务人放弃其债权或者无偿转让财产，对债权人造成损害的，债权人可以请求人民法院撤销债务人的行为。债务人放弃其未到期的债权或者放弃债权担保，或者恶意延长到期债权的履行期，对债权人造成损害，债权人也可以请求人民法院撤销债务人的行为。债务人以明显不合理低价转让财产，对债权人造成损害的，并且受让人知道该情形的，债权人可以请求人民法院撤销债务人的行为。撤销权的行使范围以债权人债权为限，其发生的费用由债务人承担。撤销权自债权人知道或者应当知道撤销事由之日起 1 年内行使。自债务人的行为发生之日起 5 年内没有行使撤销权的，该撤销权消灭。

二、合同的变更

合同变更是指当事人对已经发生法律效力，但尚未履行或者尚未完全履行的合同，进行修改或补充所达成的协议。合同法规定，当事人协商一致可以变更合同。我们在这里讲的合同变更是狭义的，仅指合同内容的变更，不包括合同主体的变更。

合同变更必须针对有效的合同，协商一致是合同变更的必要条件，任何一方都不得擅自变更合同。由于合同签订的特殊性，有些合同需要有关部门的批准或登记,对于此类合同的变更需要重新登记或审批。合同的变更一般不涉及已履行的内容。

有效的合同变更必须要有明确的合同内容的变更。如果当事人对合同的变更约定不明确,视为没有变更。

合同变更后原合同债消灭,产生新的合同债。因此,合同变更后,当事人不得再按原合同履行,而须按变更后的合同履行。

三、合同的转让

合同转让是指合同一方将合同的权利、义务全部或部分转让给第三人的法律行为。《民法通则》规定:"合同一方将合同的权利、义务全部或者部分转让给第三人的,应当取得合同另一方的同意,并不得牟利。依照法律规定应当由国家批准的合同,需经原批准机关批准。但是,法律另有规定或者原合同另有约定的除外。"合同的权利、义务的转让,除另有约定外,原合同的当事人之间以及转让人与受让人之间应当采用书面形式。转让合同权利、义务约定不明确的,视为未转让。合同的权利义务转让给第三人后,该第三人取代原当事人在合同中的法律地位。合同的转让包括债权转让和债务承担两种情况,当事人也可将权利义务一并转让。

(一)债权转让

债权转让是指合同债权人通过协议将其债权全部或者部分转让给第三人的行为。债权人可以将合同的权利全部或者部分转让给第三人。法律、行政法规规定转让权利应当办理批准、登记手续的,应当办理批准、登记手续。但下列情形债权不可以转让:

(1)根据合同性质不得转让;

(2)根据当事人约定不得转让;

(3)依照法律规定不得转让。

债权人转让权利的,应当通知债务人。未经通知的,该转让对债务人不发生效力。且转让权利的通知不得撤销,除经受让人同意。受让人取得权利后,同时拥有与此权利相对应的从权利。若从权利与原债权人不可分割,则从权利不随之转让。债务人对债权人的抗辩同样可以针对受让人。

(二)债务承担

债务承担是指债务人将合同的义务全部或者部分转移给第三人的情况。债务人将合同的义务全部或部分转移给第三人的必须经债权人的同意,否则,这种转移不发生法律效力。法律、行政法规规定转移义务应当办理批准、登记手续的,应当办理批准、登记手续。

债务人转移义务的,新债务人可以主张原债务人对债权人的抗辩。债务人转移义务的,新债务人应当承担与主债务有关的从债务,但该从债务专属于原债务人自身的除外。

(三)权利和义务同时转让

当事人一方经对方同意,可以将自己在合同中的权利和义务一并转让给第三人。

当事人订立合同后合并的,由合并后的法人或者其他组织行使合同权利,履行合同义务。当事人订立合同后分立的,除债权人和债务人另有约定外,由分离的法人或其他组织对合同的权利和义务享有连带债权,承担连带债务。

第五节　违约责任

一、违约责任的概念

违约责任,是指当事人任何一方不履行合同义务或者履行合同义务不符合约定而应当承担的法律责任。违约行为的表现形式包括不履行和不适当履行。不履行是指当事人不能履行或者拒绝履行合同义务。不能履行合同的当事人一般也应承担违约责任。不适当履行则包括不履行以外的其他所有违约情况。当事人一方不履行合同义务,或履行合同义务不符合约定的,应当承担继续履行、采取补救措施或者赔偿损失等违约责任。当事人双方都违反合同的,应各自承担相应的责任。

对于违约产生的后果,并非一定要等到合同义务全部履行后才追究违约方的责任,按照合同法的规定对于预期违约的,当事人也应当承担违约责任。所谓"预期违约",指在履行期限届满之前,当事人一方明确表示或者以自己的行为表明不履行合同的义务,对方可以在履行期限届满之前要求其承担违约责任。这是我国合同法严格责任原则的重要体现。

违约责任制度,在合同法律制度中具有重要地位。我国合同法对此作了详细的规定,其目的在于用法律强制力督促当事人认真地履行合同,保护当事人的合法权益,维护社会经济秩序。

(一)加强合同当事人履行合同的责任心

违约责任的规定,是运用国家强制力保障合同法律效力最有力的手段。合同订立后,当事人如果不履行或者不完全履行合同,国家的审判机关或仲裁机构就会依法追究其经济责任,并强制违约方向对方支付违约金、赔偿金或承担其他的法律责任。通过这种法制手段,促使合同当事人全面履行合同,避免违约行为的发生。

(二)保护当事人的合法权益

违约责任制度规定,依法追究违约方的经济责任,对违约方进行经济惩罚,以补偿受害方的经济损失,从而使被侵权者的合法权益得到保护,维护社会经济秩序。

(三)预防和减少违反合同现象的发生

对违约责任者以法律制裁,对当事人签订和履行合同的行为有着严厉的警示和制约作用。它要求当事人在签订合同时要严肃认真,既要考虑到所签合同的合法性、真实性,更要注意到履约的可能性,任何一方到期不能履行合同义务,都要承担违约责任,促使当事人慎重签约,减少违反合同现象的发生。

二、承担违约责任的条件和原则

(一)承担违约责任的条件

当事人承担违约责任的条件,是指当事人承担违约责任应当具备的要件。按照合同法规定,承担违约责任的条件采用严格责任原则,只要当事人有违约行为,即当事人不履行合同或者履行合同不符合约定的条件,就应当承担违约责任。

严格责任原则还包括,当事人一方因第三人的原因造成违约时,应当向对方承担违约责任。第三方造成的违约行为虽然不是当事人的过错,但客观上导致了违约行为,只要不是不可抗力原因造成的,应属于当事人可能预见的情况。为了严格合同责任,故就本合同而言归于当事人应承担的违约责任范围。承担违约责任后,与第三人之间的纠纷再按照法律或当事人与第三人之间的约定解决。如施工过程中,承包人因发包人委托设计单位提供的图纸错误而导致损失后,发包人应首先给承包人以相应损失的补偿,然后再依据设计合同追究设计承包人的违约责任。

当然,违反合同而承担的违约责任,是以合同有效为前提的。无效合同从订立之时起就没有法律效力,所以谈不上违约责任问题。但对部分无效合同中有效条款的不履行,仍应承担违约责任。所以,当事人承担违约责任的前提,必须是违反了有效的合同或合同条款的有效部分。

(二)承担违约责任的原则

我国合同法规定的承担违约责任是以补偿性为原则的。补偿性是指违约责任旨在弥补或者补偿因违约行为造成的损失。对于财产损失的赔偿范围，我国合同法规定，赔偿损失额应当相当于因违约行为所造成的损失，包括合同履行后可获得的利益。

但是，违约责任在有些情况下也具有惩罚性。如：合同约定了违约金，违约行为没有造成损失或者损失小于约定的违约金；约定了定金，违约行为没有造成损失或者损失小于约定的定金等。

三、承担违约责任的方式

（一）继续履行

继续履行是指违反合同的当事人不论是否承担了赔偿金或者其他形式的违约责任，都必须根据对方的要求，在自己能够履行的条件下，对合同未履行的部分继续履行。因为订立合同的目的就是通过履行实现当事人的目的，从立法的角度，应当鼓励和要求合同的实际履行。承担赔偿金或者违约金责任不能免除当事人的履约责任。

特别是金钱债务，违约方必须继续履行，因为金钱是一般等价物，没有别的方式可以替代履行。因此，当事人一方未支付价款或者报酬的，对方可以要求其支付价款或者报酬。

当事人一方不履行非金钱债务或者履行非金钱债务不符合约定的，对方也可以要求继续履行。但有下列情形之一的除外：

（1）法律上或者事实上不能履行；

（2）债务的标的不适于强制履行或者履行费用过高；

（3）债权人在合理期限内未要求履行。

当事人就迟延履行约定违约金的，违约方支付违约金后，还应当履行债务。这也是承担继续履行违约责任的方式。如施工合同中约定了延期竣工的违约金，承包人没有按照约定期限完成施工任务，承包人应当支付延期竣工的违约金，但发包人仍然有权要求承包人继续施工。

（二）采取补救措施

所谓的补救措施主要是指我国民法通则和合同法中所确定的，在当事人违反合同的事实发生后，为防止损失发生或者扩大，而由违反合同一方依照法律规定或者约定采取的修理、更换、重新制作、退货、减少价格或者报酬等措施，以给权利人弥补或者挽回损失的责任形式。采取补救措施的责任形式，主要发生在质量不符合约定的情况下。建设工程合同中，采取补救措施是施工单位承担违约责任常用的方法。

采取补救措施的违约责任，在应用时应把握以下问题。第一，对于质量不合格的违约责任,有约定的,从其约定;没有约定或约定不明的,双方当事人可再协商确定;如果不能通过协商达成违约责任的补充协议的,则按照合同有关条款或者交易习惯确定,以上方法都不能确定违约责任时,可适用《合同法》的规定,即质量要求不明确的,按照国家标准、行业标准履行;没有国家标准、行业标准的,按照通常标准或者符合合同目的的特定标准履行。但是,由于建设工程中的质量标准往往都是强制性的,因此,当事人不能约定低于国家标准、行业标准的质量标准。第二,在确定具体的补救措施时,应根据建设项目性质以及损失的大小,选择与适当的补救方式。

(三) 支付违约金

当事人可以约定一方违约时应当根据违约情况向对方支付一定数额的违约金,也可以约定因违约产生的损失额的赔偿办法。约定违约金低于造成损失的,当事人可以请求人民法院或仲裁机构予以增加;约定违约金过分高于造成损失的,当事人可以请求人民法院或仲裁机构予以适当减少。当事人约定的违约金超过造成损失的百分之三十的,一般可以认定为"过分高于造成的损失"。

违约金与赔偿损失不能同时采用。如果当事人约定了违约金,则应当按照约定支付违约金承担违约责任。

(四) 赔偿损失

当事人一方不履行合同义务或者履行合同义务不符合约定的,给对方造成损失的,应当赔偿对方的损失。损失赔偿额应当相当于因违约所造成的损失,包括合同履行后可以获得的利益,但不得超过违反合同一方订立合同时预见或应当预见的因违反合同可能造成的损失。这种方式是承担违约责任的主要方式。因为违约一般都会给当事人造成损失,赔偿损失是守约者避免损失的有效方式。

当事人一方不履行合同义务或履行合同义务不符合约定的,在履行义务或采取补救措施后,对方还有其他损失的,应承担赔偿责任。当事人一方违约后,对方应当采取适当措施防止损失的扩大,没有采取措施致使损失扩大的,不得就扩大的损失请求赔偿,当事人因防止扩大而支出的合理费用,由违约方承担。

(五)定金罚则

当事人可以约定一方向对方给付定金作为债权的担保。债务人履行债务后定金应当抵作价款或收回。给付定金的一方不履行约定债务的,无权要求返还定金;收受定金的一方不履行约定债务的,应当双倍返还定金。

当事人既约定违约金,又约定定金的,一方违约时,对方可以选择适用违约金或定金条款。但是,这两种违约责任不能合并使用。

四、因不可抗力无法履约的责任承担

因不可抗力不能履行合同的,根据不可抗力的影响,部分或全部免除责任。当事人延迟履行后发生的不可抗力,不能免除责任。当事人因不可抗力不能履行合同的,应当及时通知对方,以减轻给对方造成的损失,并应当在合理的期限内提供证明。

当事人可以在合同中约定不可抗力的范围。为了公平的目的,避免当事人滥用不可抗力的免职权,约定不可抗力的范围是必要的。在有些情况下还应当约定不可抗力的风险分担责任。

第六节　建设工程合同

一、概述

(一)建设工程合同的概念

建设工程合同是承包人进行工程建设,发包人支付价款的合同。我国建设领域习惯上把建设工程合同的当事人双方称为发包方和承包方,这与我国《合同法》将他们称为发包人与承包人没有区别。双方当事人应当在合同中明确各自的权利义务,但主要是承包人进行工程建设,发包人支付工程款。进行工程建设的行为包括勘察、设计、施工。建设工程实行监理的,发包人也应当与监理人采用书面形式订立委托监理合同。建设工程合同是一种诺成合同,合同订立生效后双方应当严格履行。建设工程合同也是一种双务、有偿合同,当事人双方在合同中都有各自的权利和义务,在享有权利的同时必须履行义务。

从合同理论上说,建设工程合同是广义的承揽合同的一种,也是承揽人(承包人)按照定作人(发包人)的要求完成工作(工程建设),交付工作成果(竣工工程),定作人给付报酬的合同。但由于建设工程合同在经济活动、社会生活中的重要作用,以及在国家管理、合同标的等方面均有别于一般的承揽合同,我国一直将建设工程合同列为单独的一类重要合同。但考虑到建设工程合同毕竟是从承揽合同中分离出来的,《合同法》规定:建设工程合同中没有规定的,适用承揽合同的有关规定。

(二)建设工程合同的特征

1.合同主体要求严格

建设工程合同主体一般只能是法人。发包人一般只能是经过批准进行工程项目建设的法人，必须已经落实投资计划，并且应当具备相应的协调能力；承包人则必须具备法人资格，而且应当具备相应的从事勘察设计、施工、监理等资质。无营业执照或无承包资质的单位不能作为建设工程合同的承包人。

2.合同标的的特殊

建设工程合同的标的是完成各类建筑产品承包任务的行为，建筑产品是不动产，其基础部分与大地相连，不能移动。这就决定了每个建设工程合同的标的都是特殊的，相互间具有不可替代性。这还决定了承包人工作的流动性。建筑物所在地就是勘察、施工生产场地，设计也要进行现场踏勘，施工队伍、施工机械必须围绕建筑产品不断移动。另外，建筑产品的类别庞杂，其外观、结构、使用目的、使用人都各不相同，这就要求每一个建筑产品都需单独设计和施工（即使可重复利用标准设计或重复使用图纸，也应采取必要的修改设计才能施工），即建筑产品是单体性生产，这也决定了建设工程合同标的的特殊性。

3.合同履行期限长

建设工程由于结构复杂、体积大、建筑材料类型多、工作量大，使得合同履行期限都较长（与一般工业产品的生产相比）。而且，建设工程合同的订立和履行一般都需要较长的准备期，在合同的履行过程中，还可能因为不可抗力、工程变更、材料供应不及时等原因而导致合同期限顺延。所有这些情况，决定了建设工程合同的履行期限具有长期性。

4.计划和程序的严格

由于工程建设对国家的经济发展、公民的工作和生活都有重大的影响，因此，国家对建设工程的计划和程序都有严格的管理制度。订立建设工程合同必须以国家批准的投资计划为前提，即使是国家投资以外的、以其他方式筹集的投资也要受到当年的贷款规模和批准限额的限制，纳入当年投资规模的平衡，并经过严格的审批程序。建设工程合同的订立和履行还必须符合国家关于建设程序的规定。

5.合同形式的特殊要求

我国《合同法》对合同形式确立了以不要式为主的原则，即在一般情况下对合同形式采用书面形式还是口头形式没有限制。但是，考虑到建设工程的重要性和复杂性，在建设过程中经常会发生影响合同履行的纠纷，因此,《合同法》要求,建设工程合同应当采用书面形式。

(三)建设工程合同的种类

建设工程合同可以从不同的角度进行分类。

1.从承发包的不同范围和数量进行划分

从承发包的不同范围和数量进行划分,可以将建设工程合同分为建设工程总承包合同、建设工程承包合同、分包合同。发包人将工程建设的全过程发包给一个承包人的合同即为建设工程总承包合同。发包人如果将建设工程的勘察、设计、施工等的每一项分别发包给一个承包人的合同即为建设工程承包合同。经合同约定和发包人认可,从工程承包人承包的工程中承包部分工程而订立的合同即为建设工程分包合同。

2.从完成承包的内容进行划分

完成承包的内容进行划分,建设工程合同可以分为建设工程勘察合同、建设工程设计合同和建设工程施工合同三类。但由于建设工程监理合同与建设合同关系密切,在《合同法》的"建设工程合同"一章中对此进行了规定,故本章也对建设工程监理合同进行了介绍。由于 FIDIC 合同条件的特殊性,以及 FIDIC 合同条件对我国建设工程合同的影响,对 FIDIC 合同条件也进行了介绍。

二、建设工程勘察设计合同

(一)建设工程勘察设计合同概述

1.建设工程勘察设计合同的概念

建设工程勘察设计合同是委托人与承包人为完成一定的勘察、设计任务,明确双方权利义务关系的协议。承包人应当完成委托人委托的勘察、设计任务,委托人则应接受符合约定要求的勘察、设计成果并支付报酬。一般情况下,建设工程勘察合同与设计合同是两个合同。但是,这两个合同的特点和管理内容相似,因此,我们往往将这两个合同统称为建设工程勘察设计合同。

建设工程勘察设计合同的委托人一般是项目业主(建设单位)或建设项目总承包单位;承包人是持有国家认可的勘察、设计证书,具有经过有关部门核准的资质等级的勘察、设计单位。合同的委托人、承包人均应具有法人地位。委托人必须是有国家批准建设项目,落实投资计划的企事业单位、社会团体;或者是获得总承包合同的建设项目总承包单位。

2.规范建设工程勘察设计合同的法律规范

勘察设计合同是建设工程合同的重要组成部分,《合同法》的有关规定是勘察设计合同的重要规范;《民法通则》对合同的有关规定也是规范勘察设计合同的原则规定。国务院 2000 年 9 月 25 日发布的《建设工程勘察设计管理条例》,建设部 2000 年 3 月 1 日发布的《建设工程勘察设计合同管理办法》,则对建设工程勘察设计合同作出了具体明确的要求。建设部、国家工商行政管理局于 1996 年 7 月 25 日发布了《建设工程勘察合同(示范文本)》和《建设工程设计合同(示范文本)》,且各有两个不同的文本,适用于不同的工程。

(二)建设工程勘察、设计合同的主要内容

1.委托人提交有关基础资料的期限

这是对委托人提交有关基础资料在时间上的要求。勘察或者设计的基础资料是指勘察、设计单位进行勘察、设计工作所依据的基础文件和情况。勘察基础资料包括项目的可行性研究报告,工程需要勘察的地点、内容,勘察技术要求及附图等。设计的基础资料包括工程的选址报告等勘察资料以及原料(或者经过批准的资源报告)、燃料、水、电、运输等方面的协议文件,需要经过科研取得的技术资料。

2.勘察、设计单位提交勘察、设计文件(包括概预算)的期限

这是指勘察、设计单位完成勘察设计工作,交付勘察或者设计文件的期限。勘察、设计文件主要包括勘察、建设设计图纸及说明,材料设备清单和工程的概预算等。勘察、设计文件是工程建设的依据,工程必须按照勘察设计文件进行施工,因此勘察设计文件的交付期限直接影响工程建设的期限,所以当事人在勘察或者设计合同应当明确勘察、设计文件的交付期限。

3.勘察或者设计的质量要求

这主要是委托人对勘察、设计工作提出的标准和要求。勘察、设计单位应当按照确定的质量要求进行勘察、设计,按时提交符合质量要求的勘察、设计文件。勘察、设计的质量要求条款明确了勘察、设计成果的质量,也是确定勘察、设计单位工作责任的重要依据。

4.勘察、设计费用

勘察、设计费用是委托人对勘察、设计单位完成勘察、设计工作的报酬。支付勘察、设计费是委托人在勘察、设计合同中的主要义务。双方应当明确勘察、设计费用的数额和计算方法,勘察设计费用支付方式、地点、期限等内容。

5.双方的其他协作条件

其他协作条件是指双方当事人为了保证勘察、设计工作顺利完成所应当履行的相互协助的义务。委托人的主要协作义务是在勘察、设计人员进

入现场工作时,为勘察、设计人员提供必要的工作条件和生活条件,以保证其正常开展工作。勘察、设计单位的主要协作义务是配合工程建设的施工,进行设计交底,解决施工中的有关设计问题,负责设计变更和修改预算,参加试车考核和工程验收等。

三、建设工程施工合同

(一)概述

建设工程施工合同即建筑安装工程承包合同,是发包人和承包人为完成商定的建筑安装工程,明确相互权利、义务关系的合同。依照施工合同,承包人应完成一定的建筑、安装工程任务,发包人应提供必要的施工条件并支付工程价款。施工合同是建设工程合同的一种,它与其他建设工程合同一样是一种双务合同,在订立时也应遵守自愿、公平、诚实信用等原则。

施工合同是工程建设的主要合同,是施工单位进行工程建设质量管理、进度管理、费用管理的主要依据之一。在市场经济条件下,建设市场主体之间相互的权利义务关系主要是通过合同确立的,因此,在建设领域加强对施工合同的管理具有十分重要的意义。最高人民法院 2004 年发布的《关于审理建设工程施工合同纠纷案件适用法律问题的解释》,对司法实践中施工合同的一些争议进行了解释。

(二)施工合同无效、撤销及其处理

1. 施工合同无效的情形及其处理

施工合同具有下列情形之一的,应当认定无效:(1)承包人未取得建筑施工企业资质或者超越资质等级的;(2)没有资质的实际施工人借用有资质的建筑施工企业名义的;(3)建设工程必须进行招标而未招标或者中标无效的。

建设工程施工合同无效,但建设工程经竣工验收合格,承包人有权要求参照合同约定支付工程价款。

建设工程施工合同无效,且建设工程经竣工验收不合格的,按照以下情形分别处理:(1)修复后的建设工程经竣工验收合格,发包人有权要求承包人承担修复费用;(2)修复后的建设工程经竣工验收不合格,承包人无权要求发包人支付工程价款。因建设工程不合格造成的损失,发包人有过错的,也应承担相应的民事责任。

承包人非法转包、违法分包建设工程或者没有资质的实际施工人借用有资质的建筑施工企业名义与他人签订建设工程施工合同的行为无效。人民法院可以收缴当事人已经取得的非法所得。

2.施工合同撤销及其处理

承包人具有下列情形之一,发包人可以向人民法院或者仲裁委员会请求解除施工合同:(1)明确表示或者以行为表明不履行合同主要义务的;(2)合同约定的期限内没有完工,且在发包人催告的合理期限内仍未完工的;(3)已经完成的建设工程质量不合格,并拒绝修复的;(4)将承包的建设工程非法转包、违法分包的。

发包人具有下列情形之一,致使承包人无法施工,且在催告的合理期限内仍未履行相应义务,承包人可以向人民法院或者仲裁委员会请求解除施工合同:(1)未按约定支付工程价款的;(2)提供的主要建筑材料、建筑构配件和设备不符合强制性标准的;(3)不履行合同约定的协助义务的。

建设工程施工合同解除后,已经完成的建设工程质量合格的,发包人应当按照约定支付相应的工程价款。因一方违约导致合同解除的,违约方应当赔偿因此而给对方造成的损失。

(三)施工合同质量纠纷处理

发包人具有下列情形之一,造成建设工程质量缺陷,应当承担过错责任:(1)提供的设计有缺陷;(2)提供或者指定购买的建筑材料、建筑构配件、设备不符合强制性标准;(3)直接指定分包人分包专业工程。

承包人有过错的,也应当承担相应的过错责任。

建设工程未经竣工验收,发包人擅自使用后,又以使用部分质量不符合约定为由主张权利的,不予支持;但是承包人应当在建设工程的合理使用寿命内对地基基础工程和主体结构质量承担民事责任。

建设工程竣工前,当事人对工程质量发生争议,工程质量经鉴定合格的,鉴定期间为顺延工期期间。

(四)施工合同价款纠纷处理

1.垫资纠纷的处理

当事人对垫资和垫资利息有约定,承包人请求按照约定返还垫资及其利息的,应予支持,但是约定的利息计算标准高于中国人民银行发布的同期同类贷款利率的部分除外。当事人对垫资没有约定的,按照工程欠款处理。当事人对垫资利息没有约定,承包人无权要求支付利息。

2.工程价款的结算

当事人对建设工程的计价标准或者计价方法有约定的,按照约定结算工程价款。因设计变更导致建设工程的工程量或者质量标准发生变化,当事人对该部分工程价款不能协商一致的,可以参照签订建设工程施工合同时当地建设行政主管部门发布的计价方法或者计价标准结算工程价款。

当事人约定,发包人收到竣工结算文件后,在约定期限内不予答复,视为认可竣工结算文件的,按照约定处理。承包人请求按照竣工结算文件结算工程价款的,应予支持。

当事人就同一建设工程另行订立的建设工程施工合同与经过备案的中标合同实质性内容不一致的,应当以备案的中标合同作为结算工程价款的根据。

3.工程价款利息的支付

当事人对欠付工程价款利息计付标准有约定的,按照约定处理;没有约定的,按照中国人民银行发布的同期同类贷款利率计息。

利息从应付工程价款之日计付。当事人对付款时间没有约定或者约定不明的,下列时间视为应付款时间:(1)建设工程已实际交付的,为交付之日;(2)建设工程没有交付的,为提交竣工结算文件之日;(3)建设工程未交付,工程价款也未结算的,为当事人起诉之日。

4.承包人的优先受偿权

我国《合同法》第286条规定:"发包人未按照约定支付价款的,承包人可以催告发包人在合理期限内支付价款。发包人逾期不支付的,除按照建设工程的性质不宜折价、拍卖的以外,承包人可以与发包人协议将该工程折价,也可以申请人民法院将该工程依法拍卖。建设工程的价款就该工程折价或者拍卖的价款优先受偿。"

我国建设工程领域拖欠工程款的现象十分严重,这不但给建设工程的正常施工和建设工程质量留下了重大隐患,同时造成施工企业拖欠材料款和工人工资,是形成"三角债"的最主要的龙头和影响社会安定的重要因素。该条指出了发包人(建设单位)拖欠工程款后,承包人(施工企业)可以采取的两项救济措施:(1)与发包人协议将该工程折价;(2)申请人民法院将该工程依法拍卖。目前,在司法实践中,这一规定的应用主要体现在:经过诉讼,人民法院判决建设单位(主要是房地产开发企业)应当向承包人支付工程款,承包人的优先受偿权优于抵押权和其他债权,但消费者交付购买商品房的全部或者大部分款项后,承包人就该商品房享有的工程价款优先受偿权不得对抗买受人。

【本章小结】通过本章的学习,读者应当掌握《合同法》总则的主要内容和建设工程合同的主要内容,了解合同的概念、原则和分类的基础,掌握合同的订立、合同的效力、合同的履行、变更和转让、违约责任以及建设工程合同的相关规定等内容,能够运用这些知识分析和解决项目管理中的合同问题。

本章进一步阅读材料：

1. 杨立新著：《合同法总则》，法律出版社，1999 年
2. 何佰洲，周显峰编著：《建设工程合同》，知识产权出版社，2003 年
3. 史尚宽著：《债法总论》，中国政法大学出版社，2000 年
4. 何红锋著：《工程建设中的合同法与招标投标法》，中国计划出版社，2002 年
5. 何红锋等编著：《建设法规教程》，中国建筑工业出版社，2011 年

思考题：

1. 简述合同的分类。
2. 为什么我国《合同法》对合同形式采用不要式原则？
3. 要约应当符合哪些条件？要约与要约邀请有什么区别？
4. 哪些合同是可变更或者可撤销的合同？
5. 合同法对格式条款的提供人有哪些限制？
6. 承担缔约过失责任的情形有哪些？
7. 哪些情形之当事人一方有权请求人民法院或者仲裁机构变更或者撤销其合同？
8. 合同当事人在哪些情形下可以行使不安抗辩权？
9. 承担违约责任的方式有哪些？

6

第六章 项目采购法律制度

【本章导读】本章以《政府采购法》和《招标投标法》为依据,对项目采购的概念、两法的关系、项目采购方式等作了介绍,从法律规范的角度看,最重要的采购方式是招标采购,对招标采购的招标、投标、开标、评标和定标等程序进行了重点分析。

第一节 概述

一、项目采购的概念

采购被定义为:"组织关于明确自身对产品和服务的需要,确定并比较其可选择的供应商,与供应来源谈判或以某种方式实现双方的交易条款、签约、下订单以及最终收获付款的过程。"[①]当然,这里的产品应当是广义的,包括工程在内。从采购的这一定义来看,采购的过程实际是合同的订立和履行过程。但是,从法律制度上,我们很难说,《合同法》是项目采购的法律法规。因为关于项目采购的法律法规,国家是有特别的立法的,如我国有《招标投标法》和《政府采购法》,本章主要介绍的是这两部法律的内容。《合同法》我们认为是适用更广的法律,在前面已进行了介绍。

虽然《招标投标法》和《政府采购法》是采购制度中的特别立法,但在项目管理中仍然是经常涉及的法律。原因有以下两点:第一,项目管理中大量的采购是通过招标投标进行的,这不仅在于我国的招标投标制度要求建设项目通过招标投标采购,还在于招标投标是一种竞争性的交易方式,能够有效克服交易中信息不对称现象,为越来越多的非强制性招标的项目管理所

---

① J. Rodney Turner 主编,戚安邦、耿岚岚、于玲译:《项目中的合同管理》,南开大学出版社,2005 年

自愿采用;第二,有许多项目管理机构是要参加招标采购中的投标的,也有一些项目管理机构是要成为政府采购供应商的。因此,项目管理中仍然要了解这两部分的内容。

二、我国《招标投标法》与《政府采购法》的关系讨论

(一)《招标投标法》的立法模式

世界各国招标投标法的立法模式有两种,一种是单独立法,即颁布独立的招标投标法;另一种则是在政府采购法中规定招标投标制度。

绝大多数国家在招标投标的立法上不是采取独立立法的模式,而是在政府采购法中规定招标投标制度。这种立法模式的基本理念是:对于采购行为,国家和公众需要监督、干预的是政府采购行为,因为这时采购人花的是国家和公众的钱;对于非政府采购行为(私人采购),国家和公众没有必要干预,采购人有权自由支配他们的资金,在正常的情况下,他们会尽量合理地使用他们的资金。

采用这一立法模式的,美国有《联邦采购法》、瑞士有《联邦国家购买法》、韩国有《政府作为采购合同一方当事人的法令》等,我国的台湾地区也立有《政府采购法》,这些国家和地区的政府采购法都详细规定了招标的程序。有些国际组织,如世界银行和亚洲开发银行,也是在它们编制的采购指南中规定严格的招标程序。世界贸易组织(WTO)的《政府采购协议》要求一般情况下应当通过招标进行政府采购。[①] 联合国《贸易法委员会货物、工程和服务采购示范法立法指南》要求在一般情况下以招标方式进行采购。[②]

(二)我国两法并存理由之否定

我国目前主流的观点认为,招标投标能够保证招标项目的质量。《招标投标法》第1条规定:"为了规范招标投标活动,保护国家利益、社会公共利益和招标投标活动当事人的合法权益,提高经济效益,保证项目质量,制定本法。"国家立法机构对招标投标能够提高项目质量作了如下解释:"在工程项目和货物等的采购中,实行招标投标制度,依照法定的招标投标,通过竞争,选择技术强、信誉好、质量保障体系可靠的投标人中标,对于保证采购项目的质量是十分重要的。从实践中看,一些本应进行招标采购的项目不进行招标或者不按规定的规则和程序进行招投标,是导致其发生严重质量事

---

① 参见朱建元、金林主编:《政府采购的招标与投标》,人民法院出版社,2000年,第478~487页
② 联合国《贸易法委员会货物、工程和服务采购示范法立法指南》在"导言"的第14条中作出了明确的要求

故的一项重要原因。"①在这种思想指导下,《招标投标法》规定的必须招标的项目远远超出政府采购的项目范围:"在中华人民共和国境内进行下列工程建设项目包括项目的勘察、设计、施工、监理以及与工程建设有关的重要设备、材料等的采购,必须进行招标:(一)大型基础设施、公用事业等关系社会公共利益、公众安全的项目;(二)全部或者部分使用国有资金投资或者国家融资的项目;(三)使用国际组织或者外国政府贷款、援助资金的项目。"由于建设项目的特殊性,可以说,所有的建设项目都与社会公共利益、公众安全有关,仔细研读《工程建设项目招标范围和规模标准规定》(2000 年 4 月 4 日国务院批准,2000 年 5 月 1 日国家发展计划委员会发布),笔者认为只有两类项目被排除在必须招标的建设项目之外:一类是非商品住宅;另一类是使用国有资金投资、国家融资或者使用国际组织、外国政府贷款、援助资金的项目以外的厂房建设项目。这样一来,我国的招标投标行为就无法只用《政府采购法》进行规制,这是我国《招标投标法》与《政府采购法》并存的基础。

但笔者认为这种两法并存的理由在逻辑上和理论上是站不住脚的。

首先,我国这样的规定在逻辑上存在严重的问题:一方面,有些项目的采购当事人可以选择不招标;另一方面,一旦选择招标,则"在中华人民共和国境内进行招标投标活动,适用本法"(《招标投标法》第 2 条)。从民法理论来讲,招标作为一种采购方式,当事人有采用与否的权利时,当然也有选择具体操作的权利。对于不是必须招标的项目,当事人如何招标实质是如何签订合同,在程序上当事人只要约定了具体的步骤(或者一方提出步骤,另一方接受的),不会损害其他人的利益,法律没有干预的理由。因为采用招标与否的权利明显大于在招标中如何具体操作的权利,当事人有是否采用招标的大权利,却没有如何操作的小权利,这在逻辑上是不能成立的。

其次,更为严重的问题是,招标投标能否保证项目质量? 招标投标这种采购方式无疑能够增加投标人的竞争性,但需要解决的问题是,投标人在投标中竞争的内容是什么? 是否是通过竞争,选择技术强、信誉好、质量保障体系可靠的投标人中标? 笔者的结论是否定的。技术强、信誉好、质量保障体系可靠,这应当是投标人的基本要求,应当是在资格预审中就解决的问题,技术不强、信誉不好、质量保障体系不可靠的投标人不能参加投标竞争。有些人可能会说,技术、信誉、质量保障体系有一个程度问题,即使都符合资

① 全国人大常委会法制工作委员会经济法室编著:《中华人民共和国招标投标法实用问答》,中国建材工业出版社,1999 年,第 9 页

格预审要求,通过投标竞争能够选择更强、更好、更可靠的投标人。招标人如果有这种想法,可能是对自己设定的资格预审条件没有信心,这可以通过提高资格预审条件选择更强、更好、更可靠的投标人。如果抱着如下想法,则不符合大部分项目招标的原则:虽然符合资格预审条件的投标人也可以完成工程项目,但如果选择技术更强、信誉更好、质量保障体系更可靠的投标人中标,则质量也更高。因为招标的目标是实现经济性,使采购的项目"物有所值",这要求在一般情况下采购项目的质量要求应当是刚性的,而不是越高越好。举例而言:采购计算机,首先应当确定计算机的用途,根据用途确定采购计算机的配置,在配置明确的情况下进行招标;采购汽车,首先要明确汽车的用途,根据用途确定汽车的采购标准。建设项目也一样,一般情况下,有了明确的质量标准后,在评标中提高质量要求的投标不应当受到鼓励。招标的项目大多数应当像廉租房,在明确了质量标准后进行招标,并且不宜鼓励超出标准提高质量,一旦廉租房的质量超出一般商品房的质量,无论是从社会公平角度看,还是从政府资金使用看,都是不公平的。当然,笔者也不否定在个别情况下,需要鼓励质量越高越好,但这应当限于在使用要求、工程要求不明确的项目,这种情况应该有严格的限制,尤其是使用财政资金的情况更应当严格控制,因为这种情况将无法严格控制财政资金的使用。

最后,一旦通过招标投标签订合同后,项目质量应当通过合同履行来确保。合同应当对质量有明确的规定,我们不能指望出现这样的情况:通过投标竞争选择技术更强、信誉更好、质量保障体系更可靠的投标人后,他们完成的工程质量会高于合同的约定,这不符合投标人的基本目标,因为"在市场经济条件下,企业是一种为了赢利目标而构造的经营组织"[①]。如果招标人担心技术相对不强、信誉相对不好、质量保障体系相对不可靠的投标人(当然他们必须符合招标人的要求),将无法确保合同约定的质量标准,招标人应当通过确保合同的全面履行保证项目的质量,与招标投标无关。至于合同的全面履行则是通过严格的合同管理制度、严格的监理制度来保障,招标人也可以要求投标人提交履约担保来规范投标人的合同履行行为。至于政府对建设工程质量的控制则是通过质量监督管理制度和强制保修制度完成的。

综上所述,笔者认为我国《招标投标法》、《政府采购法》两法并存的理由主要在于认为招标投标能够保证工程项目质量,但这一理由是站不住脚的。

---

① 洪银兴主编:《现代经济学》,江苏人民出版社,2002年,第39页

(三)我国两法发展趋势

如果我们确认招标投标并不能起到"保证项目质量"的作用,则两法并存的理由不复存在。

政府采购(Government Procurement)是指各级国家机关、事业单位和团体组织,使用财政性资金采购依法制定的集中采购目录以内的或者采购限额标准以上的货物、工程和服务的行为。界定政府采购,最大的争议在于是否应当将所有的使用财政性资金的购买行为都列入。有人认为应当将所有的使用财政性资金的购买行为都列入政府采购的范围。如有的人认为:"政府采购是指各级国家机关和实行预算管理的政党组织、社会团体、事业单位,使用财政性资金在政府的统一管理和监督下获取货物、工程和服务的行为。"[①]也有的人认为,政府采购"一般是指行政主体为了公共财产的供给,从民间购入货物、工程和服务的行为"[②]。这两种界定方法的共同点在于:不论数额大小,只要是使用财政性资金的购买行为一律界定为政府采购。这实际上是广义的政府采购,但我国政府采购管理部门一直不是采用这一界定方法的,如正式的统计资料认为,我国"1998 年全国政府采购规模为 31 亿元,1999 年为 130 亿元,2000 年为 328 亿元"[③]。

无论对政府采购有何不同的理解,有一点是没有争议的:政府采购应当使用财政性资金。这一点已经为我国《政府采购法》所认可。《政府采购法》第 2 条规定:"本法所称政府采购,是指各级国家机关、事业单位和团体组织,使用财政性资金采购依法制定的集中采购目录以内的或者采购限额标准以上的货物、工程和服务的行为。"但是,《政府采购法》第 4 条规定:"政府采购工程进行招标投标的,适用招标投标法。"在现实中又导致了这样的结果:在工程采购中,即使是使用财政性资金,也没有列入《政府采购法》规范的范围。如果把《招标投标法》看成是《政府采购法》的特别法,按照特别法优于普通法的原则,似乎能够理顺"政府采购工程进行招标投标的,适用招标投标法"这一规定。但这样又产生如下的逻辑矛盾:如果招标投标能够保障质量,只要是政府对质量干预比较多的项目,比如对质量有强制性要求的,都应当属于强制性招标的范围,所以《招标投标法》规范的招标行为不仅限于政府采购的工程,甚至不限于工程,而是适用所有的招标投标行为。因此,我们无法把《招标投标法》理解为《政府采购法》的特别法。

---

① 孟春主编:《政府采购理论与实践》,经济科学出版社,2001 年,第 3 页
② 王亚星著:《政府采购制度创新》,中国时代经济出版社,2002 年,第 3 页
③ 张通:《全面推进和深化政府采购制度改革》,《中国政府采购》,2001 年,第 1 期

为理顺这一矛盾,笔者认为两法发展趋势应当为:方案一,废除《招标投标法》,将《招标投标法》的主要内容作为《政府采购法》的组成部分;方案二,将《招标投标法》作为《政府采购法》的特别法处理,但《招标投标法》的调整范围仅限于财政性投资项目的招标投标。

目前推动这一趋势的还有我国加入 WTO《政府采购协议》(Government Procurement Agreement, GPA)谈判的压力。《政府采购协议》是 WTO 的诸边贸易协议(Alurilateral Trade Agreements)之一,于 1996 年 1 月 1 日正式生效实施,仅对签字成员国有约束力,许多发达国家先后签署了协议。GPA 很明显是 4 个诸边贸易协议中最重要的一个,这是由于该协议将贸易自由化引入了 GATT(关贸总协定)管辖范围外的一个重要领域,还由于该协议的成员有可能在今后几年增加,现在主要是发达国家。[①] 我国在加入 WTO 时,对 GPA 承诺尽快开始加入谈判。我国已经开始逐步将加入 GPA 的谈判提上议事日程,美国、欧盟等一直十分关注中国加入 GPA 的问题。如上所述,不论是正式的官方统计还是学者的论述,都认为我国的政府采购总量在 2004 年只有 2000 亿元人民币,只占我国国民生产总值的 2%不到。许多人认为这样的采购总量是不应当引起如此关注的。但笔者认为,加入 GPA 后,我国的政府采购总量应当远远超过 2000 亿元,因为实际上目前大部分财政性投资的工程项目并未列入政府采购统计的 2000 亿元里面。讨论这一问题的价值在于:第一,我国加入 GPA 后,哪些采购应当适用 GPA 的规定,实际涉及我国哪些采购将要对 GPA 成员开放的问题,是加入 GPA 首先要解决的问题;第二,通过这一问题的讨论,对于政府采购领域人们关注的工程是否应当列入政府采购(或者是否列入目前的政府采购统计)应当能有一个明确的答案。

加入 GPA 后,我国的政府采购总量应当远远超过 2000 亿元的理由如下。

第一,我国政府采购监管部门统计的 2000 亿元人民币采购量,统计的是我国财政系统监管的、通过政府采购中心采购的采购量,这不符合 GPA 的要求和国际上的通行做法。GPA 要求加入每一缔约方在 GPA 附录一的 5 个附件中列出实体清单,采购主体是由直接或基本上受政府控制的实体或其他由政府制定的实体,不仅包括政府机构本身,而且包括其他实体,如政府代理机构;不仅包括中央一级的政府实体,还包括地方政府采购实体。美国、加拿大、英国、日本等国家都几乎把所有的中央机关列入实体清单中,

① 世界贸易组织秘书处编,索必成、胡盈之译:《乌拉圭回合协议导读》,法律出版社,2000 年,第 338 页

包括最高司法机关,只是立法机关并不同。英国的众议院和下议院在实体清单之中,而加拿大的立法机关不在清单中。由于各个国家的历史传统及行政体系构成的不同,在具体之处也存在差异,但总的来说,实体清单中包括所有的中央政府机关。众所周知,我国中央政府采购实体和地方政府采购实体中的工程采购,大多没有列入我国财政系统监管的、没有通过政府采购中心采购,这是我国财政系统争取列入监管的努力方向,也是学术界讨论的热点问题。但是,一旦加入 GPA 以后,显然不能仅仅以我国财政系统监管的、通过政府采购中心采购的采购量作为适用 GPA 的对象。

第二,工程采购应当列入政府采购的内容,这一点在理论上应当是没有争议的。我国《政府采购法》第 2 条规定:"在中华人民共和国境内进行的政府采购适用本法。本法所称政府采购,是指各级国家机关、事业单位和团体组织,使用财政性资金采购依法制定的集中采购目录以内的或者采购限额标准以上的货物、工程和服务的行为。"GPA 从采购对象来看,协议适用于以任何契约形式采购产品、建筑工程和服务(以及产品与服务的联合采购),包括购买、租赁、分期付款购买、有无期权购买等。

第三,是否列入政府采购应当以采购资金作为划分的标准,不能以监管或者执行部门作为划分标准。只要使用财政性资金,又在集中采购目录以内的或者采购限额标准以上的采购,都是政府采购。从世界各国来看,政府采购有不同的模式,有的国家是集中采购模式,有的国家是分散采购模式,也有的国家是集中与分散相结合的模式,我国《政府采购法》确立的是集中与分散相结合的模式。因此,不能仅仅以政府采购中心的执行量作为政府采购量。

总之,加入 GPA 以后,适用 GPA 的我国政府采购的总量,应当包括所有的使用财政性资金采购、在 GPA 采购限额标准以上的货物、工程和服务的行为。根据国家统计局 2005 年 2 月 28 日发布的《中华人民共和国 2004 年国民经济和社会发展统计公报》,2004 年全年全社会固定资产投资 70073 亿元,其中国有及国有控股 33713 亿元。33713 亿元的数字中有相当一部分是国有及国有控股的投资,不能列入政府采购范围,但财政性投资也应当在 1 万亿元以上,与 2000 亿元人民币相加,基本相当于我国国民生产总值的 10%,这与国际上的政府采购总量与国民生产总值是相当的。加入 GPA 以后,财政性投资的工程项目应当对 GPA 成员国开放是不可避免的,从事政府采购管理和财政性工程项目管理的同志从现在开始就应当为此做好准备。因此,迫在眉睫的加入 GPA 的谈判,也是推动我国财政性建设项目纳入政府采购的重要因素。

三、招标投标与政府采购的原则

(一)公开透明原则

公开透明原则,首先要求进行招标投标与政府采购的信息要公开。并且这种公开的程度有相当严格的要求,除涉及商业秘密的以外,要求在招标投标与政府采购监督管理部门指定的媒体上及时向社会公开发布。采用公开招标方式,应当发布招标公告;依法必须进行招标的项目的招标公告,应通过国家指定的报刊、信息网络或者其他公共媒介发布。无论是招标公告、资格预审公告,还是招标邀请书,都应当载明能大体满足潜在投标人决定是否参加投标竞争所需要的信息。另外开标的程序、评标的标准和程序、中标的结果等都应当公开。除涉及国家秘密和商业秘密的政府采购,其他招标投标与政府采购的过程也应当透明和公开。

(二)公平竞争原则

招标投标与政府采购的公平原竞争则,要求采购人严格按照规定的条件和程序办事,同等地对待每一个供应竞争者,不得对不同的供应竞争者采用不同的标准。采购人不得以任何方式限制或者排斥本地区、本系统以外的供应商参加竞争。招标投标与政府采购的公平竞争原则,其原因在于采购资金一般是公共资金,因此,所有的公众都应当获得平等的竞争机会。

(三)公正原则

在招标投标与政府采购中采购人的行为应当公正。对所有的供应竞争者都应平等对待,不能有特殊。在设置供应商的条件时,应当针对所有的供应商设置统一的条件。这种公正原则,更主要地体现在确定供应商时。特别是在评标时,评标标准应当明确、严格,对所有在投标截止日期以后送到的投标书都应拒收,与投标人有利害关系的人员都不得作为评标委员会的成员。招标人和投标人双方在招标投标活动中的地位平等,任何一方不得向另一方提出不合理的要求,不得将自己的意志强加给对方。在其他的采购方式中也应如此。

(四)诚实信用原则

诚实信用是民事活动的一项基本原则,招标投标与政府采购是以订立采购合同为目的的民事活动,当然也适用这一原则。诚实信用原则要求招标投标与政府采购各方都要诚实守信,不得有欺骗、背信的行为。

第二节　项目采购方式

一、公开招标

（一）公开招标的含义

公开招标是指招标人以招标公告的方式邀请不特定的法人或者其他组织投标。它是一种由招标人按照法定程序，在公开出版物上发布或者以其他公开方式发布招标公告，所有符合条件的承包商都可以平等参加投标竞争，从中择优选择中标者的招标方式。由于这种招标方式对竞争没有限制，因此，又被称为无限竞争性招标。公开招标最基本的含义是：（1）招标人以招标公告的方式邀请投标；（2）可以参加投标的法人或者其他组织是不特定的。从招标的本质来讲，这种招标方式是最符合招标的宗旨的，因此，应当尽量采用公开招标方式进行招标。我们在后面还会详细介绍公开招标的程序。

（二）公开招标的优缺点

关于公开招标的优点，在我国较早翻译的一本招标投标著作《国际经济知识：招标与承包》中，美国的法学专家曾将其归纳为以下三点："第一，在涉及使用公共基金时，政府代理机构必然对所有与公共基金有直辖或间接捐款关系的潜在投标人提供均等的机会；第二，竞争的结果有利于最经济地利用公共基金；第三，公开竞争性招标的方法可以起到防止浪费、贪污和偏袒的保证作用。"[①]美国学者总结的三个优点，直至今日，仍然是公开招标的主要优点。

公开招标的缺点有：第一，单纯依靠书面文件确定中标人本身的缺陷；第二，招标成本高；第三，招标周期长。

虽然公开招标有一定缺点，但在一般的情况下，只有公开招标才能最好地实现招标与政府采购的目标。因此，《政府采购法》规定：公开招标应作为政府采购的主要采购方式。在《招标投标法》中规定的公开招标、邀请招标两种招标方式中，首先应当选择公开招标，特殊情况需要采用邀请招标的，需要经过批准。

---

① ［美］斯特门德主编，本书翻译组译：《国际经济知识：招标与承包》，上海社会科学院出版社，1988 年，第 69 页

二、邀请招标

(一)邀请招标的含义

邀请招标,是指招标人以投标邀请书的方式邀请特定的法人或者其他组织投标。邀请招标是由接到投标邀请书的法人或者其他组织才能参加投标的一种招标方式,其他潜在的投标人则被排除在投标竞争之外,因此,也被称为有限竞争性招标。邀请招标必须向三个以上的潜在投标人发出邀请。并且被邀请的法人或者其他组织必须具备以下条件:(1)具备承担招标项目的能力,如施工招标,被邀请的施工企业必须具备与招标项目相应的施工资质等级;(2)资信良好。

(二)可以采用邀请招标的采购项目

在公开招标之外规定邀请招标方式的原因在于,公开招标虽然最符合招标的宗旨,但也存在着一些缺陷。而邀请招标恰恰能够有效地克服公开招标的这些缺陷。按照《招标投标法》的规定,以下项目可以采用邀请招标:(1)技术比较复杂或者专业性很强的货物、工程、服务,潜在投标人较少或者招标人对潜在投标人比较了解;(2)期限紧张或者是采购价值低;(3)需要保密。

三、竞争性谈判采购方式

(一)竞争性谈判采购的含义

所谓竞争性谈判采购,是指采购人通过与多家供应商就采购事宜进行直接谈判,最后从中确定中标供应商的一种采购方式。简单地说,是指采购人与供应商一对一的就价格、质量、售后服务等进行比较性的讨价还价。这种采购方式在公共领域中主要用于紧急情况下的采购或涉及高科技应用产品的采购。[①] 与招标采购项下的商品的特点相比,谈判项下的商品具有特别的设计或者特殊的竞争状况。此类产品很少形成竞争性的市场,也没有确定的价格。因此在采购人和供应商双方对产品的制造、移交和服务的成本存在不同的估价时,就不可避免地要采用谈判方法。

(二)竞争性谈判采购的适用条件

按照我国《政府采购法》第 28 条规定,符合下列情形之一的政府采购项目,可以依照本法采用竞争性谈判方式采购:

(1)招标后没有供应商投标或者没有合格标的;

(2)技术复杂或者性质特殊,不能确定详细规格或具体要求的;

---

① 姚燕、唐汝枚:《浅谈竞争性谈判采购》,中国财经报,2001 年 4 月 10 日

(3)采用招标所需时间不能满足用户紧急需要的;

(4)不能事先计算出价格总额的。

四、单一来源采购方式

(一)单一来源采购方式的含义

所谓单一来源采购,即没有竞争的一种谈判采购方式,是指达到了竞争性招标采购的金额标准,但在适当条件下采购人向单一的供应商、承包商或服务提供者征求建议或报价来采购货物、工程或服务。通常是所购产品的来源渠道单一或属专利、艺术品、秘密咨询、属原形态或首次制造、合同追加、后续扩充等特殊情况的采购。

(二)单一来源采购方式的适用条件

我国《政府采购法》第29条对此作了相应规定,符合下列情形之一的政府采购项目,可以依照本法采用单一来源方式采购:

(1)只能从唯一供应商处获取的;

(2)发生了不可预见的紧急情况不能从其他供应商处采购的;

(3)必须保证原有采购项目一致性或服务配套的要求,需要继续从原供应商处添购的,且添购资金总额不超过原合同采购金额百分之十的。

五、询价采购方式

(一)询价采购方式的含义

所谓询价采购,也称货比三家,是指采购人向国内外有关供应商(通常不少于三家)发出询价通知书,让其报价,然后在报价的基础上进行比较,按照质量相同且性价比最优的原则确定成交供应商的一种采购方式。

(二)询价采购方式的适用条件

适用询价采购方式的项目,主要是对现货或标准规格的商品的采购,或投标文件的审查需要较长时间才能完成、供应商准备投标文件需要高额费用以及供应商资格审查条件过于复杂的采购。

对此,我国《政府采购法》第30条也作出了相应规定:采购的货物规格、标准统一、现货货源充足且价格变化幅度小的政府采购项目,可以依照本法采用询价方式采购。

六、自营工程

自营工程是土建项目中所采用的一种采购方式,它是指采购人不通过招标或其他采购方式而直接使用当地的施工单位来承建的土建工程。在世界银行的《采购指南》中有所规定,但有较高的使用限制条件。我国政府采购法对此没有专门规定。它是指借款人使用自己的人员和设备进行施工建设的工程,但对于承建的土建工程应当是唯一实际可行的方法方可采用。主要适用于:

(1)无法事先确定所涉及的工程量;

(2)工程小而分散,或位于边远地区,有资格的供应商不大可能以合理的价格投标;

(3)必须在不破坏在建项目秩序的情况下施工;

(4)不可避免的工作中断的风险由借款人承担比由供应商承担更为合适的情况;

(5)需要迅速采取采购行动的紧急情况。

第三节   招标

一、招标的种类

招标程序是指招标过程中进行各项工作的先后顺序。严格、合理的招标程序是确保招标的公开、公正、公平的很重要的一个方面,《招标投标法》对招标程序作出了很多具体的规定。广义的招标程序应当包括招标前的准备、招标公告(或投标邀请书)、资格预审、编制发售招标文件、投标、开标、评标和中标等内容。但本章所说招标程序仅仅是指招标公告(或投标邀请书)到投标前的程序,这也应当是狭义的招标的程序内容。

按照招标对象的不同,我们可以把招标分为货物招标、工程招标和服务招标三类。

(一)货物招标

货物招标是以货物作为采购对象的招标,是招标中最常见的一种。应当说,市场经济国家的招标是起源于货物招标的,即使是工程招标,也含有大量的货物招标。货物招标中的招标方式的选择主要是依据采购的金额,但是,我国《招标投标法》和《政府采购法》都没有对公开招标的金额限额作出具体的规定。

由于货物与工程相比,技术要求相对简单,并且很多是可以要求现货投标的,因此,可以在招标文件中对技术要求提得更明确,而在评标时更多地比较报价。

　　但是,货物招标与工程招标存在着交叉,笔者倾向于将所有的货物招标从工程招标中分离出来。因为不同的招标对象会对招标的程序产生不同的影响,但同一招标对象如货物,与是否在工程中进行无太大的关系。研究政府采购的学者多持这一观点,如有的人认为:"货物是指各种各样的物品,包括原料、产品、设备、器具等;工程是指新建、扩建、改建、修建、拆除、修缮或翻新构造物及其所属设备,以及改造自然环境,包括建造房屋、兴修水利、修建交通设施、铺设下水道等建设项目。"①

(二)工程招标

　　工程招标是以工程作为采购对象的招标。工程招标的技术要求往往比较复杂,并且投标的工程还仅仅在图纸中,这给工程招标和其后的合同管理带来了很多困难。如果包括工程的勘察、设计和监理,则更有其特点,因为这些招标在招标开始时有些衡量指标甚至还未明确。按照《招标投标法》规定的精神,工程招标可以分为以下几种。

　　1.建设工程项目总承包招标

　　建设工程项目总承包招标又叫建设项目全过程招标,在国外称之为"交钥匙"承包方式。它是指从项目建议书开始,包括可行性研究报告、勘察设计、设备材料询价与采购、工程施工、生产准备、投料试车,直到竣工投产、交付使用全面实行招标;工程总承包企业根据建设单位提出的工程使用要求,对项目建设书、可行性研究、勘察设计、设备询价与选购、材料订货、工程施工、职工培训、试生产、竣工投产等实行全面报价投标。

　　2.建设工程勘察招标

　　建设工程勘察招标是指招标人就拟建工程的勘察任务发布通告,以法定方式吸引勘察单位参加竞争,经招标人审查获得投标资格的勘察单位按照招标文件的要求,在规定的时间内向招标人填报标书,招标人从中选择条件优越者完成勘察任务。

　　3.建设工程设计招标

　　建设工程设计招标是指招标人就拟建工程的设计任务发布通告,以吸引设计单位参加竞争,经招标人审查获得投标资格的设计单位按照招标文件的要求,在规定的时间内向招标人填报投标书,招标人从中择优确定中标单位来完成工程设计任务。设计招标主要是设计方案招标,工业项目可进行可行性研究方案招标。

----

　　① 方芳、赵海洋、方强编著:《政府采购招标投标指南》,上海财经大学出版社,2001年,第37页

4. 建设工程施工招标

建设工程施工招标,是指招标人就拟建的工程发布公告或者邀请,以法定方式吸引建筑施工企业参加竞争,招标人从中选择条件优越者完成工程建设任务的法律行为。

5. 建设工程监理招标

建设工程监理招标,是指招标人为了委托监理任务的完成,以法定方式吸引监理单位参加竞争,招标人从中选择条件优越者的法律行为。

6. 建设工程材料设备招标

建设工程材料设备招标,是指招标人就拟购买的材料设备发布公告或者邀请,以法定方式吸引建设工程材料设备供应商参加竞争,招标人从中选择条件优越者购买其材料设备的法律行为。

(三)服务招标

服务招标则是以服务作为采购对象的招标。与货物招标一样,服务招标也存在与工程招标的交叉问题。服务招标的最大特点在于其衡量指标往往不够准确,这给评标工作带来了很大的困难,也给完成服务后的验收带来了很大的困难。因此,各国的立法和国际组织往往给服务招标规定特别的招标程序、评标原则和标准。如联合国《贸易法委员会货物、工程和服务采购示范法》,在第一章"总则"、第二章"采购方法及其采用条件"、第三章"招标程序"之外,单独在第四章规定"服务采购的主要方法"。① 国家财政部2000 年发布的《政府采购品目分类表》将专业咨询、工程监理、工程设计归入了服务类采购内容。

由于服务招标中有许多无法客观定量化的指标,在评标时往往需要聘请专家进行主观打分。我国《招标投标法》中规定的"能够满足招标文件的实质性要求,并且经评审的投标价格最低;但是投标价格低于成本的除外",这一中标人的条件较适合服务招标。

二、招标公告与投标邀请书
(一)招标公告与投标邀请书的概念

招标公告是指采用公开招标方式的招标人(包括招标代理机构)向所有潜在的投标人发出的一种广泛的通告。招标公告的目的是使所有潜在的投标人都具有公平的投标竞争的机会。招标人采用公开招标方式的,应当发布招标公告。招标公告必须通过一定的媒介进行传播。依法必须进行招标

---

① 朱建元、金林主编:《政府采购的招标与投标》,人民法院出版社,2000 年,第 559~599 页

的项目的招标公告,应当通过国家指定的报刊、信息网络或者其他媒介发布。采用公开招标的项目,投标人的数量是否有要求?《招标投标法》对此没有作出规定。但是,《评标委员会和评标方法暂行规定》规定:如果否决不合格投标或者界定为废标后,因有效投标不足三个使得投标明显缺乏竞争的,评标委员会可以否决全部投标。从实际效果看,应该说这样的规定是好的,但这一规定有违背《招标投标法》之嫌疑,应当在将来的《招标投标法》中加以修改。

投标邀请书是指采用邀请招标方式的招标人,向三个以上具备承担招标项目的能力、资信良好的特定法人或者其他组织发出的参加投标的邀请。在实践中已经出现了这样的情况:由某一个投标人找来的"陪标"的几个投标人,故意把投标文件做得有许多毛病而导致废标,结果只有该投标人的投标文件为有效标。笔者对这样的情况的思考结果是认为,不能从《招标投标法》的规定上得出这样的招标无效的结论。但《评标委员会和评标方法暂行规定》规定发布后,评标委员会可以否决全部投标。

(二)招标公告的发布

对于公开招标而言,招标公告的发布是十分重要的,它是招标信息进入公众领域的第一步。因此,世界各国和国际组织都对公开招标的招标公告的发布有严格要求。

我国《招标投标法》规定:发布招标公告的媒介包括报刊(报纸、杂志等)、信息网络等,对于比较小的一些项目也可以通过广播、通告牌、布告栏等发布。但是,依法必须进行招标项目的招标公告,应当通过国家指定的报刊、信息网络或者其他媒介发布招标公告。国家指定媒介的目的是为了保证招标公告传播范围足够广泛。为了规范招标公告发布行为,保证潜在投标人平等、便捷、准确地获取招标信息,国家发展计划委员会发布了《招标公告发布暂行办法》,自 2000 年 7 月 1 日起执行。

拟发布的招标公告文本有下列情形之一的,有关媒介可以要求招标人或其委托的招标代理机构及时予以改正、补充或调整:

(1)字迹潦草、模糊,无法辨认的;

(2)载明的事项不符合本办法第 6 条规定的;

(3)没有招标人或其委托的招标代理机构主要负责人签名并加盖公章的;

(4)在两家以上媒介发布的同一招标公告的内容不一致的。

指定媒介发布的招标公告的内容与招标人或其委托的招标代理机构提供的招标公告文本不一致,并造成不良影响的,应当及时纠正,重新发布。

三、资格预审

(一)资格预审的概念

资格预审,是指招标人在招标开始之前或者开始初期,由招标人对申请参加投标的潜在投标人进行资质条件、业绩、信誉、技术、资金等多方面的情况进行资格审查。只有在资格预审中被认定为合格的潜在投标人(或者投标人),才可以参加投标。如果国家对投标人的资格条件有规定的,依照其规定。

因此,一般的国家和国际组织都对招标项目的资格预审有一定的要求。如世行《采购指南》规定,"通常对于大型或者结构复杂的工程,或者在其他准备详细的投标文件成本很高不利于竞争的情况下,诸如专为用户设计的设备、工业成套设备、专业化服务,以及'交钥匙合同'、设计和施工合同或者管理承包合同等,对投标商进行资格预审是必要的"[1]。联合国《贸易法委员会货物、工程和服务采购示范法立法指南》对资格预审作了如下说明:"资格预审是为了在采购过程的早期阶段剔除资格条件不适合履行合同的供应商和承包商。这种程序可能对于购买复杂或者高价值货物或者工程特别有用,甚至对于价值较低但却涉及高度专业化货物或工程的采购事宜,也可能是很有帮助的。"[2]

国家发展和改革委员会等国务院九部委在总结现有行业施工招标资格预审文件范本实施经验,针对实践中存在的问题,并在借鉴世界银行、亚洲开发银行做法的基础上编制了《标准施工招标资格预审文件》,于 2008 年 5 月 1 日起施行。

(二)资格预审的程序

1.资格预审通告

资格预审通告,是指招标人向潜在投保人发出的参加资格预审的广泛邀请。就建设项目招标而言,可以考虑由投标人在一家全国或者国际发行的报刊和国务院为此目的随时指定的这类其他刊物上发表邀请资格预审的公告。资格预审公告至少应包括下述内容:招标人的名称和地址;招标项目名称;招标项目的数量和规模;交货期或者交工期;发售资格预审文件的时间、地点以及发放的办法;资格预审文件的售价;提交申请书的地点和截止时间以及评价申请书的时间表;资格预审文件送交地点、送交的份数以及使用的文字等。

---

① 赵雷等著:《中华人民共和国招标投标法通论及适用指南》,中国建材工业出版社,1999 年,第 100 页

② 朱建元、金林主编:《政府采购的招标与投标》,人民法院出版社,2000 年,第 550 页

2.发出资格预审文件

资格预审公告后,招标人向申请参加资格预审的申请人发放或者出售资格审查文件。资格预审的内容包括基本资格审查和专业资格审查两部分。基本资格审查是指对申请人的合法地位和信誉等进行的审查。专业资格审查是对已经具备基本资格的申请人履行拟定招标采购项目能力的审查。

3.对潜在投标人资格的审查和评定

投标人在规定时间内,按照资格预审文件中规定的标准和方法,对提交资格预审申请书的潜在投标人资格进行审查。审查的重点是专业资格审查。专业资格审查的内容包括:(1)施工经历,包括以往承担类似项目的业绩;(2)为承担本项目所配备的人员状况,包括管理人员和主要人员的名单和简历;(3)为履行合同任务而配备的机械、设备以及施工方案等情况;(4)财务状况,包括申请人的资产负债表、现金流量表等。

四、编制和发售招标文件

招标人应当根据招标项目的特点和需要编制招标文件。招标文件是投标人准备投标文件和参加投标的依据,也是招标投标活动当事人的行为准则和评标的重要依据。因此,招标文件在招标活动中具有重要的意义。

(一)招标文件的内容

按照我国《招标投标法》的规定,招标文件应当包括招标项目的技术要求、对投标人资格审查的标准、投标报价要求和评标标准等所有实质性要求和条件以及拟签订合同的主要条款。我们可以将招标文件可以分为以下几大部分内容:第一部分包括投标须知、合同条件及协议书格式等;第二部分则是技术规范;第三部分是对投标文件格式的要求,包括投标书格式、工程量清单、辅助资料表、投标保函的格式、履约担保的格式等;第四部分是图纸。

为了规范施工招标资格预审文件、招标文件编制活动,提高资格预审文件、招标文件编制质量,促进招标投标活动的公开、公平和公正,国家发展和改革委员会、财政部、建设部、铁道部、交通部、信息产业部、水利部、民用航空总局、广播电影电视总局联合编制了《标准施工招标文件》,自2008年5月1日起在政府投资项目中试行。《标准施工招标文件》由四卷组成:第一卷为招标公告或者投标邀请书、投标人须知、评标办法、合同条款及格式、工程量清单;第二卷为图纸;第三卷为技术标准和要求;第四卷为投标文件格式。

(二)招标文件的发售

招标文件一般按照套数发售。向投标人供应招标文件套数的多少可以根据招标项目的复杂程度等来确定,一般都是一个投标人一套。对于大型或者结构复杂的建设工程,招标文件篇幅较大,招标人根据文件的不同性质,可分为若干卷次。发售招标文件收取的费用应当限于补偿印刷、邮寄的成本支出,不得以营利为目的。招标活动中的其他费用(如发布招标公告等)不能计入该成本。招标文件的定价应当合理,目的是为了避免阻碍有资格的供应商或者承包商参与投标。我国目前的招标实践中,招标人或者招标代理人往往将所有的招标费用都计入招标文件的销售价格中,甚至还能通过发售招标文件赚取一定的利润,这是不正常的。

当然,投标人应当负担自己投标的所有费用,购买招标文件及其他有关文件的费用不论中标与否都不予退还。

(三)招标文件的澄清和修改

招标人对已发出的招标文件进行必要的澄清或者修改,应当在招标文件要求提交投标文件截止时间至少 15 日前,以书面形式通知所有招标文件收受人。该澄清或者修改的内容为招标文件的组成部分。为了使招标人能够满足其招标需要,招标人拥有修改招标文件的权利是必要的,也是符合招标投标活动的基本原则的。对投标人而言,对招标文件作出必要的澄清或者修改后,以书面形式通知所有招标文件受收人是一项必须履行的义务,因为招标文件受收人没有一种独立的方法可以了解到招标人对招标文件所作的必要的澄清或者修改。同时,提前 15 天以书面形式通知所有投标人的要求,也能确保投标人对招标人提出的对招标文件的澄清和修改及时作出回应。

(四)对招标文件的其他要求

招标文件是招标活动公平、公正的重要体现,招标文件不得要求或者标明特定的生产供应者以及含有倾向或者排斥潜在投标人的其他内容。

国家对招标项目的技术、标准和投标人的资格条件有规定的,应当按照规定在招标文件中载明。国家在这方面的要求一般都是强制性的,不允许当事人通过协议降低这方面的要求。

第四节　投标

一、投标人及其资格要求

依《招标投标法》第 25 条的规定:"投标人是响应招标、参加投标竞争的法人或者其他组织。"响应招标,是指投标人应当对招标人在招标文件中提出的实质性要求和条件作出响应。依此规定,自然人(个人)是被排除在投标人之外的,但该条同时规定了自然人(个人)作为投标人的例外情况:依法招标的科研允许个人参加投标的,投标的个人适用本法有关投标人的规定。笔者仍然认为对投标人的一般规定不妥。原因有以下几点:第一,既然规定了自然人(个人)可以作为投标人的情况,在一般规定中将自然人(个人)排除在投标人之外的就没有必要了;第二,如果《招标投标法》的规定适用于所有的招标投标行为,个人可以参加投标的显然不限于科研招标;第三,应当与《政府采购法》的规定一致,《政府采购法》第 21 条规定,"供应商是指具备向采购人提供货物、工程或者服务的法人、其他组织或者自然人",而哪些主体可以作为投标人或者供应商则不是由《招标投标法》或者《政府采购法》规定的。

但是,自然人不能作为建设工程项目的投标人。因为我国对建设项目的投标人(承包人)有严格的限制,必须要具有营业执照和相应的资质等级证书,而具备这些条件的只能是法人或者其他组织。

投标人应当具备以下条件。

(一)投标人应当具备承担招标项目的能力

投标人应当具备与投标项目相适应的技术力量、机械设备、人员、资金等方面的能力,具有承担该招标项目的能力。参加投标项目是投标人的营业执照中的经营范围所允许的,并且投标人要具备相应的资质等级。当然,如果法律对提供服务、货物的主体没有这方面的限制,则不应当有这方面的要求。承包建设项目的单位应当持有依法取得资质证书、并在其资质等级许可的范围内承揽工程。禁止超越本企业资质等级许可的业务范围或者以任何形式用其他企业的名义承揽建设项目。

(二)投标人应当符合招标文件规定的资格条件

招标人可以在招标文件中对投标人的资格条件作出规定,投标人应当符合招标文件规定的资格条件。如果国家对投标人的资格条件有规定的,则依照其规定。对于参加建设项目设计、建筑安装、监理以及主要设备、材

料供应等投标的单位,必须具备下列条件:

(1) 具有招标条件要求的资质证书,并为独立的法人实体;

(2) 承担过类似建设项目的相关工作,并有良好的工作业绩和履约记录;

(3) 财产状况良好,没有处于财产被接管、破产或其他关、停、并、转状态;

(4) 在最近三年没有与骗取合同有关以及其他经济方面的严重违法行为;

(5) 近几年有较好的安全纪录,投标当年内没有发生重大质量和特大安全事故。

二、投标文件的编制

(一)编制投标文件的准备

为了编制投标文件,除了应当搜集有关资料外,还应当参加投标预备会和勘察现场。投标预备会是由招标人召集主持的、为投标做准备的会议。会议的目的是为了澄清、解答投标人提出的问题和组织投标人考察现场、了解情况。投标人提出的与投标有关的任何问题必须在投标预备会召开的一定时间前(如 7 天,具体时间在投标文件中说明),以书面形式送达招标人。

投标人可能被邀请对工程施工现场和周围环境进行勘察,以获取须投标人自己负责的有关编制投标文件和签署合同所需的所有资料。勘察现场一般是投标预备会的重要内容。勘察现场所发生的费用由投标人自己负担。招标人向投标人提供的有关施工现场的资料和数据,是招标人现有的能使投标人利用的资料。招标人对投标人由此而作出的推论、理解和结论概不负责。

投标预备会(包括勘察现场)的会议记录包括所有问题和答复的副本,应当迅速提供给所有获得招标文件的投标人。

(二)编制投标文件的一般要求

投标人应当按照招标文件的要求编制投标文件。投标文件应当对招标文件提出的实质性要求和条件作出响应。

投标文件必须符合招标文件的要求,这是投标文件基本要求。投标人对招标文件规定的要求和规则应当执行。投标文件对招标文件要求的格式不得更改。如果投标人填写后,仍然需要进一步表达自己的意思,可以附上补充说明。投标人提交的文件种类、份数、正本与副本数量应当与规定相符合。

投标文件应当对招标文件提出的实质性要求和条件作出响应。一般认为,投标报价、投标方案、技术和质量要求等应当属于实质性要求和条件。

投标人要对计算数量如工程量、总价、单价等进行认真核对。文字表述要准确、无误,投标文件应当制作整洁、干净。

三、投标文件的送达

投标人应当将投标文件的正本和每份副本分别密封在内层包封,再密封在一个外层包封中,并在内包封上正确标明"投标文件正本"或"投标文件副本"。

投标人应当在招标文件要求提交投标文件的截止时间前,将投标文件送达投标地点。投标人收到投标文件后,应当签收保存,不得开启。投标人在投标截止期以后收到的投标文件,将原封退给投标人。

四、投标文件的补充、修改或者撤回

投标人在招标文件要求提交投标文件的截止时间前,可以补充、修改或者撤回已提交的投标文件,并以规定的书面形式通知招标人(应当与投标文件同样密封和递交)。补充、修改的内容也是投标文件的组成部分。这样的规定有助于各方对投标的参与,减少投标的风险;同时,也能够保护招标人的利益,因为如果发生在提交投标文件的截止时间后再修改或者撤回投标文件的,招标人可以没收投标人的投标保证金。

在招标文件要求提交投标文件的截止时间后,投标人不得对投标文件进行补充、修改或者撤回。

五、联合体共同投标

(一)联合体共同投标的概念和法律特征

依照《招标投标法》的规定,联合体共同投标,是指由两个以上的法人或者其他组织共同组成非法人的联合体,以该联合体的名义即一个投标人的身份参加投标的组织方式。与招标人、投标人的区别一样,笔者认为将联合体共同投标限制在法人或者其他组织内不妥。《政府采购法》第24条规定:"两个以上的自然人、法人或者其他组织可以组成一个联合体,以一个供应商的身份共同参加政府采购。"在很多情况下,组成联合体能够发挥联合体各方的优势,有利于招标项目的进度控制、投资控制、质量控制。但是,联合投标应当是潜在投标人的自愿行为,也只有这种自愿的基础,才能发挥联合体的优势。因此,招标人不得强制投标人组成联合体共同投标。

联合体投标人应当具有以下一些法律特征。

第一,必须签订联合协议。联合协议是联合体投标人存在的基石,联合体各方通过签订联合协议,明确各自在联合体中应承担的工作和义务。联合体投标人在参加投标时,必须向采购人提交联合协议。

第二,不具备独立的法律人格。联合体为共同投标并在中标后共同完成中标项目而组成的临时性组织,联合体任何成员不可重复投标。联合体投标人内部是一种松散的联营关系,联合体各方之间这种靠合同的约束组成的联合体,不产生新的经济实体,不具备独立的法律人格。它表面上是以一个投标人的身份参加投标,但中标后却不能以联合体的名义与招标人签订合同,而是由联合体各方共同与招标人签订采购合同。

第三,联合体各方承担连带责任。《招标投标法》第 31 条规定:"联合体中标的,联合体各方应当共同与招标人签订合同,就中标项目向招标人承担连带责任。"笔者认为,联合体各方不仅应就采购合同约定的事项对招标人承担连带责任,还应就联合体投标人在接到中标通知书后放弃中标项目,给招标人造成的损失承担连带责任。所谓联合体各方的连带责任,就是指在联合体应当对采购人承担民事法律责任的情形下,采购人有权向任何一个、几个或全部联合体成员提出要求履行全部义务的请求,当某一联合体成员履行了全部义务之后,该成员有权要求其他负有连带责任的联合体成员偿付(后者)应当承担的份额。

第四,联合体投标应当是潜在投标人的自愿行为,也只有这种自愿的基础,才能发挥联合体的优势。因此,招标人不得强制投标人组成联合体共同投标。但在现实中,一些国家或国际组织为了保护本国或其成员的权益,制定了一些这样或那样的规定,无形中是强制了承包商必须组成联合体。如,根据我国的有关规定,"中国投资或中外合资、外国贷款工程项目的设计,需要委托外国设计机构承担时,应有中国设计机构参加,进行合作设计"[①]。此外,一些国家的法律法规对联合体成员也制定了强制性的排除规定,如一些阿拉伯国家,除要求投标者提供资格预审文件外,还必须提交《抵制以色列确认书》,明确回答有关问题,否则将取消其投标资格。

(二)联合体各方应当具备的条件

关于联合体各方应当具备的条件,是一个非常值得讨论的问题。我国目前《招标投标法》的规定是:联合体各方应当具备承担招标项目的相应能

---

① 1986 年 5 月 26 日国家计委、对外经济贸易部发布的《中外合作设计工程项目暂行规定》第 2 条规定。中华人民共和国建设部编写、审定:《中华人民共和国建筑法实务全书(上卷)》,中国法制出版社,1997 年,第 999 页

力;国家有关规定或者招标文件对投标人资格条件有关规定,联合体各方均应当具备规定的相应资格条件。由同一专业的单位组成的联合体,按照资质等级较低的单位确定资质等级。

但是,这一规定与国际上的通行做法是大相径庭的。笔者认为这是我国《招标投标法》的重大缺陷。不能否认的是,我国《招标投标法》将联合体共同投标列入,是受了国际上通行做法的影响,我国是没有联合体投标的传统的。但是,在国际上允许联合体(在《招标投标法》颁布前我国大多翻译为"联营体")共同投标是通行的做法。主要的原因在于:大多数市场经济国家没有像我国这样的建设领域资质等级的制度,而对于建设工程而言,如果承包商没有经验,业主是不可能把工程交给他的,因此,对于没有经验的承包商(包括新进入工程承包领域的承包商和没有类似工程经验的承包商两种情况),只能与其他有经验的承包商组成联合体。当然,其他有经验的承包商愿意与没有经验的承包商组成联合体,是因为没有经验的承包商应当有其他优势,比如资金或者设备方面的优势。因此,可以说联合体共同投标是承包商成长的必经之路。从上面的分析我们不难得出这样的结论:联合体各方在资格预审中,应当是优势互补的。而我国《招标投标法》对联合体的规定,会导致联合体各方的劣势互补,这样从根本上消灭了联合体存在的意义和价值。笔者认为,我国《招标投标法》对联合体的规定应当进行修改,特别随着市场经济的发展,政府对市场干预的减弱,这种修改会变得迫切起来。

(三)联合体内部各方的权利和义务

联合体各方应当签订共同投标协议,明确约定各方应当承担的工作和责任,并将共同投标协议连同投标文件一并提交招标人。联合体中标者,联合体各方应当共同与招标人签订合同,就中标项目向招标人承担连带责任。

联合体各方在中标后承担的连带责任包括以下两种情况。(1)联合体在接到中标通知书后未与招标人签订书面合同,除不可抗力外,联合体放弃中标项目的,其已经提交的投标保证金不予退还,给招标人造成的损失超过投标保证金数额的,还应当对超过部分予以赔偿;未提交投标保证金的,联合体各方对招标人的损失承担连带赔偿责任。(2)中标的联合体除不可抗力外,不履行与招标人签订的合同的,履约保证金不予以退还,给招标人造成的损失超过履约保证金数额的,还应当对超过部分予以赔偿;没有提交履约保证金的,联合体各方应当对招标人的损失承担连带赔偿责任。

第五节 开标、评标和定标

一、开标

招标投标活动经过了招标阶段、投标阶段，就进入了开标阶段。所谓开标，是指招标人将所有投标人的投标文件启封揭晓，由开标主持人逐一宣读投标文件。另外，开标应当公开进行，即应当向所有投标人公开投标文件，其行为完全是在投标人及有关方面的监督下进行。

（一）开标时间和地点

1. 开标时间

一般情况下，开标时间由招标文件规定，立法机构或者金融机构一般不进行干预。如世界银行只是规定"开标时间应为送交投标文件的截止日之后"[①]。但习惯上，开标时间一般规定为提交投标文件的截止时间后的 24 小时至 3 个月以内。[②] 我国在《招标投标法》颁布以前的有关招标投标的规定中也都没有开标时间的规定，但在实际操作中，与提交投标文件的截止时间也都有一定的间隔。但是，这样的规定容易给投标舞弊行为造成可乘之机。例如，招标人在指定开标时间之前向投标人泄露其他投标人的投标文件内容，尤其是投标报价。

为了避免投标中的舞弊行为，我国《招标投标法》规定，开标应当在招标文件确定的提交投标文件截止时间的同一时间公开进行。虽然这样的规定不能从根本上解决招标投标中的不正当竞争行为，但在有些情况下确实是十分有效的。如果投标人对投标文件的泄密有顾虑，可以在截止时间前的最后时刻提交投标文件。

在有些情况下可以暂缓或者推迟开标时间。如：招标文件发售后对原招标文件做了变更或者补充；开标前发现有影响招标公正性的不正当行为；出现突发事件等。

2. 开标地点

开标地点应当为招标文件中预先确定的地点。招标人应当在招标文件中对开标地点作出明确、具体的规定，以便投标人及有关方面按照招标文件

---

① 中国技术进出口总公司国际招标编写组编著：《国际招标与投标实务》，中国对外经济贸易出版社，1991 年，第 271 页

② 赵雷等著：《中华人民共和国招标投标法通论及适用指南》，中国建材工业出版社，1999 年，第 170 页

规定的开标时间到达开标地点。反之,招标人也必须在事先规定地点开标,不能随意变更开标地点。

(二)出席开标

开标由招标人主持,邀请所有投标人参加。在我国招标实践中,许多招标是由招标投标行政监督部门主持的,这不符合《招标投标法》的规定,应当将主持开标的权利交给招标人。评标委员会委员和其他有关单位的代表也应当应邀出席开标。投标人或者他们的代表则不论是否被邀请,都有权参加开标。

(三)开标程序

1.检查投标文件的密封情况

开标时,首先由投标人或者其推选的代表检查投标文件的密封情况,确认投标文件密封完好,封套书写明招标人的规定,没有其他标记或者字样。然后,由开标主持人以招标文件递交的先后顺序逐个开启投标文件。招标人在招标文件要求提交投标文件的截止时间前收到的所有投标文件,开标时都应当众予以拆封、宣读。对于在招标文件要求提交投标文件的截止时间后送达的投标文件,招标人应当拒收。

2.开封、宣读投标文件

开标主持人在开标时,要高声朗读每个投标人的名称、投标价格和投标文件的其他主要内容。在宣读的同时,开标主持人对开标所读的每一项内容,都应当按照开标时间的先后顺序进行记录。

二、评标

评标是招标投标过程中非常核心的环节。从某个角度说,评价招标投标的成功与否,只需考察其评标即可。因为招标的直接目的是确定一个优秀的承包人,投标的目的也是为了中标。而决定这两个目标能否实现的关键都是评标。对于评标,《招标投标法》作出了原则的规定,但各地方、各部门对这些原则规定的理解各不相同,说明《招标投标法》的规定缺乏可操作性。为了规范评标过程,2001 年 7 月 5 日原国家计委、原国家经贸委、建设部、铁道部、交通部、信息产业部、水利部联合发布了《评标委员会和评标方法暂行规定》,2003 年 2 月 22 日,原国家计委由发布了《评标专家和评标专家库管理暂行办法》。

(一)评标专家库和评标专家

1.评标专家库的设立

评标专家库由省级(含省级)以上人民政府有关部门或者依法成立的招

标代理机构依照《招标投标法》的规定自主组建。评标专家库的组建活动应当公开,接受公众监督。省级以上人民政府有关部门和招标代理机构应当加强对其所建评标专家库及评标专家的管理,但不得以任何名义非法控制、干预或者影响评标专家的具体评标活动。省级以上人民政府有关部门组建评标专家库,应当有利于打破地区封锁,实现评标专家资源共享。

省级人民政府可组建跨部门、跨地区的综合性评标专家库。

2. 评标专家库应当具备的条件

评标专家库应当具备下列条件:

(1)具有符合本办法第 7 条规定条件的评标专家,专家总数不得少于500 人;

(2)有满足评标需要的专业分类;

(3)有满足异地抽取、随机抽取评标专家需要的必要设施和条件;

(4)有负责日常维护管理的专门机构和人员。

3. 评标专家的入选

专家入选评标专家库,采取个人申请和单位推荐两种方式。采取单位推荐方式的,应事先征得被推荐人同意。个人申请书或单位推荐书应当存档备查。个人申请书或单位推荐书应当附有符合规定条件的证明材料。

组建评标专家库的政府部门或者招标代理机构,应当对申请人或被推荐人进行评审,决定是否接受申请或者推荐,并向符合规定条件的申请人或被推荐人颁发评标专家证书。评审过程及结果应做成书面记录,并存档备查。

组建评标专家库的政府部门,可以对申请人或者被推荐人进行必要的招标投标业务和法律知识培训。

(二)评标机构

1. 评标委员会的组建

评标委员会由招标人负责组建,负责评标活动,向招标人推荐中标候选人或者根据招标人的授权直接确定中标人。

评标委员会由招标人或其委托的招标代理机构熟悉相关业务的代表,以及有关技术、经济等方面的专家组成,成员人数为 5 人以上的单数,其中技术、经济等方面的专家不得少于成员总数的三分之二。评标委员会设负责人的,评标委员会负责人由评标委员会成员推举产生或者由招标人确定。评标委员会负责人与评标委员会的其他成员有同等的表决权。

评标委员会的专家成员应当从省级以上人民政府有关部门提供的专家名册或者招标代理机构的专家库内的相关专家名单中确定。确定评标专家,可以采取随机抽取或者直接确定的方式。一般项目,可以采取随机抽取的方式;技术特别复杂、专业性要求特别高或者国家有特殊要求的招标项目,采取随机抽取方式确定的专家难以胜任的,可以由招标人直接确定。

评标委员会成员的名单在中标结果确定前应当保密。

关于评标委员会,首先需要明确的是应当对谁负责,我国《招标投标法》对此没有作出明确的规定。但笔者认为评标委员会应当对招标人负责,法律对评标委员会及其评标过程的严格要求是为了最大限度地保护招标人的利益。

2.评标的保密性和独立性

按照我国《招标投标法》的规定,招标人应当采取必要的措施,保证评标在严格保密的情况下进行。评标是招标投标活动中一个十分重要的阶段,如果对评标过程不进行保密,则影响公正评标的不正当行为有可能发生。如果这类情况出现,则评标以前的所有招标投标活动都没有任何实质意义。评标的保密性表现在两个方面:一方面,评标委员会成员的名单在中标结果确定前应当保密;另一方面,评标的过程应当保密。

评标委员会在评标过程中是独立的,任何单位和个人都不得非法干预、影响评标过程和结果。评标的独立性是相对于评标委员会评标整体对招标人负责而言的。评标开始后,评标委员会应当独立地开展工作,但其工作的依据最主要的是招标公告。评标委员会依据法律法规、招标公告独立地开展工作,能够最大限度地维护招标人言而有信的形象,能够最大限度地维护招标人的利益。

(三)评标的准备与初步评审

1.评标的准备

评标委员会成员应当编制供评标使用的相应表格,认真研究招标文件,至少应了解和熟悉以下内容:

(1)招标的目标;

(2)招标项目的范围和性质;

(3)招标文件中规定的主要技术要求、标准和商务条款;

(4)招标文件规定的评标标准、评标方法和在评标过程中考虑的相关因素。

招标人或者其委托的招标代理机构应当向评标委员会提供评标所需的重要信息和数据。

招标人设有标底的,标底应当保密,并在评标时作为参考。

评标委员会应当根据招标文件规定的评标标准和方法,对投标文件进行系统地评审和比较。招标文件中没有规定的标准和方法不得作为评标的依据。因此,评标委员会成员还应当了解招标文件规定的评标标准和方法,这也是评标的重要准备工作。

2．涉及外汇报价的处理

评标委员会应当按照投标报价的高低或者招标文件规定的其他方法对投标文件排序。以多种货币报价的,应当按照中国银行在开标日公布的汇率中间价换算成人民币。

招标文件应当对汇率标准和汇率风险作出规定。未作规定的,汇率风险由投标人承担。

3．初步评审的内容

初步评审的内容包括对投标文件的符合性评审、技术性评审和商务性评审。

(1)投标文件的符合性评审。投标文件的符合性评审包括商务符合性和技术符合性鉴定。投标文件应实质上响应招标文件的所有条款、条件,无显著的差异或保留。所谓显著的差异或保留包括以下情况:对工程的范围、质量及使用性能产生实质性影响;偏离了招标文件的要求,而对合同中规定的业主的权力或者投标人的义务造成实质性的限制;纠正这种差异或者保留将会对提交了实质性响应要求的投标书的其他投标人的竞争地位产生不公正的影响。

(2)投标文件的技术性评审。投标文件的技术性评审包括:方案可行性评估和关键工序评估;劳务、材料、机械设备、质量控制措施评估以及对施工现场周围环境污染的保护措施的评估。

(3)投标文件的商务性评审。投标文件的商务性评审包括:投标报价校核;审查全部报价数据计算的正确性,分析报价构成的合理性,并与标底价格进行对比分析。修正后的投标报价经投标人确认后对其起约束作用。

4．投标文件的澄清和说明

评标委员会可以要求投标人对投标文件中含义不明确的内容作必要的澄清或者说明,但是澄清或者说明不得超出投标文件的范围或者改变投标文件的实质性内容。对招标文件的相关内容作出澄清和说明,其目的使有利于评标委员会对投标文件的审查、评审和比较。澄清和说明包括投标文件中含义不明确、对同类问题表述不一致或者有明显文字和计算错误的内容。

投标文件中的大写金额和小写金额不一致的,以大写金额为准;总价金额与单价金额不一致的,以单价金额为准,但单价金额小数点有明显错误的除外;对不同文字文本投标文件的解释发生异议的,以中文文本为准。

(四)投标偏差

评标委员会应当根据招标文件,审查并逐项列出投标文件的全部投标偏差。投标偏差分为重大偏差和细微偏差。

1.重大偏差

下列情况属于重大偏差:

(1)没有按照招标文件要求提供投标担保或者所提供的投标担保有瑕疵;

(2)投标文件没有投标人授权代表签字和加盖公章;

(3)投标文件载明的招标项目完成期限超过招标文件规定的期限;

(4)明显不符合技术规格、技术标准的要求;

(5)投标文件载明的货物包装方式、检验标准和方法等不符合招标文件的要求;

(6)投标文件附有招标人不能接受的条件;

(7)不符合招标文件中规定的其他实质性要求。

2.细微偏差

细微偏差是指投标文件在实质上响应招标文件要求,但在个别地方存在漏项或者提供了不完整的技术信息和数据等情况,并且补正这些遗漏或者不完整不会对其他投标人造成不公平的结果。细微偏差不影响投标文件的有效性。

评标委员会应当书面要求存在细微偏差的投标人在评标结束前予以补正。拒不补正的,在详细评审时可以对细微偏差作不利于该投标人的量化,量化标准应当在招标文件中规定。

(五)详细评审

1.概述

经初步评审合格的投标文件,评标委员会应当根据招标文件确定的评标标准和方法,对其技术部分和商务部分作进一步评审、比较。中标人的投标应当符合下列条件之一:(1)能够最大限度地满足招标文件中规定的各项综合评标标准;(2)能够满足招标文件的实质性要求,并且经评审的投标价格最低,但是投标价格低于成本的除外。

设有标底的招标项目,评标委员会在评标时应当参考标底。评标委员会完成评标后,应当向招标人提出书面评标报告,并推荐合格的中标候选人。招标人根据评标委员会提出的书面评标报告和推荐的中标候选人确定中标人;投标人也可以授权评标委员会直接确定中标人。评标只对有效投标进行评审。

评标方法包括经评审的最低投标价法、综合评估法或者法律、行政法规允许的其他评标方法。

2.经评审的最低投标价法

根据经评审的最低投标价法,能够满足招标文件的实质性要求,并且经评审的最低投标价的投标,应当推荐为中标候选人。这种评标方法是按照评审程序,经初审后,以合理低标价作为中标的主要条件。合理的低标价必须经过终审,进行答辩,证明是实现低标价的措施有力可行的报价。但不保证最低的投标价中标,因为这种评标方法在比较价格时必须考虑一些修正因素,因此也有一个评标的过程。世界银行、亚洲开发银行等都是以这种方法作为主要的评标方法。因为在市场经济条件下,投标人的竞争主要是价格的竞争,而其他的一些条件如质量、工期等已经在招标文件中规定好了,投标人不得违反,否则将无法构成对招标文件的实质性响应。而信誉等因素则应当是资格预审中应当解决的因素,即信誉不好的应当在资格预审被淘汰。

按照《评标委员会和评标方法暂行规定》的规定,经评审的最低投标价法一般适用于具有通用技术、性能标准或者招标人对其技术、性能没有特殊要求的招标项目。结合该规定的精神,我们可以理解为,这种评标方法应当是一般项目的首选评标方法。

3.综合评估法

不宜采用经评审的最低投标价法的招标项目,一般应当采取综合评估法进行评审。

根据综合评估法,最大限度地满足招标文件中规定的各项综合评价标准的投标,应当推荐为中标候选人。衡量投标文件是否最大限度地满足招标文件中规定的各项评价标准,可以采取折算为货币的方法、打分的方法或者其他方法。需量化的因素及其权重应当在招标文件中明确规定。

在综合评估法中,最为常用的方法是百分法。这种方法是将评审各指标分别在百分之内所占比例和评标标准在招标文件内规定。开标后按评标程序,根据评分标准,由评委对各投标人的标书进行评分,最后以总得分最高的投标人为中标人。这种评标方法长期以来一直是建设工程领域采用的主流评标方法。在实践中,百分法有许多不同的操作方法,其主要区别在于:这种评标方法的价格因素的比较需要有一个基准价(或者被称为参考价),主要的情况是以标底作为基准价;但是,为了更好地符合市场、或者为了保密,基准价的确定有时加入投标人的报价。

无论如何,综合评估法这种评标方法应当保留。特别是对于设计、监理等的招标,需要竞争的不是投标人的价格,不能以报价作为唯一或者主要的评标内容。但是,对于建设工程招标的主要内容—施工招标,则不应当以此种评标方法作为主要的评标方法,否则无法反映出施工招标需要投标人竞争的主要内容是投标报价这一要求。

三、中标

中标人确定后,招标人应当向中标人发出中标通知书,并同时将中标结果通知所有未中标的投标人。中标通知书对招标人和中标人具有法律效力。中标通知书发出后,招标人改变中标结果的,或者中标人放弃中标项目的,应当依法承担法律责任。

招标人和中标人应当自中标通知书发出之日起 30 日内,按照招标文件和中标人的投标文件订立书面合同。招标人和中标人不得再行订立背离合同实质性内容的其他协议。招标文件要求中标人提交履约保证金的,中标人应当提交。

依法必须进行招标的项目,招标人应当自确定中标人之日起 15 日内,向有关行政监督部门提交招标投标情况的书面报告。

【本章小结】通过本章的学习,读者应当掌握《政府采购法》和《招标投标法》的主要内容,了解《政府采购法》和《招标投标法》的关系,掌握采购的方式,以及招标、投标、开标、评标、中标等招标采购的程序,并且能够在采购或者投标中应用。

本章进一步阅读材料:

1. 何红锋著:《招标投标法研究》,南开大学出版社,2004 年

2. 何红锋主编:《政府采购法详解》,知识产权出版社,2002 年

3. 戴桂英、袁炳玉主编:《中华人民共和国招标投标法知识问答》,企业管理出版社,1999 年

4. 赵雷等著:《中华人民共和国招标投标法通论及适用指南》,中国建材工业出版社,1999 年

5. 何伯森编著:《工程招标承包与监理》,人民交通出版社,1993 年

6. 黄文杰主编:《建设工程招标实务》,中国计划出版社,2002 年

7. 曲修山主编:《建设工程招标代理法律制度》,中国计划出版社,2002 年

思考题：

1. 招标投标的原则有哪些？
2. 项目采购方式有哪些？
3. 公开招标的优缺点各有哪些？
4. 简述联合体共同投标的概念和法律特征。
5. 投标文件的重大偏差和细微偏差各有哪些？
6. 中标人的投标应当符合什么条件？

第七章　项目人力资源管理法律制度

【本章导读】本章主要介绍我国有关人力资源管理方面的法律制度,第一部分主要是对我国劳动法的介绍,包括劳动法的适用范围、劳动合同的订立及其效力、劳动合同的履行、劳动合同的解除以及集体合同等内容;第二部分主要介绍我国工会法的一些基本知识。

在项目人力资源管理工作中,项目人员的获得是非常重要的一项工作。项目人员获得工作的主要目标是确保项目组织能够获得所需的人力资源。在项目人力资源管理活动中发生的一些社会关系,主要是由劳动法律制度及工会法律制度来进行调整。

第一节　劳动法律制度

一、劳动法概述

(一)劳动法的概念

劳动法是指调整劳动关系以及与劳动关系密切联系的其他社会关系的法律规范的总和。我国劳动法的内容包括:劳动合同、集体合同、工作时间和休息休假、工资、劳动安全卫生、女职工和未成年工的特殊保护、社会保险和福利、劳动争议处理等。

为了保护劳动者的合法权益,调整劳动关系,建立和维护适应社会主义市场经济的劳动制度,第八届全国人民代表大会常务委员会第八次会议于1994年7月5日通过了《中华人民共和国劳动法》(以下简称《劳动法》),该法自1995年1月1日起施行。为了更好地贯彻执行《劳动法》,劳动部于1995年8月4日发布了《关于贯彻执行〈中华人民共和国劳动法〉若干问题的意见》(以下简称《意见》)。为了进一步加强对劳动者合法权益的保护,完善我国的劳动合同制度,第十届全国人民代表大会常务委员会第二十八次会审议于 2007 年 6 月 29 日通过了《中华人民共和国劳动合同法》(以下简称《劳动合同法》),并于 2008 年 1 月 1 日实施。

(二)劳动法的适用范围

我国《劳动法》第 2 条规定:"在中华人民共和国境内的企业、个体经济组织(以下统称用人单位)和与之形成劳动关系的劳动者,适用本法。国家机关、事业组织、社会团体和与之建立劳动合同关系的劳动者,依照本法执行。"根据《劳动法》及《意见》的有关规定,《劳动法》对人的适用范围归纳如下。

(1)在中国境内的企业、个体经济组织和与之形成劳动关系的劳动者。这里的企业包括国有企业、集体所有制企业、三资企业、股份制企业、混合型企业、私营企业等。个体经济组织是指雇工在七人以下的个体工商户。在中国境内的企业、个体经济组织与劳动者之间,只要形成劳动关系,即劳动者事实上已成为企业、个体经济组织的成员,并为其提供有偿劳动,不论他们之间是否订立劳动合同都适用劳动法。

(2)国家机关、事业组织、社会团体实行劳动合同制度的以及按规定应实行劳动合同制的工勤人员,其他通过劳动合同与国家机关、事业组织、社会团体建立劳动关系的劳动者,适用劳动法。实行公务员制度的国家机关以及比照实行公务员制度的事业组织和社会团体与其工作人员,不适用劳动法。国家机关、事业组织、社会团体之间的关系,适用国家公务员法。

(3)实行企业化管理的事业组织的人员。实行企业化管理的事业组织是指国家不再核拨经费、独立核算、自负盈亏的事业组织。

中国境内的企业、个体经济组织在劳动法中被称为用人单依。劳动法同时规定国家机关、事业组织、社会团体之间和与之建立劳动关系的劳动者依照劳动法执行。因此,国家机关、事业组织、社会团体在劳动关系中应被视为用人单位。

劳动者在试用期内、退休后都受我国劳动法的调整。农村劳动者(乡镇企业职工和进城务工、经商的农民除外)、现役军人和家庭保姆、在我国境内享有外交特权和豁免权的外国人等,不适用我国劳动法。

二、劳动合同

(一)劳动合同的订立

1.劳动关系的建立

劳动合同是指劳动者与用人单位之间确立劳动关系,明确双方权利和义务的书面协议。建立劳动关系,应当订立书面劳动合同。已建立劳动关系,未同时订立书面劳动合同的,应当自用工之日起一个月内订立书面劳动合同。用人单位与劳动者在用工前订立劳动合同的,劳动关系自用工之日起建立。

2.劳动合同的类型

劳动合同分为固定期限劳动合同、无固定期限劳动合同和以完成一定工作任务为期限的劳动合同。

固定期限劳动合同,是指用人单位与劳动者约定合同终止时间的劳动合同。用人单位与劳动者协商一致,可以订立固定期限劳动合同。

无固定期限劳动合同,是指用人单位与劳动者约定无确定终止时间的劳动合同。用人单位与劳动者协商一致,可以订立无固定期限劳动合同。有下列情形之一,劳动者提出或者同意续订、订立劳动合同的,除劳动者提出订立固定期限劳动合同外,应当订立无固定期限劳动合同:

(1)劳动者在该用人单位连续工作满 10 年的;

(2)用人单位初次实行劳动合同制度或者国有企业改制重新订立劳动合同时,劳动者在该用人单位连续工作满 10 年且距法定退休年龄不足 10 年的;

(3)连续订立两次固定期限劳动合同,且劳动者没有《劳动合同法》第 39 条和第 40 条第一项、第二项规定的情形,续订劳动合同的。

用人单位自用工之日起满 1 年不与劳动者订立书面劳动合同的,视为用人单位与劳动者已订立无固定期限劳动合同。

以完成一定工作任务为期限的劳动合同,是指用人单位与劳动者约定以某项工作的完成为合同期限的劳动合同。用人单位与劳动者协商一致,可以订立以完成一定工作任务为期限的劳动合同。

3.劳动合同的试用期

劳动合同期限 3 个月以上不满 1 年的,试用期不得超过 1 个月;劳动合同期限 1 年以上不满 3 年的,试用期不得超过 2 个月;3 年以上固定期限和无固定期限的劳动合同,试用期不得超过 6 个月。

同一用人单位与同一劳动者只能约定一次试用期。

以完成一定工作任务为期限的劳动合同或者劳动合同期限不满 3 个月的,不得约定试用期。

试用期包含在劳动合同期限内。劳动合同仅约定试用期的,试用期不成立,该期限为劳动合同期限。

劳动者在试用期的工资不得低于本单位相同岗位最低档工资或者劳动

合同约定工资的百分之八十,并不得低于用人单位所在地的最低工资标准。

在试用期中,除劳动者有《劳动合同法》法第 39 条和第 40 条第一项、第二项规定的情形外,用人单位不得解除劳动合同。用人单位在试用期解除劳动合同的,应当向劳动者说明理由。

(二)劳动合同的效力

劳动合同在依法成立后即生效,即在双方当事人意思表示一致的情况下,劳动合同自签订之日起即产生法律效力。

劳动合同的无效是指由于当事人违反法律、行政法规,致使签订的劳动合同不具有法律效力。劳动合同无效或者部分无效的情形有:

(1)以欺诈、胁迫的手段或者乘人之危,使对方在违背真实意思的情况下订立或者变更劳动合同的;

(2)用人单位免除自己的法定责任、排除劳动者权利的;

(3)违反法律、行政法规强制性规定的。

对劳动合同的无效或者部分无效有争议的,由劳动争议仲裁机构或者人民法院确认。

劳动合同部分无效,不影响其他部分效力的,其他部分仍然有效。

劳动合同被确认无效,劳动者已付出劳动的,用人单位应当向劳动者支付劳动报酬。劳动报酬的数额,参照本单位相同或者相近岗位劳动者的劳动报酬确定。

(三)劳动合同的履行和变更

用人单位应当按照劳动合同约定和国家规定,向劳动者及时足额支付劳动报酬。用人单位拖欠或者未足额支付劳动报酬的,劳动者可以依法向当地人民法院申请支付令,人民法院应当依法发出支付令。

用人单位应当严格执行劳动定额标准,不得强迫或者变相强迫劳动者加班。用人单位安排加班的,应当按照国家有关规定向劳动者支付加班费。

劳动者拒绝用人单位管理人员违章指挥、强令冒险作业的,不视为违反劳动合同。劳动者对危害生命安全和身体健康的劳动条件,有权对用人单位提出批评、检举和控告。

用人单位变更名称、法定代表人、主要负责人或者投资人等事项,不影响劳动合同的履行。用人单位发生合并或者分立等情况,原劳动合同继续有效,劳动合同由承继其权利和义务的用人单位继续履行。

用人单位与劳动者协商一致,可以变更劳动合同约定的内容。变更劳动合同,应当采用书面形式。变更后的劳动合同文本由用人单位和劳动者各执一份。

(四)劳动合同的解除

劳动合同的解除是指当事人依法提前终止劳动合同效力的法律行为。劳动合同的解除使得劳动关系提前终止,但对已经履行的部分不产生解除的效力。

劳动合同的解除可分为协商解除、用人单位单方解除和劳动者单方解除。

1.协商解除

经双方当事人协商一致,劳动合同可以解除。用人单位对被解除劳动合同的劳动者应根据其工作年限给予一定经济补偿。

2.用人单位单方解除

即用人单位在法律规定的条件下不需要与劳动者达成合意而单方面解除合同。包括三种情形。

第一种情况是即时解除,即用人单位无需以任何形式提前告知劳动者,就可随时通知劳动者解除合同。根据《劳动合同法》第 39 条的规定,劳动者有下列情形之一的,用人单位可以解除劳动合同:

(1)在试用期间被证明不符合录用条件的;

(2)严重违反用人单位的规章制度的;

(3)严重失职,营私舞弊,给用人单位造成重大损害的;

(4)劳动者同时与其他用人单位建立劳动关系,对完成本单位的工作任务造成严重影响,或者经用人单位提出,拒不改正的;

(5)以欺诈、胁迫的手段或者乘人之危,使对方在违背真实意思的情况下订立或者变更劳动合同致使劳动合同无效的;

(6)被依法追究刑事责任的。

第二种情况是需要预先通知的解除,即用人单位需提前 30 天通知劳动者。根据《劳动合同法》第 40 条的规定,有下列情形之一的,用人单位提前 30 日以书面形式通知劳动者本人或者额外支付劳动者一个月工资后,可以解除劳动合同:

(1)劳动者患病或者非因工负伤,在规定的医疗期满后不能从事原工作,也不能从事由用人单位另行安排的工作的;

(2)劳动者不能胜任工作,经过培训或者调整工作岗位,仍不能胜任工作的;

(3)劳动合同订立时所依据的客观情况发生重大变化,致使劳动合同无法履行,经用人单位与劳动者协商,未能就变更劳动合同内容达成协议的。

第三种情况是因经济性裁员而发生的解除。即用人单位濒临破产、进行法定整顿期间或生产经营状况发生严重困难,为改善生产经营状况而辞退大批人员。根据《劳动合同法》第 41 条的规定,有下列情形之一,需要裁减人员 20 人以上或者裁减不足 20 人但占企业职工总数 10% 以上的,用人单位提前 30 日向工会或者全体职工说明情况,听取工会或者职工的意见后,裁减人员方案经向劳动行政部门报告,可以裁减人员:

(1)依照企业破产法规定进行重整的;

(2)生产经营发生严重困难的;

(3)企业转产、重大技术革新或者经营方式调整,经变更劳动合同后,仍需裁减人员的;

(4)其他因劳动合同订立时所依据的客观经济情况发生重大变化,致使劳动合同无法履行的。

裁减人员时,应当优先留用下列人员:

(1)与本单位订立较长期限的固定期限劳动合同的;

(2)与本单位订立无固定期限劳动合同的;

(3)家庭无其他就业人员,有需要扶养的老人或者未成年人的。

用人单位裁减人员,在 6 个月内重新招用人员的,应当通知被裁减的人员,并在同等条件下优先招用被裁减的人员。

为保护劳动者的合法权益,防止用人单位滥用单方解除权,《劳动合同法》第 42 条还规定了用人单位不得解除劳动合同的情况:

(1)从事接触职业病危害作业的劳动者未进行离岗前职业健康检查,或者疑似职业病病人在诊断或者医学观察期间的;

(2)在本单位患职业病或者因工负伤并被确认丧失或者部分丧失劳动能力的;

(3)患病或者非因工负伤,在规定的医疗期内的;

(4)女职工在孕期、产期、哺乳期的;

(5)在本单位连续工作满 15 年,且距法定退休年龄不足 5 年的;

(6)法律、行政法规规定的其他情形。

3. 劳动者单方解除

即劳动者在具备法律规定的条件时,无需与用人单位协商一致就可单方解除劳动合同。劳动者单方解除劳动合同的情况有两种:

第一种情况是无需预先通知的解除,即劳动者在具备法律规定的正当理由时,不需要预先通知用人单位,随时可解除劳动合同。根据《劳动合同法》第 38 条第二款的规定,用人单位以暴力、威胁或者非法限制人身自由的手段强迫劳动者劳动的,或者用人单位违章指挥、强令冒险作业危及劳动者人身安全的,劳动者可以立即解除劳动合同,不需事先告知用人单位。

第二种情况是预先通知的解除,即劳动者应当提前以书面形式通知用人单位解除劳动合同。《劳动合同法》第 37 条规定,劳动者提前 30 日以书面形式通知用人单位,可以解除劳动合同。劳动者在试用期内提前 3 日通知用人单位,可以解除劳动合同。《劳动合同法》第 38 条规定,用人单位有下列情形之一的,劳动者可以解除劳动合同:

(1)未按照劳动合同约定提供劳动保护或者劳动条件的;

(2)未及时足额支付劳动报酬的;

(3)未依法为劳动者缴纳社会保险费的;

(4)用人单位的规章制度违反法律、法规的规定,损害劳动者权益的;

(5)以欺诈、胁迫的手段或者乘人之危,使对方在违背真实意思的情况下订立或者变更劳动合同致使劳动合同无效的;

(6)法律、行政法规规定劳动者可以解除劳动合同的其他情形。

(五)劳动合同的终止

劳动合同的终止是指符合法律规定或当事人约定的情形时,劳动合同的效力即行终止。劳动法规定,劳动合同期满或当事人约定的劳动合同终止条件出现,劳动合同即行终止。劳动合同终止的情形有:

(1)劳动合同期满的;

(2)劳动者开始依法享受基本养老保险待遇的;

(3)劳动者死亡,或者被人民法院宣告死亡或者宣告失踪的;

(4)用人单位被依法宣告破产的;

(5)用人单位被吊销营业执照、责令关闭、撤销或者用人单位决定提前解散的;

(6)法律、行政法规规定的其他情形。

(六)劳动合同的经济补偿

《劳动合同法》第 46 条规定,有下列情形之一的,用人单位应当向劳动者支付经济补偿:

(1)劳动者依法解除劳动合同的;

(2)用人单位向劳动者提出解除劳动合同并与劳动者协商一致解除劳动合同的;

(3)用人单位依法提前通知解除劳动合同的;

(4)用人单位因经济性裁员依法解除劳动合同的;

(5)除用人单位维持或者提高劳动合同约定条件续订劳动合同,劳动者不同意续订的情形外,因合同期满终止固定期限劳动合同的;

（6）因用人单位被依法宣告破产的或被吊销营业执照、责令关闭、撤销或者用人单位决定提前解散而终止劳动合同的；

（7）法律、行政法规规定的其他情形。

经济补偿按劳动者在本单位工作的年限，每满 1 年支付一个月工资的标准向劳动者支付。6 个月以上不满 1 年的，按 1 年计算；不满 6 个月的，向劳动者支付半个月工资的经济补偿。月工资是指劳动者在劳动合同解除或者终止前 12 个月的平均工资。

劳动者月工资高于用人单位所在直辖市、设区的市级人民政府公布的本地区上年度职工月平均工资 3 倍的，向其支付经济补偿的标准按职工月平均工资 3 倍的数额支付，向其支付经济补偿的年限最高不超过 12 年。

用人单位违反本法规定解除或者终止劳动合同，劳动者要求继续履行劳动合同的，用人单位应当继续履行；劳动者不要求继续履行劳动合同或者劳动合同已经不能继续履行的，用人单位应当依照上述经济补偿标准的两倍向劳动者支付赔偿金。

三、集体合同

（一）集体合同的概念和特征

集体合同是指集体协商，双方代表根据法律、法规的规定就劳动报酬、工作时间、休息休假、劳动安全卫生、保险福利等事项在平等协商一致的基础上签订的书面协议。集体合同有如下的法律特征。

（1）集体合同主体一方是劳动者的团体组织即工会或职工代表，另一方是用人单位。

（2）集体合同内容以集体劳动关系中全体劳动者的最低劳动条件、劳动标准、全体劳动者的义务为主要内容。

（3）集体合同是要式合同。劳动合同应当是书面的，并且要求报送劳动行政主管部门登记、审查、备案方为有效。

（4）集体合同的效力高于劳动合同的效力。集体合同的效力及于全体劳动者，即劳动合同规定的个人劳动条件和劳动标准不得低于集体合同的规定。

（二）集体合同的订立

1.集体合同的内容和期限

集体合同应包括以下内容：

（1）劳动报酬；

（2）工作时间；

(3)休息休假；

(4)劳动安全与卫生；

(5)补充保险和福利；

(6)女职工和未成年工特殊保护；

(7)职业技能培训；

(8)劳动合同管理；

(9)奖惩；

(10)裁员；

(11)集体合同期限；

(12)变更、解除集体合同的程序；

(13)履行集体合同发生争议时的协商处理办法；

(14)违反集体合同的责任；

(15)双方认为应当协商的其他内容。

集体合同适用于企业和实行企业化管理的事业单位及其全体职工。集体合同必须采用书面形式订立。集体合同的期限为 1 至 3 年。

2.集体协商

集体合同的订立要经过集体协商。集体协商是指企业工会或职工代表与相应的企业代表，为签订集体合同进行商谈的行为。集体协商代表每方至少 3 人，双方人数对等，并各确定 1 名首席代表。工会一方首席代表不是工会主席的，应由工会主席书面委托。双方应另行指定 1 名记录员。企业代表，由其法定代表人担任或指派。职工一方由工会代表；未建立工会的企业由职工民主推举代表，并须得到半数以上职工的同意。集体合同签字人为双方的首席代表。

(三)集体合同的变更、解除与终止

集体合同期限届满或双方约定的终止条件出现，集体合同即行终止。在集体合同期限内，由于签订集体合同的环境和条件发生变化，致使集体合同难以履行时，集体合同任何一方均可提出变更或解除集体合同的要求。签订集体合同的一方就集体合同的执行情况和变更提出商谈时，另一方应当在收到协商要求之日起 20 日内以书面形式给以回应。集体合同变更后，应当自双方首席代表签字之日起 10 日内，由用人单位一方将文本报送劳动保障行政部门审查。

四、劳务派遣

劳务派遣，是指劳务派遣单位与被派遣劳动者订立劳动合同后，将该劳动者派遣到用工单位从事劳动的一种特殊的用工形式。劳务派遣一般在临时性、辅助性或者替代性的工作岗位上实施。

(一)劳务派遣当事人

劳务派遣当事人包括劳务派遣单位、劳动者和用工单位。

劳务派遣单位是指将劳动者派遣到用工单位的单位,即《劳动合同法》所指的用人单位。用人单位不得设立劳务派遣单位向本单位或者所属单位派遣劳动者。

劳动者是指被劳务派遣单位派遣到用工单位工作的人。

用工单位是指接受劳务派遣单位派遣的劳动者的劳动并为其支付劳动报酬的单位。

(二)劳务派遣的劳动合同

劳务派遣的劳动合同由劳务派遣单位与劳动者签订。该劳动合同除应当具备一般劳动合同应当具备的条款外,还应当载明被派遣劳动者的用工单位以及派遣期限、工作岗位等情况。

劳务派遣单位应当与被派遣劳动者订立 2 年以上的固定期限劳动合同,按月支付劳动报酬;被派遣劳动者在无工作期间,劳务派遣单位应当按照所在地人民政府规定的最低工资标准,向其按月支付报酬。

(三)劳务派遣协议

劳务派遣单位派遣劳动者应当与用工单位订立劳务派遣协议。劳务派遣协议应当约定派遣岗位和人员数量、派遣期限、劳动报酬和社会保险费的数额与支付方式以及违反协议的责任。

用工单位应当根据工作岗位的实际需要与劳务派遣单位确定派遣期限,不得将连续用工期限分割订立数个短期劳务派遣协议。

劳务派遣单位应当将劳务派遣协议的内容告知被派遣劳动者。劳务派遣单位不得克扣用工单位按照劳务派遣协议支付给被派遣劳动者的劳动报酬。劳务派遣单位和用工单位不得向被派遣劳动者收取费用。劳务派遣单位跨地区派遣劳动者的,被派遣劳动者享有的劳动报酬和劳动条件,按照用工单位所在地的标准执行。

五、工作时间

我国《劳动法》规定,国家实行劳动者每日工作时间不超过 8 小时、平均每周工作时间不超过 44 小时的工时制度。用人单位应当保证劳动者每周至少休息 1 日。用人单位在下列节日期间应当依法安排劳动者休假:(1)元旦;(2)春节;(3)国际劳动节;(4)国庆节;(5)法律、法规规定的其他休假节日。

用人单位由于生产经营需要,经与工会和劳动者协商后可以延长工作时间,一般每日不得超过 1 小时;因特殊原因需要延长工作时间的,在保障劳动者身体健康的条件下延长工作时间每日不得超过 3 小时,但是每月不得超过 36 小时。但具备特殊情形时,延长工作时间不受上述限制:(1)发生自然灾害、事故或者因其他原因,威胁劳动者生命健康和财产安全,需要紧急处理的;(2)生产设备、交通运输线路、公共设施发生故障,影响生产和公众利益,必须及时抢修的;(3)法律、行政法规规定的其他情形。

安排劳动者延长工作时间的,支付不低于工资的 150% 的工资报酬;休息日安排劳动者工作又不能安排补休的,支付不低于工资的 200% 的工资报酬;法定休假日安排劳动者工作的,支付不低于工资的 300% 的工资报酬。

六、特殊劳动保护

劳动保护是指对劳动者在劳动过程中的安全和健康的保护,又称为劳动安全或职业安全卫生。我国《劳动法》第 58 条规定,国家对女职工和未成年工实行特殊劳动保护。

(一)女职工的特殊劳动保护

女职工的特殊劳动保护是指根据女职工生理特点和抚育子女的需要,对其在劳动过程中的安全健康所采取的有别于男职工的特殊保护。具体包括妇女就业方面的保护、禁止或限制女职工从事某些作业的规定、女职工"四期"的保护等。

1.妇女就业方面的保护

我国劳动法规定,妇女享有与男子平等的就业权利。

2.禁忌劳动范围

女职工的身体结构和生理特点,决定了妇女不能完全同男子一样从事任何种类的工作,因此为保护女职工的身体健康,我国《劳动法》第 59 条规定:"禁止安排女职工从事矿山井下、国家规定的第四级体力劳动强度的劳动和其他禁忌从事的劳动。"

3.女职工的"四期"保护

女职工的"四期"保护是指根据女职工在经期、孕期、产期和哺乳期的生理机能的变化,所给予女职工的特殊保护。

(二)未成年工特殊劳动保护

未成年工特殊劳动保护是指根据未成年工生长发育的特点和对其义务

教育的需要,对其在劳动过程中的健康所采取的特殊保护。

未成年工是指年满 16 周岁未满 18 周岁的劳动者。根据我国《劳动法》的规定,不得安排未成年工从事矿山井下、有毒有害、国家规定的第四级体力劳动强度的劳动和其他禁忌从事的劳动。

七、社会保险

社会保险是指具有一定劳动关系的劳动者在暂时或永久的丧失劳动能力或者在失业期间,为保障其基本生活需要,由国家和社会提供物质帮助的一种社会保障制度。我国的社会保险项目有:养老保险、失业保险、工伤保险、医疗保险和生育保险等。

我国的社会保险由基本社会保险、用人单位补充保险、个人储蓄保险三个层次构成。

(一)基本社会保险

由国家统一建立并强制实行的为劳动者平等地提供基本生活保障的社会保险。该保险是法定的强制保险,覆盖面广泛,属于基本保险,是第一层次的社会保险。保险基金由国家、用人单位、劳动者三方合理负担,并要求统一筹集和使用基金。

(二)用人单位补充保险

在国家基本保险之外,用人单位根据自己的经济条件为劳动者投保的高于基本保险标准的补充保险。该保险是第二层次的社会保险,以用人单位具有经济实力、能承受为前提条件。用人单位可以自愿投保,并负担保险基金。国家鼓励用人单位根据本单位实际情况为劳动者建立补充保险。

(三)个人储蓄保险

个人储蓄保险是劳动者个人以储蓄形式参加的社会保险。该保险是第三层次的社会保险,劳动者根据自己的经济能力自行决定是否投保,保险费用由劳动者个人负担。国家提倡劳动者个人进行储蓄性保险。

第二节　工会法律制度

一、工会法概述

(一)工会法的概念

工会法是调整工会关系的法律规范的总和。工会法是劳动法体系的重要组成,可以归属于劳动法体系,但它是劳动法体系中的特殊规范,同时与劳动法体系外的众多法律规范存在密切联系。[1] 我国工会法的内容包括:工会组织、工会的权利和义务、基层工会组织、工会的经费和财产、法律责任等。

新中国成立后,我国第一部《中华人民共和国工会法》(以下简称《工会法》)由中央人民政府委员会第八次会议于 1950 年 6 月 28 日通过并于 1950 年 6 月 29 日公布。为保障工会在国家政治、经济和社会生活中的地位,确定工会的权利与义务,发挥工会在社会主义现代化建设事业中的作用,第七届全国人民代表大会第五次会议于 1992 年 4 月 3 日通过了修订的新《工会法》。2001 年 10 月 27 日,第九届全国人民代表大会常务委员会第二十四次会议再次修订了《工会法》。

(二)工会法的适用范围

1.工会法的时间效力

工会法的时间效力是指工会法从何时开始实施,至何时停止生效,以及有无溯及既往的效力。

法律规定生效时间一般有两种:一是自颁布之日起生效,二是规定具体的生效时间。后者便于该法的宣传或做好实施前的各项准备工作,也有的是条件成熟问题。我国 1992 年《工会法》第 42 条对时间效力作了明确规定,即"本法自公布之日起施行。1950 年 6 月 29 日中央人民政府颁布的《中华人民共和国工会法》同时废止"。这里既规定了新法的生效时间,同时也规定了旧法的失效时间。至于《工会法》的溯及力问题,虽未明确规定,但一般按通常的"法不溯及既往"的惯例,《工会法》只适用于公布之日以后的行为。

2.工会法的空间效力

工会法的空间效力是指工会法适用的地域范围。与其他法律相同,我国 1992 年《工会法》适用于中华人民共和国内一切领域。

3.工会法对人的效力

工会法对人的效力,即工会法适用于哪些人。《工会法》对人的适用范围包括以下几种。

(1)自然人。自然人是基于出生而为民事权利义务主体的人,通常为公民。工会法适用的自然人主要包括两个方面。

第一,职工。这里的职工包括会员和非会员职工。我《工会法》所指的

---

[1]　常凯、张德荣著:《工会法通论》,中共中央党校出版社,1993 年,第 20 页

职工是"以工资收入为主要生活来源的体力劳动者和脑力劳动者"①.

第二,其他与工会形成直接关系的自然人。这部分自然人是除职工外,又与工会活动形成一定关系的个人。如在工会的民事交往和工会的财产权问题上,就有许多这样的自然人。工会法对这些自然人也同样适用。

(2)法人。法人是自然人的对称,是指能独立享有民事权利和承担民事义务主的社会组织,包括企业、事业单位、机关、社会团体等法人。

《工会法》适用的法人主要包括以下几种。

第一,企业。企业是工会法最主要的适用对象。一般来说,工会法适用于所有的企业。在我国包括有限责任公司、股份有限公司、全民所有制企业、集体所有制企业、中外合资经营企业、中外合作经营企业、外资企业和私营企业。"乡镇企业"的情况比较复杂,凡是符合工会法规定建立工会条件的,工会法也同样适用。

第二,事业单位。主要是学校、医院、科研院所等单位。

第三,机关。包括党政机关、国家权力机关、行政机关、检察机关、审判机关等。军事机关一般不能建立工会,因此工会法通常不适用军事机关。

第四,社会团体。作为工会法适用对象的社会团体首先是工会,因为工会是以社会团体的身份开展其活动的。在我国包括共产党、共青团、妇联、科技协会、体育协会等所有与工会存在着社会关系的社会政治、经济、文化团体都属于工会法的适用范围。

(3)其他组织。主要是指不具有民事法人资格的个体工商户、合伙组织等。这些组织可能招用工人和成立工会组织,它们会与工会存在一定的社会关系。因此,工会法同样适用于这些非法人组织。

二、工会任务

根据我国《工会法》的规定,我国工会的主要任务包括以下四个方面。

(一)工会在维护方面的任务

工会在维护方面的任务,主要是指工会在维护职工利益和全国人民利益的方面所承担的责任。根据《工会法》第 6 条规定,维护职工合法权益是工会的基本职责。工会在维护全国人民总体利益的同时,代表和维护职工的合法权益。工会通过平等协商和集体合同制度,协调劳动关系,维护企业职工劳动权益。

---

① 《中华人民共和国工会法》第 3 条

（二）工会在参与管理方面的任务

工会参与管理的任务，是指工会在组织和代表职工在参与国家、社会和企事业单位民主管理方面所承担的职责。《工会法》第 5 条规定："工会组织和教育职工依照宪法和法律的规定行使民主管理的权利，发挥国家主人翁的作用，通过各种途径和形式，参与管理国家事务、管理经济和文化事业、管理社会事务；协助人民政府开展工作，维护工人阶级领导的、以工农联盟为基础的人民民主专政的社会主义国家政权。"《工会法》第 6 条第三款规定："工会依照法律规定通过职工代表大会或者其他形式，组织职工参与本单位的民主决策、民主管理和民主监督。"

（三）工会在经济建设方面的任务

《工会法》第 7 条规定："工会动员和组织职工积极参加经济建设，努力完成生产任务和工作任务。"

（四）工会在教育职工方面的任务

工会的教育任务，主要是指工会在教育职工、提高职工素质方面所承担的职责。根据《工会法》规定，工会应当教育职工不断提高思想道德、技术业务和科学文化素质，建设有理想、有道德、有文化、有纪律的职工队伍。

三、工会组织
（一）工会组织的建立

工会各级组织按照民主集中制原则建立。各级工会委员会由会员大会或者会员代表大会民主选举产生。企业主要负责人的近亲属不得作为本企业基层工会委员会成员的人选。各级工会委员会向同级会员大会或者会员代表大会负责并报告工作，接受其监督。工会会员大会或者会员代表大会有权撤换或者罢免其所选举的代表或者工会委员会组成人员。上级工会组织领导下级工会组织。

企业、事业单位、机关有会员 25 人以上的，应当建立基层工会委员会；不足 25 人的，可以单独建立基层工会委员会，也可以由两个以上单位的会员联合建立基层工会委员会，也可以选举组织员一人，组织会员开展活动。女职工人数较多的，可以建立工会女职工委员会，在同级工会领导下开展工作；女职工人数较少的，可以在工会委员会中设女职工委员。企业职工较多的乡镇、城市街道，可以建立基层工会的联合会。

全国建立统一的中华全国总工会。县级以上地方建立地方各级总工会。同一行业或者性质相近的几个行业，可以根据需要建立全国的或者地方的产业工会。

基层工会、地方各级总工会、全国或者地方产业工会组织的建立,必须报上一级工会批准。上级工会可以派员帮助和指导企业职工组建工会,任何单位和个人不得阻挠。

(二)工会组织的撤销

任何组织和个人不得随意撤销、合并工会组织。基层工会所在的企业终止或者所在的事业单位、机关被撤销,该工会组织相应撤销,并报告上一级工会。被撤销的工会,其会员的会籍可以继续保留。

(三)工会的组织机构

职工在200人以上的企业、事业单位的工会,可以设专职工会主席。工会专职工作人员的人数由工会与企业、事业单位协商确定。中华全国总工会、地方总工会、产业工会具有社会团体法人资格。基层工会组织具备民法通则规定的法人条件的,依法取得社会团体法人资格。

基层工会委员会每届任期3年或者5年。各级地方总工会委员会和产业工会委员会每届任期5年。基层工会委员会定期召开会员大会或者会员代表大会,讨论决定工会工作的重大问题。经基层工会委员会或者三分之一以上的工会会员提议,可以临时召开会员大会或者会员代表大会。

工会主席、副主席任期未满时,不得随意调动其工作。因工作需要调动时,应当征得本级工会委员会和上一级工会的同意。罢免工会主席、副主席必须召开会员大会或者会员代表大会讨论,非经会员大会全体会员或者会员代表大会全体代表过半数通过,不得罢免。

基层工会专职主席、副主席或者委员自任职之日起,其劳动合同期限自动延长,延长期限相当于其任职期间;非专职主席、副主席或者委员自任职之日起,其尚未履行的劳动合同期限短于任期的,劳动合同期限自动延长至任期期满。但是,任职期间个人严重过失或者达到法定退休年龄的除外。

四、工会的权利和义务

(一)工会的权利

企业、事业单位违反职工代表大会制度和其他民主管理制度,工会有权要求纠正,保障职工依法行使民主管理的权利。法律、法规规定应当提交职工大会或者职工代表大会审议、通过、决定的事项,企业、事业单位应当依法办理。

工会有权帮助、指导职工与企业以及实行企业化管理的事业单位签订劳动合同。工会代表职工与企业以及实行企业化管理的事业单位进行平等协商,签订集体合同。集体合同草案应当提交职工代表大会或者全体职工讨论通过。工会签订集体合同,上级工会应当给予支持和帮助。

企业违反集体合同,侵犯职工劳动权益的,工会可以依法要求企业承担责任;因履行集体合同发生争议,经协商解决不成的,工会可以向劳动争议仲裁机构提请仲裁,仲裁机构不予受理或者对仲裁裁决不服的,可以向人民法院提起诉讼。

企业、事业单位处分职工,工会认为不适当的,有权提出意见。企业单方面解除职工劳动合同时,应当事先将理由通知工会,工会认为企业违反法律、法规和有关合同,要求重新研究处理时,企业应当研究工会的意见,并将处理结果书面通知工会。职工认为企业侵犯其劳动权益而申请劳动争议仲裁或者向人民法院提起诉讼的,工会应当给予支持和帮助。

企业、事业单位违反劳动法律、法规规定,有下列侵犯职工劳动权益情形,工会应当代表职工与企业、事业单位交涉,要求企业、事业单位采取措施予以改正;企业、事业单位应当予以研究处理,并向工会作出答复;企业、事业单位拒不改正的,工会可以请求当地人民政府依法作出处理:(1)克扣职工工资的;(2)不提供劳动安全卫生条件的;(3)随意延长劳动时间的;(4)侵犯女职工和未成年工特殊权益的;(5)其他严重侵犯职工劳动权益的。

工会依照国家规定对新建、扩建企业和技术改造工程中的劳动条件和安全卫生设施与主体工程同时设计、同时施工、同时投产使用进行监督。对工会提出的意见,企业或者主管部门应当认真处理,并将处理结果书面通知工会。

工会发现企业违章指挥、强令工人冒险作业,或者生产过程中发现明显重大事故隐患和职业危害,有权提出解决的建议,企业应当及时研究答复;发现危及职工生命安全的情况时,工会有权向企业建议组织职工撤离危险现场,企业必须及时作出处理决定。

工会有权对企业、事业单位侵犯职工合法权益的问题进行调查,有关单位应当予以协助。职工因工伤亡事故和其他严重危害职工健康问题的调查处理,必须有工会参加。工会应当向有关部门提出处理意见,并有权要求追究直接负责的主管人员和有关责任人员的责任。对工会提出的意见,应当及时研究,给予答复。

(二)工会的义务

企业、事业单位发生停工、怠工事件,工会应当代表职工同企业、事业单位或者有关方面协商,反映职工的意见和要求并提出解决意见。对于职工的合理要求,企业、事业单位应当予以解决。工会协助企业、事业单位做好工作,尽快恢复生产、工作秩序。

工会参加企业的劳动争议调解工作。地方劳动争议仲裁组织应当有同级工会代表参加。县级以上各级总工会可以为所属工会和职工提供法律服务。

工会协助企业、事业单位、机关办好职工集体福利事业,做好工资、劳动安全卫生和社会保险工作。

工会会同企业、事业单位教育职工以国家主人翁态度对待劳动,爱护国家和企业的财产,组织职工开展群众性的合理化建议、技术革新活动,进行业余文化技术学习和职工培训,组织职工开展文娱、体育活动。

根据政府委托,工会与有关部门共同做好劳动模范和先进生产(工作)者的评选、表彰、培养和管理工作。

五、基层工会组织

国有企业职工代表大会是企业实行民主管理的基本形式,是职工行使民主管理权力的机构,依照法律规定行使职权。国有企业的工会委员会是职工代表大会的工作机构,负责职工代表大会的日常工作,检查、督促职工代表大会决议的执行。

集体企业的工会委员会,应当支持和组织职工参加民主管理和民主监督,维护职工选举和罢免管理人员、决定经营管理的重大问题的权利。

其他企业、事业单位的工会委员会,依照法律规定组织职工采取与企业、事业单位相适应的形式,参与企业、事业单位民主管理。

企业、事业单位研究经营管理和发展的重大问题应当听取工会的意见;召开讨论有关工资、福利、劳动安全卫生、社会保险等涉及职工切身利益的会议,必须有工会代表参加。企业、事业单位应当支持工会依法开展工作,工会应当支持企业、事业单位依法行使经营管理权。

公司的董事会、监事会中职工代表的产生,依照公司法有关规定执行。

基层工会委员会召开会议或者组织职工活动,应当在生产或者工作时间以外进行,需要占用生产或者工作时间的,应当事先征得企业、事业单位的同意。基层工会的非专职委员占用生产或者工作时间参加会议或者从事工会工作,每月不超过 3 个工作日,其工资照发,其他待遇不受影响。

企业、事业单位、机关工会委员会的专职工作人员的工资、奖励、补贴,由所在单位支付。社会保险和其他福利待遇等,享受本单位职工同等待遇。

六、工会的经费和财产

工会经费主要用于为职工服务和工会活动。工会经费的来源包括:(1)工会会员缴纳的会费;(2)建立工会组织的企业、事业单位、机关按每月全部职工工资总额的 2% 向工会拨缴的经费；(3)工会所属的企业、事业单位上缴的收入；(4)人民政府的补助；(5)其他收入。企业、事业单位拨缴的经费在税前列支。

企业、事业单位无正当理由拖延或者拒不拨缴工会经费，基层工会或者上级工会可以向当地人民法院申请支付令；拒不执行支付令的，工会可以依法申请人民法院强制执行。

工会应当根据经费独立原则，建立预算、决算和经费审查监督制度。各级工会建立经费审查委员会。各级工会经费收支情况应当由同级工会经费审查委员会审查，并且定期向会员大会或者会员代表大会报告，接受监督。工会会员大会或者会员代表大会有权对经费使用情况提出意见。工会经费的使用应当依法接受国家的监督。

各级人民政府和企业、事业单位、机关应当为工会办公和开展活动，提供必要的设施和活动场所等物质条件。工会的财产、经费和国家拨给工会使用的不动产，任何组织和个人不得侵占、挪用和任意调拨。

工会所属的为职工服务的企业、事业单位，其隶属关系不得随意改变。县级以上各级工会的离休、退休人员的待遇，与国家机关工作人员同等对待。

【本章小结】通过对本章的学习，应当掌握我国劳动法律制度的相关知识，重点掌握其中有关劳动合同的订立、履行、变更、解除以及终止等方面的规定，对工会制度的内容做一般了解。

本章进一步阅读材料：

1.董念清主编：《新编经济法教程》，中共中央党校出版社，2002 年

2.法律出版社法规中心编：《劳动法及其关联法规》，法律出版社，2002 年

3.常凯、张德荣著：《工会法通论》，中共中央党校出版社，1993 年

4.关怀主编：《劳动法》，中国人民大学出版社，2001 年

思考题：

1.比较劳动合同和集体合同的异同。

2.对女职工和未成年职工的特殊劳动保护有哪些？

3.我国的社会保险结构分哪几个层次？

4.什么情况下用人单位可以随时与劳动者解除合同？

5. 根据《劳动法》的规定,用人单位延长工作时间应当如何对劳动者进行补偿?

6. 哪些情况下劳动者可以随时与用人单位解除合同?

7. 哪些情况下用人单位不得与劳动者解除合同?

8. 简述我国《工会法》的适用范围。

8

第八章　项目风险管理法律制度

【本章导读】本章分两部分介绍有关我国的保险法律制度,第一部分主要是对我国保险法的介绍,包括保险法的基本概念、保险当事人、保险合同的效力及履行等内容;第二部分主要介绍了我国的工程保险制度,包括发展沿革以及建筑工程一切险和安装工程一切险的一些基本知识。

风险是客观存在的,任何一个项目都是有风险的。如果不能很好地管理项目的风险,就会给项目相关利益主体造成各种各样的损失,所以说项目管理中最重要的任务就是对项目风险的管理。在项目风险应对措施中,保险是风险转移措施的一种重要方式。保险关系由保险法律制度进行调整,保险法对于规范保险活动,保护保险活动当事人的合法权益,加强对保险业的监督管理以及促进保险事业的健康发展起到了十分重要的作用。

第一节　保险法律制度

一、保险和保险法

(一)保险的概念

保险是指投保人根据合同约定,向保险人支付保险费,保险人对于合同约定的可能发生的事故因其发生所造成的财产损失承担赔偿保险金责任,或者当被保险人死亡、伤残、疾病或者达到合同约定的年龄、期限时承担给付保险金责任的商业保险行为①。

---

① 《中华人民共和国保险法》第 2 条

(二)保险的分类

1.财产保险和人身保险

按照保险对象可分为财产保险和人身保险。财产保险是指以各类物质财产及其有关的利益或责任、信用为保险标的的一种保险。人身保险是指保险企业在被保险方人身伤亡、疾病、养老或保险期满时向被保险方或受益人给付保险金的保险。

2.自愿保险和强制保险

按照保险的实施形式可分为自愿保险和强制保险。自愿保险是保险人和投保人在自愿的基础上、双方一致同意订立保险合同,建立保险法律关系的行为。强制保险,也叫法定保险,它是国家法律规定强制实施的保险,如机动车第三者责任险。

3.财产损失保险、责任保险、信用保证保险和人身保险

这是以保险保障范围为标准划分的。财产损失保险即狭义的财产保险,是以各种有形的财产及其相关经济利益为保险标的的保险。责任保险是指以被保险人对第三者依法应负的赔偿责任为保险标的的保险。信用保证保险是以担保为实质的、承保信用风险的保险。人身保险是以人的寿命和身体为保险标的的保险。

4.原保险和再保险

以风险是否转嫁为标准可以划分为原保险和再保险。原保险即我们一般所称的保险,是指投保人与保险人直接签订保险合同而构成保险关系的保险。再保险又称分保,是指保险人将其承担的保险业务,以承保形式,部分转移给其他保险人的保险方式。

(三)保险法

保险法是以保险关系为调整对象的法律规范的总称。广义的保险法在国际上包括保险公法(保险事业监督法和社会保险法等)和保险私法(营利保险法和相互保险法)。按我国现行立法看,保险法包括保险业法、保险合同法和保险特别法。狭义的保险法是指保险企业和保险合同法等,例如1995年6月30日第八届全国人民代表大会常务委员会第十四次会议通过、1995年10月1日起施行,并于2002年10月28日第一次修订、2009年2月28日第二次修订的《中华人民共和国保险法》(以下简称《保险法》)。

二、保险合同概述

(一)保险合同的特点

根据我国《保险法》第10条规定:"保险合同是投保人与保险人约定保

险权利义务关系的协议。"保险合同具有以下特点。

1.保险合同是双务有偿合同

双务是指在保险合同中,投保人依照合同的约定负担交纳保费,而保险人则对于约定的可能发生的事故因其发生所造成的财产损失承担赔偿保险金的责任,或者当被保险人死亡、伤残、疾病或者达到合同约定的年龄、期限时承担给付保险金的责任。有偿是指保险合同以投保人支付保险费作为对价换取保险人对风险的承担。

2.保险合同是要式合同

合同的成立必须具备一定的形式,称为要式合同。《保险法》第13条规定,保险合同应当以书面形式订立。由于保险合同的格式化,保险合同的形式表现为保险人预先制订好的保险单或者其他保险凭证。

3.保险合同是格式合同

格式合同,是指保险合同的条款是由保险人单方事先制定而成立的标准化合同。其特点是,在订立保险合同时,投保人只能被动地服从、接受或者拒绝保险方所提出的条件,因此,具有较强的附和性。这一点对投保人而言极为不利,为了保护投保人、被保险人及受益人的利益,保险法第30条规定:"采用保险人提供的格式条款订立的保险合同,保险人与投保人、被保险人或者受益人对合同条款有争议的,应当按照通常理解予以解释。对合同条款有两种以上解释的,人民法院或者仲裁机构应当作出有利于被保险人和受益人的解释。"

4.保险合同是射幸合同

射幸合同是指合同的履行内容在订立合同时并不能确定的合同。保险合同在订立时,对于未来危险事故是否发生无法确定,仅投保人一方交付保险费,保险人是否履行赔偿义务,取决于合同约定的保险事故是否发生。因此,我们称之为射幸合同。

(二)保险合同的当事人

保险合同的当事人是指订立保险合同并享有和承担保险合同规定的权利义务的人,包括保险人和投保人。在保险合同中,保险人又称承保人。《保险法》第10条规定:"投保人是指与保险人订立保险合同,并按照合同约定负有支付保险费义务的人。保险人是指与投保人订立保险合同,并按照合同约定承担赔偿或者给付保险金责任的保险公司。"投保人可以是被保险人本人,也可以是被保险人以外的第三人。但无论属于何种情况,作为保险合同当事人一方的投保人必须具备民事权利能力和民事行为能力,并对保险标的具有保险利益。

三、保险利益

保险利益又称可保利益,是保险事故发生后投保人在经济上遭受的损失。保险利益根据其性质不同可分为财产保险利益和人身保险利益两大类。

保险利益是保险合同有效的必要条件,因此,应当有确定的标准与条件来确认一项经济利益是否构成保险利益。保险利益的构成,应当符合下列条件。

1. 保险利益应是合法的利益

《保险法》第 12 条规定,保险利益是指投保人或者被保险人对保险标的具有的法律上承认的利益。因此,保险利益必须是得到法律的承认和受到法律保护的利益,不法利益不能成为保险利益。

2. 保险利益应是确定的利益

确定的利益是指保险利益已经确定或可以确定。已确定的保险利益就是现有的利益,可确定的保险利益是指期待的利益。

3. 保险利益应是有价值的利益

有价值的利益是指保险利益应当具有财产上的价值并能够以金钱来计算,即保险利益具有经济性,可以用货币予以估价。不能以金钱计算的标的,其保险利益无法确定,不构成财产保险合同的保险利益。人身保险合同的保险利益具有一定的特殊性。由于人的价值是无法确定的,因此,人身保险合同只要求投保人与被保险人具有利害关系。只要具有这种利害关系,投保人就具有保险利益。

保险利益因财产保险合同与人身保险合同的不同而有所区别。在财产保险合同中,虽然我国保险法没有作出规定,但在实务上一般认为,享有保险利益的人主要包括:(1)对保险标的享有所有权的人;(2)对保险标的享有经营管理权的人;(3)合法占有人,包括保管人、承租人、承包人、承揽人等;(4)对保险标的享有担保权的人;(5)期待权人。

对于人身保险合同,根据《保险法》第 31 条规定,投保人对下列人员具有保险利益:

(1)本人;

(2)配偶、子女、父母;

(3)与投保人有抚养、赡养或者扶养关系的家庭其他成员、近亲属;

(4)与投保人有劳动关系的劳动者;

(5)被保险人同意投保人为其订立合同的,视为投保人对被保险人具有保险利益。

保险利益是保险合同的生效要件之一。《保险法》第 12 条规定，人身保险的投保人在保险合同订立时，对被保险人应当具有保险利益。财产保险的被保险人在保险事故发生时，对保险标的应当具有保险利益。《保险法》第 31 条规定，人身保险合同订立时，投保人对被保险人不具有保险利益的，合同无效。

四、保险合同的成立与效力
(一)保险合同的订立
保险合同的订立程序与一般合同订立的程序相同，需要经过要约与承诺两个阶段。《保险法》第 13 条规定："投保人提出保险要求，经保险人同意承保，保险合同成立。"保险合同是诺成性合同，即当事人双方意思表示一致时合同即告成立。

(二)保险合同的效力
保险合同的生效时间，法律对保险合同有规定的依其规定；没有规定的依照当事人之间的约定；若二者皆无特别规定的，保险合同生效于保险合同成立之时。根据《保险法》第 14 条规定，保险合同成立后，投保人按照约定交付保险费，保险人按照约定的时间开始承担保险责任。

保险合同因法律规定或当事人约定的原因而发生全部或部分无效。就法律规定的无效保险合同来看，有两种情况：一是基于《合同法》上规定的无效原因，如保险合同的内容违反法律或行政法规、恶意串通以及违反国家利益和社会公共利益等行为；二是基于《保险法》规定的原因，如无保险利益、未作说明的免责条款、未经被保险人同意的死亡保险等。保险合同无效，自始不发生法律效力，在发生保险合同约定的保险事故时，保险人不承担保险责任。当事人因无效保险合同取得的利益应当依照《合同法》上对无效合同处理的原则或予以返还或予以收缴。

(三)保险合同的形式
《保险法》第 13 条规定，投保人提出保险要求，经保险人同意承保，保险合同成立。保险人应当及时向投保人签发保险单或者其他保险凭证。保险单或者其他保险凭证应当载明当事人双方约定的合同内容。当事人也可以约定采用其他书面形式载明合同内容。保险合同虽然一经双方达成协议即告成立，但如果不采用书面形式，则既无法证明合同的成立，也无法确定双方当事人的权利义务。在当事人双方就保险合同发生争议时，也无法解决。所以书面形式是保险合同订立的法定形式。保险合同是要式合同，实践中一般由投保单、保险单和保险凭证等书面文件构成。

(四)保险合同条款

根据《保险法》第 18 条的规定,保险合同的法定条款应当包括下列事项:(1)保险人名称和住所;(2)投保人、被保险人名称和住所,以及人身保险的受益人的名称和住所;(3)保险标的;(4)保险责任和责任免除;(5)保险期间和保险责任开始时间;(6)保险价值;(7)保险金额;(8)保险费以及支付办法;(9)保险金赔偿或者给付办法;(10)违约责任和争议处理;(11)订立合同的年、月、日。

(五)订立保险合同的说明和告知义务

当事人在订立保险合同过程中,应当履行相应的说明和告知义务,这是保险合同当事人的合同义务。

1. 保险人的说明义务

订立保险合同时,保险人应当向投保人说明保险合同的条款内容。

2. 投保人的如实告知义务

在订立保险合同时,投保人应当将与保险标的有关的重要事实如实地告知保险人。如果投保人故意隐瞒事实,不履行如实告知义务,或者因过失未履行如实告知义务,足以影响保险人决定是否同意承保或提高保险费率的,保险人有权解除保险合同。保险人的合同解除权,自保险人知道有解除事由之日起,超过 30 日不行使而消灭。自合同成立之日起超过两年的,保险人不得解除合同;发生保险事故的,保险人应当承担赔偿或者给付保险金的责任。

投保人故意不履行如实告知义务的,保险人对于合同解除前发生的保险事故,不承担赔偿或者给付保险金的责任,并不退还保险费。投保人因重大过失未履行如实告知义务,对保险事故的发生有严重影响的,保险人对于合同解除前发生的保险事故,不承担赔偿或者给付保险金的责任,但应当退还保险费。保险人在合同订立时已经知道投保人未如实告知的情况的,保险人不得解除合同;发生保险事故的,保险人应当承担赔偿或者给付保险金的责任。

五、保险合同的履行

保险合同的履行,是指保险合同依法成立并生效后,合同主体全面、适当完成各自承担的约定义务以实现他方权利的整个行为过程。

从主体上看,履行包括投保人、被保险人和保险人的合同义务的履行。从工作程序上看,履行还包括索赔、理赔、代位求偿三个环节。

(一)投保人、被保险人义务的履行

1.缴纳保险费

交付保险费是投保人的主要义务。投保人应按双方约定的时间、地点、方式交付保险费。不同的保险条款对交纳保险费的要求有所不同,保险费可以一次付清,也可以分期付款。采用何种方式.一般由保险合同具体规定。

2.出险通知

如果发生保险事故,投保人、被保险人或受益人知道后即负有及时通知保险人的义务。及时通知是指投保人、被保险人或受益人在客观条件允许的前提下,迅速通知保险人。这有利于保险人采取必要的措施,防止损失的扩大或保全保险标的的残余部分,有利于保险人及时调查损失发生的原因,搜集证据。

3.危险增加通知

危险增加,是指订立保险合同时所未预料或未估计到的危险可能性的增加,它发生在保险合同有效期内。在保险合同有效期内,保险标的危险程度增加的,被保险人按照合同约定应当及时通知保险人,保险人有权要求增加保险费或者解除合同。被保险人未履行危险增加的通知义务的,因保险标的危险程度增加而发生的保险事故,保险人不承担赔偿责任。

4.预防范险

我国《保险法》第 51 条规定:"被保险人应当遵守国家有关消防、安全、生产操作、劳动保护等方面的规定,维护保险标的的安全。保险人可以按照合同约定对保险标的的安全状况进行检查,及时向投保人、被保险人提出消除不安全因素和隐患的书面建议。"

5.施救义务

保险事故发生时,被保险人有责任采取必要的措施,防止或减少损失;否则,保险人对损失扩大部分可以拒赔。保险事故发生后,被保险人为防止或者减少保险标的的损失所支付的必要的、合理的费用,由保险人承担;保险人所承担的数额在保险标的损失赔偿金额以外另行计算,最高不超过保险金额的数额。

(二)保险人义务的履行

1.给付保险金

保险金的给付,是保险人应当履行的基本保险义务。在保险事故发生或者保险合同约定的条件满足时,保险人应当给付保险金。

保险人收到被保险人或者受益人的赔偿或者给付保险金的请求后,应当及时作出核定;对属于保险责任的,在与被保险人或者受益人达成有关赔偿或者给付保险金额的协议后 10 日内,履行赔偿或者给付保险金义务。保险合同对保险金额及赔偿或者给付期限有约定的,保险人应当依照保险合同的约定,履行赔偿或者给付保险金义务。

2.保守秘密

保险人或者再保险接受人在办理保险业务中知道的投保人、被保险人或者再保险分出人的业务和财产情况,负有保密的义务。保险人的保密义务是一种附随义务,它因订立保险合同而产生,不论保险合同是否成立,凡是因为保险合同的订立而使保险人知道的投保人或被保险人的业务或者财产情况,保险人均应负保密义务。

六、保险合同的变更、解除与终止

(一)保险合同的变更

保险合同的变更是指在保险合同有效期内,对合同原有记载的改动。能够引起保险合同变更的,主要是合同的主体或内容的变化。主体的变更一般只限于投保人或被保险人,而保险人则往往不会发生变化。保险合同内容的变更是指在保险合同有效期内对保险合同的内容进行的修改或者补充,如保险标的的数量、品种的增减,用途、存放地点的变化,保险金额、保险价值、保险费的增减以及人身保险合同中所指定受益人的变更等等。

保险合同的变更方式有协议变更和通知变更两种。协议变更是指保险合同的变更必须经过投保人与保险人双方协商一致后,才发生保险合同变更的效力。如《保险法》第 20 条规定,在保险合同有效期内,投保人和保险人经协商同意,可以变更保险合同的有关内容。而通知变更则是指保险合同的变更无需征得保险人的同意,只要投保人通知保险人即可发生合同变更的效力。如货物运输保险合同的转移等。变更保险合同的,应当有保险人在原保险单或者其他保险凭证上批准或者附贴批单,或者由投保人和保险人订立变更的书面协议。

(二)保险合同的解除

保险合同的解除,是指在保险合同的有效期限届满前,当事人依法使合同效力终止的行为。保险合同成立后即具有法律约束力,当事人不得随意解除合同。当事人解除合同,应当依照法律的规定或者当事人的约定。

关于保险合同的解除,就投保人而言,除保险法另有规定或者保险合同另有约定外,保险合同成立后,投保人可以解除合同。也就是说,保险合同成立后,原则上投保人可以随时解除保险合同,但须以法律或者合同无另外规定为限。就保险人而言,除保险法另有规定或者保险合同另有约定外,保险人不得解除合同。也就是说,原则上,保险人不得解除合同,但是,法律另有规定或者合同另有约定者除外。例如,根据保险规定,货物运输保险合同和运输工具航程保险合同,保险责任开始后,合同当事人不得解除合同。

根据《保险法》的规定,保险人可以解除合同的情形包括以下几种:

(1)投保人故意隐瞒事实,不履行如实告知义务的,或者因过失未履行如实告知义务,足以影响保险人决定是否同意承保或者提高保险费率的,保险人有权解除保险合同;

(2)被保险人或者受益人在未发生保险事故的情况下,谎称发生了保险事故,向保险人提出赔偿或者给付保险金的请求的,保险人有权解除保险合同,并不退还保险费;

(3)投保人、被保险人或者受益人故意制造保险事故的,保险人有权解除保险合同,不承担赔偿或者给付保险金的责任;

(4)投保人、被保险人未按照约定履行其对保险标的安全应尽的责任的,保险人有权要求增加保险费或者解除合同;

(5)在合同有效期内,保险标的危险程度增加的,被保险人按照合同约定应当及时通知保险人,保险人有权要求增加保险费或解除合同;

(6)投保人申报的被保险人年龄不真实,并且其真实年龄不符合合同约定的年龄限制的,保险人可以解除合同,并在扣除手续费后,向投保人退还保险费,但是自合同成立之日起逾2年的除外。

保险合同一旦解除,视为自始不发生效力,当事人所受领的利益应当返还,但法律另有规定或者保险合同另有约定不予返还的,不在此限。

(三)保险合同的终止

保险合同的终止,是指保险合同成立后,因为履行、解除、期限届满等法律事实的发生而使合同所确定的权利义务关系彻底消灭。保险合同终止的原因有:

(1)保险合同因期限届满而终止;

(2)保险合同因保险赔偿或者保险金的给付而终止;

(3)保险合同因解除而终止;

(4)保险标的发生部分损失的,在保险人赔偿后30日内,投保人可以终止合同,除合同约定不得终止的以外,保险人也可以终止合同;

(5)在以生存作为给付条件的人身保险合同中,被保险人或者受益人死亡,保险合同终止。

第二节 工程保险制度

一、我国工程保险制度概述

建筑工程险和安装工程险是工程保险的两个重要险种。工程保险起源于英国工业革命后,因英国曼彻斯特纺织业所需而发展的锅炉保险。建筑工程保险则起源于 20 世纪 30 年代,安装工程保险的发展历史更短一些①。它们的真正发展,是在第二次世界大战后。当时,欧洲各地饱受战争的创伤,到处一片疮痍。为了恢复生产,重建家园,各种公路、港口、发电厂、学校、住宅等工程的建设发展很快。此后,经济的高速发展又带动了这一基础行业的持续发展。大量工程的兴建、扩建为工程保险的发展提供了必不可少的外部环境条件。尤其是这个时期在完善工程承包合同的时候,在承包合同中加入了投保工程保险的义务,这对工程保险的发展无疑起了关键作用。

我国的工程保险起步较晚,20 世纪 80 年代初才引入我国。1979 年 4 月 25 日,中国人民银行下发了《关于恢复国内保险业务和加强保险机构的通知》。当年,中国人民保险公司为配合恢复财产保险业务,积极采取措施,拟定了《建筑工程一切险》和《安装工程一切险》的条款及保单。1979 年 8 月,中国人民银行、国家计委、国家建委、财政部、外贸部和国家外汇管理总局颁发了《关于办理引进成套设备、补偿贸易等财产保险的联合通知》,规定国内基建单位应将引进的建设项目的保险费列入投资概算,向中国人民保险公司投保建筑工程险或安装工程险。当时,工程保险主要是在一些利用外资或中外合资的工程项目上实行。

此后,国内工程保险曾一度被置于可有可无的地位。1985 年,国家计委、中国人民银行和国家审计署在联合下发的《关于基本建设项目保险问题》的通知中指出:"对建设项目实行强制保险加大了基建投资,增加了工程造价,这种做法不妥。"此通知还规定,国家预算内的"拨贷款"项目和国家计划用信贷资金安排的基建项目不投保财产保险,各地区、各企业、各部门自筹资金的基建项目是否投保,自主决定②。这与当时我国的投融资体制改革进展缓慢不无关系,许多大型工程仍由政府直接投资,致使工程的利益主

① 艾幼明等编著:《责任保险与建筑安装工程保险》,中国商业出版社,1996 年,第 126 页
② 何小锋、杜奎峰:《CIP 及其在我国大型工程保险中的应用研究》,《上海保险》,2002 年第 8 期,第 12 页

体和风险主体不明确,损失发生,自有政府承担。

20 世纪 90 年代以后,国内工程保险得到了应有的发展。其契机主要是 1994 年国家建设部、中国建设银行为适应市场经济的变化,印发了《关于调整建筑安装工程费用项目组成的若干规定》,调整后建筑安装工程费用增加了保险费项目,部分保险费可列入工程成本。具体来看,增加的保险费项目主要在直接工程费和间接费中计取。在直接工程费中,现场管理费所含保险费是指施工管理用财产、车辆保险,高空、井下、海上作业等特殊工种安全保险等保险费费用;在间接费中,企业管理费所含保险费是指企业财产保险、管理用车辆等保险费用[①]。

随着《保险法》、《担保法》、《建筑法》、《合同法》、《招标投标法》、《建设工程质量管理条例》等一系列的法律、法规、规章、规范性文件的颁布,促进了建筑市场机制的发育,也为推行建设工程保险制度提供了重要的法律依据。

(1)根据《保险法》规定,除法定险种外,实行自愿投保原则。中国人民保险公司于 1993 年开始重新组织编写《建筑工程一切险条款》和《安装工程一切险条款》,编写小组在原有条款的基础上,参考和研究了大量国外的条款并结合我国的具体情况,拟定了新条款,经中国人民银行颁布并于 1995 年 1 月 1 日生效。

(2)1997 年 11 月颁布、2011 年 4 月修改的《建筑法》第 48 条规定:"建筑施工企业应当依法为职工参加工伤保险缴纳工伤保险费。鼓励企业为从事危险作业的职工办理意外伤害保险、支付保险费。"据此,建筑职工意外伤害保险属强制性保险,投保人是施工企业或施工企业委托的项目经理部,被保险人为工程施工中从事危险作业的职工,也可以是施工现场的管理人员及工作人员,规定意外伤害保险费作为直接工程费中现场管理费的组成部分,列入建筑安装工程成本,由建设单位支出。

(3)在职业责任险方面,建设部于 1999 年 12 月正式发文,在北京、上海和深圳市开展工程设计责任保险的试点工作。

(4)《建筑法》第 80 条规定:"在建筑物合理使用寿命内,因建筑工程质量方面不合格受到损害的,有权向责任者要求赔偿。"这为我国工程质量责任保险的发展提供了法律依据。

(5)《建设工程施工合同(示范文本)》(GF－1999－0201)对工程建设的主要参与方业主与承包商所签订的承包合同,就保险内容作了规定。如通

---

① 全国造价工程师执业资格考试培训教材编审委员会:《工程造价计价与控制》,中国计划出版社,2003 年,第 26 页

用条款第 40 条第一款"工程开工前,发包人为建设工程和施工场地内的自有人员及第三人员生命财产办理保险,支付保险费用";第二款"运至施工场地内用于工程的材料和待安装设备,由发包人办理保险并支付保险费用";第四款"承包人必须为从事危险作业的职工办理意外伤害保险,并为施工场地内自有人员生命财产和施工机构设备办理保险,支付保险费用";第六款"具体投保内容和相关责任,发包人承包人在专用条款中约定"等有关工程保险的内容。

自 1998 年以来,我国连续五年实行积极的财政政策和稳健的货币政策,继续加大对基础设施建设的投资,工程项目在建设过程中面临着巨大的风险损失,需要对工程项目进行有效的风险管理。建设部积极组织人员进行工程风险管理制度的探索。1999 年在建设部向国务院提交的构建建设市场的方案中明确提出,要在全国工程建设领域强制实行工程保险和工程担保制度。2000 年,建设部组织了有关人员,收集翻译了国外的资料,结合我国实际情况对工程风险管理进行研究,起草了《关于在我国建立工程风险管理制度的指导意见》和《关于在我国建立工程风险管理制度的研究报告》,并与国家计委、财政部、保监会等部门进行了研究、协商。2000 年年底召开的全国建筑管理工作会议上提出,我国将逐步建立起以工程担保和保险为核心内容的工程风险管理体制,力争 2001 年在"业主付款担保"和"施工企业履约担保"方面有重大突破,以规范市场经济条件下的经济关系和契约关系。这些工作为出台在我国实行工程风险管理制度做了必要的准备。

2003 年 4 月 24 日,建设部印发《关于加强 2003 年工程质量工作的意见》,该意见表示要积极推进工程质量保险制度。该意见指出,2003 年重点推进和开办设计责任险和工程质量保证保险等险种,要在 15 个以上省市开展设计保险工作,并力争两年内,在全国全面实施工程设计保险制度。建设部同日印发的《关于加强 2003 年建筑安全生产工作的意见》也表示要全面推行建筑意外伤害保险工作。

2005 年 8 月 5 日,建设部、中国保险监督管理委员会联合发布了《关于推进建设工程质量保险工作的意见》,要求在工程建设领域引入工程质量保险制度,意在推进转移在工程建设和使用期间由可能的质量缺陷引起的经济责任的保险方式,由能够转移工程技术风险、落实质量责任的一系列保险产品组成,主要包括工程质量保证保险和相关职业责任保险等,以及相关的建筑工程一切险、安装工程一切险。其中,工程质量保证保险主要为工程竣工后一定期限内出现的主体结构问题和渗漏问题等提供风险保障。

总之,从我国推行工程保险制度的历程来看,由于认识上的偏差,其间曾出现了一时的反复,目前正处于逐步完善的过程中。虽然我国颁布了一系列的法律法规,但有关规定缺乏对建设工程各方主体参与保险的具体要求和措施,操作性差。另外,我国只对建筑意外伤害保险规定了实行强制保险,只有部分保险费用列入了工程造价中。

二、建筑工程一切险

建筑工程一切险承保各类民用、工业和公用事业建筑工程项目,包括道路、水坝、桥梁、港埠等,在建造过程中因自然灾害或意外事故而引起的一切损失。

建筑工程一切险往往还附加第三者责任险,即保险人在承保某建筑工程的同时,还对该工程在保险期限内因发生意外事故造成的依法应由被保险人负责的工地及邻近地区的第三者的人身伤亡、疾病或财产损失,以及被保险人因此支付的诉讼费用和事先经保险人书面同意支付的其他费用,负赔偿责任。

(一)投保人和被保险人

投保人是指与保险人订立保险合同,并按照保险合同负有支付保险费义务的人。建筑工程一切险多数由承包商负责投保,如果承包商因故未办理或拒不办理投保,业主可代为投保,费用由承包商负担。如果总承包商未曾对分包工程购买保险的话,负责该分包工程的分包商也应办理其承担的分包任务的保险[①]。

被保险人是指其财产或者人身受保险合同保障,享有保险金请求权的人,投保人可以为被保险人。建筑工程一切险的被保险人可以包括:(1)业主;(2)总承包商;(3)分包商;(4)业主聘用的监理工程师;(5)与工程有密切关系的单位或个人,如贷款银行或投资人等。

(二)承保范围

1.建筑工程一切险的适用范围

建筑工程一切险适用于所有房屋工程和公共工程,包括:(1)住宅、商业用房、医院、学校、剧院;(2)工业厂房、电站;(3)公路、铁路、飞机场;(4)桥梁、船闸、大坝、隧道、排灌工程、水渠及港埠等。

2.建筑工程一切险承保的内容

建筑工程一切险承保的内容包括:(1)工程本身;(2)施工用设施和设备;(3)施工机具;(4)场地清理费;(5)第三者责任;(6)工地内现有的建筑

---

① 何佰洲编著:《工程建设法规与案例》,中国建筑工业出版社,2003年,第265页

物；(7)由被保险人看管或监护的停放于工地的财产。

3.建筑工程一切险承保危险与损害

建筑工程一切险承保危险与损害涉及面很广，凡保险单中列举的情况之外的一切事故损失全在保险范围内，尤其是下述原因造成的损失：

(1)火灾、爆炸、雷击、飞机坠毁及灭火或其他救助所造成的损失；

(2)海啸、洪水、潮水、水灾、地震、暴雨、风暴、雪崩、地崩、山崩、冻灾、冰雹及其他自然灾害；

(3)一般性盗窃和抢劫；

(4)由于工人、技术人员缺乏经验、疏忽、过失、恶意行为或无能力等导致的施工拙劣而造成的损失；

(5)其他意外事件。

建筑材料在工地范围内的运输过程中遭受的损失和破坏，以及施工设备和机具在装卸时发生的损失等亦可纳入工程险的承保范围。

(三)建筑工程一切险的除外责任

按照国际惯例，属于除外的情况通常有以下几种：

(1)由于军事行动、战争或其他类似事件，以及罢工、骚动、民众运动或当局命令停工等情况造成的损失(有些国家规定投保罢工骚乱险)；

(2)因被保险人的严重失职或蓄意破坏而造成的损失；

(3)因原子核裂变而造成的损失；

(4)由于合同罚款及其他非实质性损失；

(5)因施工机具本身原因即无外界原因情况下造成的损失(但因这些损失而导致的建筑事故则不属除外情况)；

(6)因设计错误(结构缺陷)而造成的损失；

(7)因纠正或修复工程差错(例如因使用有缺陷或非标准材料而导致的差错)而增加的支出。

(四)建筑工程一切险的保险期限和保险金额

1.保险期限

建筑工程一切险自工程开工之日或在开工之前工程用料卸放于工地之日开始生效，两者以先发生者为准。如果地基亦在保险范围内，开工日包括打地基在内。施工机具保险自主卸放于工地之日起生效。

保险终止日应为工程竣工验收合格之日或者保险单所列明的终止日。同样，两者以先发生者为准。

2.保险金额

保险金额是指保险人承担赔偿或者给付保险金责任的最高限额。保险金额不得超过保险标的的保险价值,超过保险价值的,超过的部分无效。

(五)建筑工程一切险的免赔额

工程保险还有一个特点,就是保险公司要求投保人根据其不同的损失,自负一定的责任。这笔由被保险人承担的损失额称为免赔额。工程本身的免赔额为保险金额的 0.5%~2%;施工机具设备等的免赔额为保险金额的5%;第三者责任险中财产损失的免赔额为每次事故赔偿限额的 1%~2%,但人身伤害没有免赔额。保险人向被保险人支付为修复保险标的遭受损失所需的费用时,必须扣除免赔额。

(六)保险费的交纳

建筑工程一切险由于保险期较长,保费数额大,可分期交纳保费,但出单后必须立即交纳第一期保费,而最后一笔保费必须在工程完工前半年交清。如果在保险期内工程不能完工,保险可以延期,但投保人须交纳补充保险费。

三、安装工程一切险

安装工程一切险属于技术险种,其目的在于为各种机器的安装及钢结构工程的实施提供尽可能全面的专门保险。安装工程一切险承保安装各种机器、设备、储油罐、钢结构、起重机、吊车以及包含机械工程因素的各种工程建设一切损失。

(一)投保人和被保险人

和建筑工程一切险一样,安装工程工程一切险应由承包商投保,业主只是在承包商未投保的情况下代其投保,费用由承包商承担。承包商办理了投保手续并交纳了保费后即成为被保险人。安装工程工程一切险的被保险人除承包商外还包括:(1)业主;(2)制造商或供应商;(3)技术咨询顾问;(4)安装工程的信贷机构;(5)待安装构件的买受人等。

(二)安装工程一切险的责任范围及除外责任

1.保险标的

安装工程一切险的保险标的包括:(1)安装的机器及安装费;(2)安装工程使用的承包人的机器、设备;(3)附带投保的土木建筑工程项目。

2.安装工程一切险承保的危险和损失

安装工程一切险承保的危险和损失,除包括建筑工程一切险中规定的内容外,还包括:(1)短路、过电压、电弧所造成的损失;(2)超压、压力不足、和离心力引起的断裂所造成的损失;(3)其他意外事故,如因进入异物或因安装地点的运输而引起的意外事件等。

3.除外责任

安装工程一切险的除外责任主要有以下几种情况：(1)由结构、材料或在车间制作方面的错误导致的损失；(2)因被保险人或其派遣人员蓄意破坏或欺诈行为而造成的损失；(3)因功力或效益不足而遭致合同罚款或其他非实质性损失；(4)由战争或其他类似事件，民众运动或因当局命令而造成的损失；(5)因罢工或骚乱而造成的损失(但有些国家却不视为除外情况)；(6)由原子核裂变或核辐射造成的损失等。

(三)安装工程一切险的保险期限

1.安装工程一切险的保险责任期间

安装工程一切险的保险责任，自投保工程的动工日(如果包括土建任务的话)或第一批被保险项目卸至施工地点时(以先发生为准)，即行开始。其保险责任的终止日可以是安装完毕验收通过之日或保险物所列明的终止日，这两个日期同样以先发生者为准。安装工程一切险的保险责任也可以延展至为期1年的维修期满日。

2.试车考核期

安装工程一切险的保险期内，一般应包括一个试车考核期。试车考核期的长短应根据工程合同上的规定来确定。对考核期的保险责任一般不超过3个月，若超过3个月，应另行加收费用。对于旧机器设备不负考核期的保险责任，也承担其维修期的保险责任。

(四)安装工程一切险的保险金额

安装工程一切险的保险金额包括物质损失和第三者责任两大部分。

如果投保的安装工程包括土建部分，其保额应为安装完成时的总价值(包括运费、安装费、关税等)；如不包括土建部分，则设备购货合同价和安装合同价加各种费用之和为保额；安装建筑用机器、设备、装置应按安装价值确定保额。

通常对物质标的部分的保额先按安装工程完工时的估定总价值暂定，到工程完工时再根据最后建成价格调整。第三者责任的赔偿限额按危险程度由保险双方协商确定。

四、工程职业责任保险

(一)工程职业责任风险

工程职业责任是指从事与工程建设有关的，如勘察、设计、监理、咨询、顾问人员或机构在提供的专业技术服务过程中的职业责任。工程职业责任属于专家责任。通常，工程职业责任的主体是业主和承包商之外的，为工程建设项目提供技术服务的各种工程专业技术人员和机构,其职业责任可以分为两大类,即过失责任和合同责任。

工程职业责任风险包括了行为责任风险、工作技能风险、技术资源风险、管理风险和职业道德风险。从主体上看,行为责任风险、工作技能风险和职业道德风险更多地表现为一种个人职业风险,而技术资源风险和管理风险则多为单位职业风险。

(二)工程职业责任保险的种类

工程职业责任风险的主体可以是提供工程专业技术服务的人员,也可以是提供这种专业技术服务的机构。根据我国现行法律,工程专业技术人员一般需要通过相应的专业技术服务机构执行业务,因此我国工程职业责任保险将提供专业技术服务的机构列为被保险人。

工程职业责任保险是指针对工程建设过程中各种专业技术服务的职业责任风险提供保障的责任保险。目前,我国的工程建设专业技术服务的职业责任保险主要有:工程设计职业责任保险(包括年度保险和项目保险)和工程监理职业责任保险。

(三)工程职业责任保险的保险期限与追溯期

对于工程职业责任保险期限的界定:一是专业技术服务工作出现的"疏忽或过失"事故以及引发的损失或费用应当是在这个时间区间发生的;二是委托人的首次提出索赔应当是在这个时间区间内。这种界定是较为严格的,要求"发生事故"、"发现损失"和"提出索赔"均必须在保险期限内。

追溯期是对保险期限的"前溯",即经过协商,保险人同意对于被保险人在保险期限之前的一定时间区间因设计工作出现的"疏忽或过失"以及引发的损失或费用,并在保险期限首次提出索赔承担责任。

五、工程质量保证保险

工程质量保证保险,亦称工程潜在缺陷保险,是以工程项目由于各种原因存在潜在缺陷,导致其在使用期间发生的损失为标的的保险。工程质量保证保险是以工程质量作为保险对象的一种保证保险,即由保险人为工程潜在缺陷的可能责任主体向有关利益方提供的一种工程质量保证。

与其他商业保险不同,工程质量保证保险是一种具有社会公共利益维护性质的保险制度。工程质量保证保险于1804年出现在法国,随后,一些国家纷纷效仿,如比利时、巴西、芬兰、瑞士、加拿大、哥伦比亚、西班牙、突尼斯、意大利、菲律宾和沙特阿拉伯等国家也在本国建立了工程质量保证保险体系。

　　由于工程潜在缺陷风险具有一定的特殊性,为了确保工程质量,保证保险能够对于工程建设行业的健康发展起到积极的推动作用,体现其经营的社会公共利益维护的特点,同时为了确保潜在缺陷保险的经营能够有效地控制风险,工程质量保证保险确定了三个较为特殊的制度:生效选择权制度、技术检验制度和放弃追偿制度。

　　我国从 2002 年 10 月 30 日开始试行住宅质量保证保险,该保险仅限于通过建设部认定的 A 级住宅,保险责任包括整体或局部倾斜、倒塌,地基超出设计要求范围的不均匀沉降,主体承重墙出现影响结构安全的裂缝,墙面、厨房和卫生间地面、地下室、管道渗漏等常见的质量问题。该保险保期为 10 年,投保费用由开发商支付,消费者在购买房屋的同时获得保单。当房屋出现质量问题时,保险人将直接向房主赔偿修理、加固或重新购置住宅所需的费用,最高赔偿金额为住宅的销售价格。2003 年 4 月 24 日,建设部印发《关于加强 2003 年工程质量工作的意见》,表示要积极推进工程质量保险制度。2005 年 8 月 5 日,建设部、中国保险监督管理委员会联合发布了《关于推进建设工程质量保险工作的意见》,要求在工程建设领域引入工程质量保险制度。

　　【本章小结】通过对本章的学习,应当掌握我国保险法律制度的一般知识,重点掌握其中有关财产保险的规定,并且应当掌握我国的工程保险制度的相关内容。

　　本章进一步阅读材料:

　　1.[美]许布纳等著,陈欣等译:《财产和责任保险》(第四版),中国人民大学出版社,2002 年

　　2.方乐华著:《保险法论》,立信会计出版社,2002 年

　　3.樊启荣编著:《责任保险与索赔理赔》,人民法院出版社,2002 年

　　4.艾幼明等编著:《责任保险与建筑安装工程保险》,中国商业出版社,1996 年

　　5.何佰洲编著:《工程建设法规与案例》,中国建筑工业出版社,2003 年

　　思考题:

　　1.保险合同的特点有哪些?

　　2.什么是保险利益?《保险法》对保险利益是如何规定的?

　　3.简述投保人的如实告知义务。

4.我国《保险法》规定的保险人可以解除合同的情形有哪些?

5.我国现有法律中,有哪些对工程项目保险作了相关规定?

6.简述我国建筑工程一切险承保的内容。

7.国际上,建筑工程一切险的除外责任一般都有哪些?

8.安装工程一切险的保险期间如何确定?

第九章　项目管理纠纷处理法律制度

【**本章导读**】本章以《劳动法》、《仲裁法》、《民事诉讼法》为依据,介绍了在项目管理中发生纠纷的各自解决方式,重点介绍了项目管理中劳动争议的解决、项目管理纠纷的民事仲裁和民事诉讼。

第一节　概述

一、项目管理纠纷的概念

项目管理纠纷,是指项目管理过程中,有关当事人对项目管理中的权利和义务产生了不同的理解。项目管理作为一项新兴的、复杂的管理模式,在管理过程中,不同的主体对权利义务的理解不同,这是十分正常的。在项目管理实施过程中,最主要的纠纷是合同纠纷,如:采购合同当事人有可能发生采购纠纷,施工合同当事人有可能发生质量、造价、进度等纠纷。合同纠纷是一种典型的民事纠纷。在项目管理实施过程中,也可能发生劳动争议等纠纷。

民事纠纷是在平等主体之间发生的纠纷,其主体之间的法律地位平等,相互之间没有服从和隶属关系。法律上讲的服从和隶属关系是严格的,与我们平常的理解有所不同。例如:在施工项目管理中,建设单位与监理单位之间存在着委托关系,但双方仍然是平等的民事主体;监理单位与施工单位之间存在着监理与被监理的关系,但在法律上双方仍然是平等的民事主体。

劳动争议是劳动关系的双方当事人之间因劳动权利和义务而发生的纠纷。在项目管理中,有关单位与员工之间存在劳动关系,他们之间发生的纠纷就是劳动争议。

项目管理纠纷处理的基本形式有和解、调解、仲裁、诉讼四种。

二、和解

和解是指项目管理纠纷当事人在自愿友好的基础上,互相沟通、互相谅解,从而解决纠纷的一种方式。

项目管理中发生纠纷时,当事人应首先考虑通过和解解决纠纷。事实上,在项目管理过程中,绝大多数纠纷都可以通过和解解决。项目管理纠纷的和解解决有以下特点:

(1)简便易行,能经济、及时地解决纠纷;

(2)纠纷的解决依靠当事人的妥协与让步,没有第三方的介入,有利于维护合同双方的友好合作关系,使合同能更好地得到履行;

(3)和解协议不具有强制执行的效力,和解协议的执行依靠当事人的自觉履行。

三、调解

调解是指项目管理当事人对法律规定或者合同约定的权利、义务发生纠纷,第三人依据一定的道德和法律规范,通过摆事实、讲道理,促使双方互相作出适当的让步,平息争端,自愿达成协议,以求解决项目管理纠纷的方法。这里讲的调解是狭义的调解,不包括诉讼和仲裁程序中在审判庭和仲裁庭主持下的调解。两种情况下的调解属于法定程序,其解决方法仍有强制执行的法律效力。

项目管理纠纷调解解决有以下特点:

(1)有第三者介入作为调解人,调解人的身份没有限制,但以双方都信任者为佳;

(2)它能够较经济、较及时地解决纠纷;

(3)有利于消除当事人的对立情绪,维护双方的长期合作关系;

(4)调解协议不具有强制执行的效力,和解协议的执行依靠当事人的自觉履行。

如何更好地发挥调解在纠纷解决中的作用,是非常值得研究的问题。FIDIC《施工合同条件》(1999年版)就增加了争端解决委员会(DAB)解决方式,这也是调解方式。

四、仲裁

仲裁亦称“公断”,是当事人双方在纠纷发生前或纠纷发生后达成协议,自愿将纠纷交给第三者,由第三者在事实上作出判断、在权利义务上作出裁决的一种解决纠纷的方式。我们在这里讲的仲裁仅限于民事仲裁(我国《仲

裁法》中的仲裁也限于民事仲裁,不包括劳动仲裁),劳动仲裁有其特殊性,
我们在本章第二节中单独介绍。在民事纠纷中,这种纠纷解决方式必须是
自愿的,因此必须有仲裁协议。如果当事人之间有仲裁协议,纠纷发生后又
无法通过和解和调解解决,则应及时将纠纷提交仲裁机构仲裁。

项目管理纠纷的仲裁解决有以下特点。

(1)体现当事人的意思自治。这种意思自治不仅体现在仲裁的受理应
当以仲裁协议为前提,还体现在仲裁的整个过程,许多内容都可以由当事人
自主确定。

(2)专业性。由于各仲裁机构的仲裁员都是由各方面的专业人士组成,
当事人完全可以选择熟悉纠纷领域的专业人士担任仲裁员。

(3)保密性。保密和不公开审理是仲裁制度的重要特点,除当事人、代
理人,以及需要时的证人和鉴定人外,其他人员不得出席和旁听仲裁开庭审
理,仲裁庭和当事人不得向外界透露案件的任何实体及程序问题。

(4)裁决的终局性。仲裁裁决作出后是终局的,对当事人具有约束力。

(5)执行的强制性。仲裁裁决具有强制执行的法律效力,当事人可以向
人民法院申请强制执行。由于中国是《承认及执行外国仲裁裁决公约》的缔
约国,中国的涉外仲裁裁决可以在世界上 100 多个公约成员国得到承认和
执行。

五、诉讼

诉讼是指项目管理当事人依法请求人民法院行使审判权,审理双方之
间发生的纠纷,作出有国家强制保证实现其合法权益、从而解决纠纷的审判
活动。项目管理当事人如果未约定仲裁协议,则只能以诉讼作为解决纠纷
的最终方式。

项目管理纠纷的诉讼解决有以下特点。

(1)程序和实体判决严格依法。与其他解决纠纷的方式相比,诉讼的程
序和实体判决都应当严格依法进行。

(2)当事人在诉讼中对抗的平等性。诉讼当事人在实体和程序上的地
位平等。原告起诉,被告可以反诉;原告提出诉讼请求,被告可以反驳诉讼
请求。

(3)二审终审制。项目管理纠纷当事人如果不服第一审人民法院判决,
可以上诉至第二审人民法院。项目管理纠纷经过两级人民法院审理,即告
终结。

(4)执行的强制性。诉讼判决具有强制执行的法律效力,当事人可以向

人民法院申请强制执行。

第二节　项目管理中劳动争议的解决

　　如上所述,劳动争议有其特殊性,因此,本章用专门一节介绍项目管理的劳动争议解决。项目管理中劳动争议解决的基本形式也有和解、调解、仲裁、诉讼四种,其中和解方式没有特殊性,本节不予介绍。

一、劳动争议的调解

　　劳动争议的调解是指在查明事实、分清是非、明确责任的基础上,依照国家劳动法的规定以及劳动合同约定的权利和义务,推动用人单位和劳动者之间相互谅解,解决争议的方式。由于劳动争议大多发生在企业与劳动者之间,因此,企业的劳动争议调解得到了国家的重视。1993 年 6 月 11日,国务院发布了《企业劳动争议处理条例》,其中专章规定了劳动争议调解。劳动部于 1993 年 11 月 5 日颁发了《企业劳动争议调解委员会组织及工作规则》,对劳动争议的调解组织、调解原则、调解程序作出了具体的规定。

　　全国人民代表大会常务委员在坚持劳动法基本原则的前提下,根据经济社会发展要求,总结现行劳动争议处理制度经验,对劳动争议处理制度作进一步完善,强化调解、完善仲裁、加强司法救济,及时妥善处理劳动争议,尽最大可能将劳动争议解决于基层,维护当事人合法权益,于 2008 年 5 月1 日起施行了《劳动争议调解仲裁法》。

　　发生劳动争议,当事人可以到下列调解组织申请调解:(1)企业劳动争议调解委员会;(2)依法设立的基层人民调解组织;(3)在乡镇、街道设立的具有劳动争议调解职能的组织。企业劳动争议调解委员会由职工代表和企业代表组成。职工代表由工会成员担任或者由全体职工推举产生,企业代表由企业负责人指定。企业劳动争议调解委员会主任由工会成员或者双方推举的人员担任。

　　经调解达成协议的,应当制作调解协议书。调解协议书由双方当事人签名或者盖章,经调解员签名并加盖调解组织印章后生效,对双方当事人具有约束力,当事人应当履行。自劳动争议调解组织收到调解申请之日起 15日内未达成调解协议的,当事人可以依法申请仲裁。

　　达成调解协议后,一方当事人在协议约定期限内不履行调解协议的,另一方当事人可以依法申请仲裁。

因支付拖欠劳动报酬、工伤医疗费、经济补偿或者赔偿金事项达成调解协议，用人单位在协议约定期限内不履行的，劳动者可以持调解协议书依法向人民法院申请支付令。人民法院应当依法发出支付令。

二、劳动争议的仲裁

与一般民事仲裁不同，劳动仲裁是劳动争议诉讼的前置程序，即如果当事人要提起劳动争议诉讼，首先必须申请劳动仲裁。

(一)申请仲裁

1.仲裁申请的提出

发生劳动争议，当事人不愿协商、协商不成或者达成和解协议后不履行的，可以向调解组织申请调解；不愿调解、调解不成或者达成调解协议后不履行的，可以向劳动争议仲裁委员会申请仲裁。

劳动争议申请仲裁的时效期间为1年。仲裁时效期间从当事人知道或者应当知道其权利被侵害之日起计算。在仲裁时效期间，因当事人一方向对方当事人主张权利，或者向有关部门请求权利救济，或者对方当事人同意履行义务而中断。从中断时起，仲裁时效期间重新计算。劳动关系存续期间因拖欠劳动报酬发生争议的，劳动者申请仲裁不受1年仲裁时效期间的限制；但是，劳动关系终止的，应当自劳动关系终止之日起1年内提出。

申请人申请仲裁应当提交书面仲裁申请，仲裁申请书应当载明下列事项：(1)劳动者的姓名、性别、年龄、职业、工作单位和住所，用人单位的名称、住所和法定代表人或者主要负责人的姓名、职务；(2)仲裁请求和所根据的事实、理由；(3)证据和证据来源、证人姓名和住所。书写仲裁申请确有困难的，可以口头申请，由劳动争议仲裁委员会记入笔录，并告知对方当事人。

2.可以申请仲裁的劳动争议

用人单位与劳动者发生的下列劳动争议，可以申请仲裁：(1)因确认劳动关系发生的争议；(2)因订立、履行、变更、解除和终止劳动合同发生的争议；(3)因除名、辞退和辞职、离职发生的争议；(4)因工作时间、休息休假、社会保险、福利、培训以及劳动保护发生的争议；(5)因劳动报酬、工伤医疗费、经济补偿或者赔偿金等发生的争议；(6)法律、法规规定的其他劳动争议。

(二)仲裁委员会的组成

劳动争议仲裁委员会由劳动行政部门代表、工会代表和企业方面代表组成。劳动争议仲裁委员会组成人员应当是单数，主任由劳动行政主管部门的负责人担任。

（三）受理

劳动争议仲裁委员会收到仲裁申请之日起 5 日内，认为符合受理条件的，应当受理，并通知申请人；认为不符合受理条件的，应当书面通知申请人不予受理，并说明理由。对劳动争议仲裁委员会不予受理或者逾期未作出决定的，申请人可以就该劳动争议事项向人民法院提起诉讼。

（四）组成仲裁庭

仲裁委决定受理申诉的，劳动争议正式进入仲裁程序，仲裁委应当组成仲裁庭。

（五）送达申诉书副本

劳动争议仲裁委员会受理仲裁申请后，应当在 5 日内将仲裁申请书副本送达被申请人。被申请人收到仲裁申请书副本后，应当在 10 日内向劳动争议仲裁委员会提交答辩书。劳动争议仲裁委员会收到答辩书后，应当在 5 日内将答辩书副本送达申请人。被申请人未提交答辩书的，不影响仲裁程序的进行。

（六）通知开庭时间

仲裁委应当确定答辩期满的适当时间开庭。仲裁庭应当在开庭 5 日前，将开庭日期、地点书面通知双方当事人。当事人有正当理由的，可以在开庭 3 日前请求延期开庭。是否延期，由劳动争议仲裁委员会决定。

（七）开庭审理

仲裁委应当在查明事实的基础上，先行对双方当事人进行调解，调解成功的应当制作调解书送达双方当事人，调解不成的应当及时作出裁决，并制作仲裁裁决书送达双方当事人。仲裁裁决应当自劳动争议仲裁委员会受理仲裁申请之日起 45 日内结束。案情复杂需要延期的，经劳动争议仲裁委员会主任批准，可以延期并书面通知当事人，但是延长期限不得超过 15 日。逾期未作出仲裁裁决的，当事人可以就该劳动争议事项向人民法院提起诉讼。

（八）仲裁裁决的强制执行

对仲裁裁决无异议的，当事人必须履行。一方当事人在法定期限内不起诉又不履行仲裁裁决的，另一方当事人可申请人民法院强制执行。

三、劳动争议的诉讼

《劳动法》规定：劳动争议当事人对仲裁裁决不服的，可以自收到仲裁裁决书之日起 15 日内向人民法院提起诉讼。2001 年 3 月 22 日由最高人民法院审判委员会通过《最高人民法院关于审理劳动争议案件适用法律若干问题的解释》,对劳动争议诉讼作出了具体规定。

(一)受理

劳动者与用人单位之间发生的下列纠纷,属于《劳动法》第 2 条规定的劳动争议,当事人不服劳动争议仲裁委员会作出的裁决,依法向人民法院起诉的,人民法院应当受理:

(1)劳动者与用人单位在履行劳动合同过程中发生的纠纷;

(2)劳动者与用人单位之间没有订立书面劳动合同,但已形成劳动关系后发生的纠纷;

(3)劳动者退休后,与尚未参加社会保险统筹的原用人单位因追索养老金、医疗费、工伤保险待遇和其他社会保险费而发生的纠纷。

劳动争议仲裁委员会以当事人申请仲裁的事项不属于劳动争议为由,作出不予受理的书面裁决、决定或者通知,当事人不服,依法向人民法院起诉的,人民法院应当分别情况予以处理:第一,属于劳动争议案件的,应当受理;第二,虽不属于劳动争议案件,但属于人民法院主管的其他案件,应依法受理。

劳动争议仲裁委员会以当事人的仲裁申请超过 60 日期限为由,作出不予受理的书面裁决、决定或者通知,当事人不服,依法向人民法院起诉的,人民法院应当受理;对确已超过仲裁申请期限,又无不可抗力或者其他正当理由的,依法驳回其诉讼请求。劳动争议仲裁委员会仲裁的事项不属于人民法院受理的案件范围,当事人不服,依法向人民法院起诉的,裁定不予受理或者驳回起诉。

劳动争议案件由用人单位所在地或者劳动合同履行地的基层人民法院管辖。劳动合同履行地不明确的,由用人单位所在地的基层人民法院管辖。

(二)诉讼当事人

劳动争议当事人不服劳动争议仲裁委员会的仲裁裁决,向人民法院起诉,争议的双方仍然是企业与职工。双方当事人在适用法律上和诉讼地位上是平等的,此类案件不是行政案件。人民法院在审理时,应以争议的双方为诉讼当事人,不应把仲裁委员会列为被告。

用人单位与其他单位合并的,合并前发生的劳动争议,由合并后的单位为当事人;用人单位分立为若干单位的,其分立前发生的劳动争议,由分立后的实际用人单位为当事人。用人单位分立为若干单位后,对承受劳动权利义务的单位不明确的,分立后的单位均为当事人。

用人单位招用尚未解除劳动合同的劳动者,原用人单位与劳动者发生的劳动争议,可以列新的用人单位为第三人。原用人单位以新的用人单位侵权为由向人民法院起诉的,可以列劳动者为第三人。原用人单位以新的用人单位和劳动者共同侵权为由向人民法院起诉的,新的用人单位和劳动者列为共同被告。劳动者在用人单位与其他平等主体之间的承包经营期间,与发包方和承包方双方或者一方发生劳动争议,依法向人民法院起诉的,应当将承包方和发包方作为当事人。

(三)举证责任

劳动争议诉讼一般情况下,仍然适用举证的一般原则,即:谁主张谁举证。但是,因用人单位作出的开除、除名、辞退、解除劳动合同、减少劳动报酬、计算劳动者工作年限等决定而发生的劳动争议,用人单位负举证责任。

第三节 项目管理纠纷的民事仲裁

一、仲裁的原则

(一)自愿原则

解决合同争议是否选择仲裁方式以及选择仲裁机构本身并无强制力。当事人采用仲裁方式解决纠纷,应当贯彻双方自愿原则,达成仲裁协议。如有一方不同意进行仲裁的,仲裁机构即无权受理合同纠纷。

(二)公平合理原则

仲裁的公平合理,是仲裁制度的生命力所在。这一原则要求仲裁机构要充分收集证据,听取纠纷双方的意见。仲裁应当根据事实。同时,仲裁应当符合法律规定。

(三)仲裁依法独立进行原则

仲裁机构是独立的组织,相互间也无隶属关系。仲裁依法独立进行,不受行政机关、社会团体和个人的干涉。

(四)一裁终局原则

由于仲裁是当事人基于对仲裁机构的信任作出的选择,因此其裁决是立即生效的。裁决作出后,当事人就同一纠纷再申请仲裁或者向人民法院起诉的,仲裁委员会或者人民法院不予受理。

二、仲裁范围

仲裁范围是由仲裁法加以规定的。根据我国《仲裁法》第 2 条、第 3 条的规定,平等主体的公民、法人和其他组织之间发生的合同纠纷和其他财产权益纠纷,可以仲裁。下列纠纷不能仲裁:(1)婚姻、收养、监护、扶养、继承纠纷;(2)依法应当由行政机关处理的行政争议。

三、仲裁委员会

仲裁委员会可以在直辖市和省、自治区人民政府所在地的市设立,也可以根据需要在其他设区的市设立,不按行政区划层层设立。

仲裁委员会由主任 1 人、副主任 2 至 4 人和委员 7 至 11 人组成。仲裁委员会应当从公道正派的人员中聘任仲裁员。

仲裁委员会独立于行政机关,与行政机关没有隶属关系。仲裁委员会之间也没有隶属关系。

四、仲裁协议

(一)仲裁协议的内容

仲裁协议是纠纷当事人愿意将纠纷提交仲裁机构仲裁的协议。它应包括以下内容:

(1)请求仲裁的意思表示;

(2)仲裁事项;

(3)选定的仲裁委员会。

在以上三项内容中,选定的仲裁委员会具有特别重要的意义。因为仲裁没有法定管辖,如果当事人不约定明确的仲裁委员会,仲裁将无法操作,仲裁协议将是无效的。至于请求仲裁的意思表示和仲裁事项则可以通过默示的方式来体现。可以认为在合同中选定仲裁委员会就是希望通过仲裁解决争议,同时,合同范围内的争议就是仲裁事项。

(二)仲裁协议的作用

仲裁协议具有下列作用:

(1)合同当事人均受仲裁协议的约束;

(2)是仲裁机构对纠纷进行仲裁的先决条件;

(3)排除了法院对纠纷的管辖权;

(4)仲裁机构应按仲裁协议进行仲裁。

五、仲裁庭的组成

仲裁庭的组成有两种方式。

(一)当事人约定由三名仲裁员组成仲裁庭

当事人如果约定由三名仲裁员组成仲裁庭,应当各自选定或者各自委托仲裁委员会主任指定一名仲裁员,第三名仲裁员由当事人共同选定或者共同委托仲裁委员会主任指定。第三名仲裁员是首席仲裁员。

(二)当事人约定由一名仲裁员组成仲裁庭

仲裁庭也可以由一名仲裁员组成。当事人如果约定由一名仲裁员组成仲裁庭的,应当由当事人共同选定或者共同委托仲裁委员会主任指定仲裁员。

六、开庭和裁决

(一)开庭

仲裁应当开庭进行。当事人协议不开庭的,仲裁庭可以根据仲裁申请书、答辩书以及其他材料作出裁决,仲裁不公开进行。当事人协议公开的,可以公开进行,但涉及国家秘密的除外。

申请人经书面通知,无正当理由不到庭或者未经仲裁庭许可中途退庭的,可以视为撤回仲裁申请。被申请人经书面通知,无正当理由不到庭或者未经仲裁庭许可中途退庭的,可以缺席裁决。

(二)证据

当事人应当对自己的主张提供证据。仲裁庭对专门性问题认为需要鉴定的,可以交由当事人约定的鉴定部门鉴定,也可以由仲裁庭指定的鉴定部门鉴定。根据当事人的请求或者仲裁庭的要求,鉴定部门应当派鉴定人参加开庭。当事人经仲裁庭许可,可以向鉴定人提问。

建设工程合同纠纷往往涉及工程质量、工程造价等专门性的问题,一般需要进行鉴定。

(三)辩论

当事人在仲裁过程中有权进行辩论。辩论终结时,首席仲裁员或者独任仲裁员应当征询当事人的最后意见。

(四)裁决

裁决应当按照多数仲裁员的意见作出,少数仲裁员的不同意见可以记入笔录。仲裁庭不能形成多数意见时,裁决应当按照首席仲裁员的意见作出。

仲裁庭仲裁纠纷时,其中一部分事实已经清楚,可以就该部分先行裁决。

对裁决书中的文字、计算错误或者仲裁庭已经裁决但在裁决书中遗漏的事项,仲裁庭应当补正;当事人自收到裁决书之日起 30 日内,可以请求仲裁补正。

裁决书自作出之日起发生法律效力。

七、申请撤销裁决

当事人提出证据证明裁决有下列情形之一的，可以向仲裁委员会所在地的中级人民法院申请撤销裁决：

(1) 没有仲裁协议的；

(2) 裁决的事项不属于仲裁协议的范围或者仲裁委员会无权仲裁的；

(3) 仲裁庭的组成或者仲裁的程序违反法定程序的；

(4) 裁决所根据的证据是伪造的；

(5) 对方当事人隐瞒了足以影响公正裁决的证据的；

(6) 仲裁员在仲裁该案时有索贿受贿，徇私舞弊，枉法裁决行为的；

人民法院经组成合议庭审查核实裁决有前款规定情形之一的，应当裁定撤销。当事人申请撤销裁决的，应当自收到裁决书之日起 6 个月内提出。人民法院应当在受理撤销裁决申请之日起 2 个月内作出撤销裁决或者驳回申请的裁定。

人民法院受理撤销裁决的申请后，认为可以由仲裁庭重新仲裁的，通知仲裁庭在一定期限内重新仲裁，并裁定中止撤销程序。仲裁庭拒绝重新仲裁的，人民法院应当裁定恢复撤销程序。

八、执行

仲裁裁决的执行。仲裁委员会的裁决作出后，当事人应当履行。同时，国家应建立裁决的执行制度，在当事人不履行裁决时，强制当事人履行。如果没有执行制度，仲裁的法律效力将无从体现。由于仲裁委员会本身并无强制执行的权力，因此，当一方当事人不履行仲裁裁决时，另一方当事人可以依照民事诉讼法的有关规定向人民法院申请执行。接受申请的人民法院应当执行。

第四节　项目管理纠纷的民事诉讼

一、民事诉讼的管辖

管辖是指人民法院系统内和同级人民法院之间受理第一审民事案件的分工与权限。《民事诉讼法》确定人民法院的管辖原则是，便于人民法院进行诉讼和审判,兼顾各级人民法院的职能和工作负担的均衡,有利于公正审理案件,保护当事人的合法权益,维护国家主权。按照《民事诉讼法》的相关规定,管辖分为级别管辖、地域管辖、移送管辖和指定管辖四种。人民法院受理案件后,当事人对管辖权有异议的,应当在提交答辩状期间提出。人民法院对当事人提出的异议,应当审查。异议成立的,裁定将案件移送有管辖权的人民法院;异议不成立的,裁定驳回。

(一)级别管辖

级别管辖是上下级人民法院受理第一审民事案件的分工和权限。级别管辖是根据案件的性质和影响来确定的。我国的人民法院共分四级。分为基层人民法院、中级人民法院、高级人民法院和最高人民法院。

(二)地域管辖

地域管辖是指按照当事人的住所地与法院管辖区域的关系来确定管辖。通常是"原告就被告"。对公民提起的民事诉讼,由被告住所地人民法院管辖;被告住所地与经常居住地不一致的,由经常居住地人民法院管辖。对法人或者其他组织提起的民事诉讼,由被告住所地人民法院管辖。

特殊地域管辖是指以诉讼标的的所在地、法律事实所在地及被告住所地为标准确定管辖。适用特殊地域管辖的案件主要包括合同纠纷、保险合同纠纷、票据纠纷、运输合同纠纷、侵权纠纷以及因公司设立、解散等产生的纠纷。如《民事诉讼法》第 24 条规定:因合同纠纷提起的诉讼,由被告住所地或者合同履行地人民法院管辖。

专属管辖是指法律规定某些案件必须由特定的人民法院管辖,当事人不得协议变更管辖。因不动产纠纷提起的诉讼,由不动产所在地人民法院管辖;因港口作业中发生纠纷提起的诉讼,由港口所在地人民法院管辖;因继承遗产纠纷提起的诉讼,由被继承人死亡时住所地或者主要遗产所在地人民法院管辖。施工合同纠纷,司法实践中一度认为适用专属管辖,由工程所在地法院管辖。根据 2005 年 1 月 1 日施行的《最高人民法院关于审理建设工程施工合同纠纷案件适用法律问题的解释》的规定,施工合同纠纷由施工行为地人民法院管辖。这一规定意味着施工合同纠纷不再属于专属管辖。

共同管辖是指对同一案件,两个以上人民法院都有管辖权。两个以上人民法院都有管辖权的诉讼,原告可以向其中一个人民法院起诉;原告向两个以上有管辖权的人民法院起诉的,由最先立案的人民法院管辖。

协议管辖是指允许当事人用协议的方法选择其处理争议的法院。合同或者其他财产权益纠纷的当事人可以书面协议选择被告住所地、合同履行地、合同签订地、原告住所地、标的物所在地等与争议有实际联系的地点的人民法院管辖,但不得违反本法对级别管辖和专属管辖的规定。

(三)移送管辖

移送管辖是指人民法院发现受理的案件不属于本院管辖的,应当移送有管辖权的人民法院,受移送的人民法院应当受理。

(四)指定管辖

指定管辖是指上级法院将某一案件指定其辖区内的下级法院管辖。法院认为受移送的案件依照规定不属于本院管辖的,应当报请上级人民法院指定管辖,不得再自行移送。有管辖权的人民法院由于特殊原因,不能行使管辖权的,由上级人民法院指定管辖。人民法院之间因管辖权发生争议,由争议双方协商解决;协商解决不了的,报请他们的共同上级人民法院指定管辖。

二、诉讼参加人

(一)当事人

1. 原告和被告

当事人是指因民事权利义务发生争议,为保护自己的民事权益,以自己的名义起诉、应诉的并受人民法院裁判约束的人。当事人在第一审程序中,称为原告与被告;在第二审中称为上诉人与被上诉人;在执行程序中称为申请人与被执行人。

当事人享有以下诉讼权利:当事人有权委托代理人,提出回避申请,收集、提供证据,进行辩论,请求调解,提起上诉,申请执行。当事人可以查阅本案有关材料,并可以复制本案有关材料和法律文书。查阅、复制本案有关材料的范围和办法由最高人民法院规定。当事人必须依法行使诉讼权利,遵守诉讼秩序,履行发生法律效力的判决书、裁定书和调解书。双方当事人可以自行和解。原告可以放弃或者变更诉讼请求。被告可以承认或者反驳诉讼请求,有权提起反诉。

2. 共同诉讼人

共同诉讼是指当事人一方或者双方为 2 人以上的诉讼。共同诉讼分为必要共同诉讼和普通共同诉讼。

必要共同诉讼是指当事人一方或者双方为 2 人以上,其诉讼标的是共同的。人民法院必须合并审理并做出同一判决的诉讼。必要共同诉讼是一种不可分之诉,必须合并作为一个案件审理。

普通共同诉讼是指诉讼标的是同一种类、当事人一方或双方为 2 人以上、人民法院认为可以合并审理并经当事人同意的共同诉讼。

3.代表人诉讼

代表人诉讼是指具有共同或者同种类法律利益的一方当事人人数众多、且不能进行共同诉讼时,由其代表人进行诉讼的一种制度。当事人一方人数众多的共同诉讼,可以由当事人推选代表人进行诉讼。代表人的诉讼行为对其所代表的当事人发生效力,但代表人变更、放弃诉讼请求或者承认对方当事人的诉讼请求,进行和解,必须经被代表的当事人同意。

4.集团诉讼

诉讼标的是同一种类、当事人一方人数众多在起诉时人数尚未确定的,人民法院可以发出公告,说明案件情况和诉讼请求,通知权利人在一定期间向人民法院登记。向人民法院登记的权利人可以推选代表人进行诉讼;推选不出代表人的,人民法院可以与参加登记的权利人商定代表人。代表人的诉讼行为对其所代表的当事人发生效力,但代表人变更、放弃诉讼请求或者承认对方当事人的诉讼请求,进行和解,必须经被代表的当事人同意。人民法院作出的判决、裁定,对参加登记的全体权利人发生效力。未参加登记的权利人在诉讼时效期间提起诉讼的,适用该判决、裁定。

5.公益诉讼

对污染环境、侵害众多消费者合法权益等损害社会公共利益的行为,法律规定的机关和有关组织可以向人民法院提起拆讼。

6.第三人

第三人是指对他人之间的诉讼标的有独立的请求权或虽无独立的请求权,但诉讼结果与其有法律上的利害关系,因而参加到他人的诉讼中去,以维护自己合法权益的人。

第三人分为有独立请求权的第三人和无独立请求权的第三人。对当事人双方的诉讼标的,第三人认为有独立请求权的,有权提起诉讼。对当事人双方的诉讼标的,第三人虽然没有独立请求权,但案件处理结果同他有法律上的利害关系的,可以申请参加诉讼,或者由人民法院通知他参加诉讼。人民法院判决承担民事责任的第三人,有当事人的诉讼权利义务。第三人因不能归责于本人的事由未参加诉讼,但有证据证明发生法律效力的判决、裁定、调解书的部分或者全部内容错误,损害其民事权益的,可以自知道或者应当知道其民事权益受到损害之日起 6 个月内,向作出该判决、裁定、调解书的人民法院提起诉讼。人民法院经审理诉讼请求成立的,应当改变或者撤销原判决、裁定、调解书;诉讼请求不成立的,驳回诉讼请求。

(二)诉讼代理人

诉讼代理人,是指根据法律的规定或者当事人的授权,以被代理人的名义进行诉讼活动的人。诉讼代理人分为法定代理人和委托代理人。无诉讼行为能力人由他的监护人作为法定代理人代为诉讼。当事人、法定代理人可以委托一至两人作为诉讼代理人。委托他人代为诉讼,必须向人民法院提交由委托人签名或者盖章的授权委托书。

三、民事诉讼证据

(一)证据的种类

证据有下列几种:

(1) 当事人的陈述;

(2) 书证;

(3) 物证;

(4) 视听资料;

(5) 电子数据;

(6) 证人证言;

(7) 鉴定意见;

(8) 勘验笔录。

(二)证据的保全

证据保全,是指法院在起诉前或在对证据进行调查前,依据当事人的请求,或依职权对可能灭失或今后难以取得的证据,予以调查收集和固定保存的行为。可能灭失或今后难以取得的证据,具体是指:证人生命垂危;具有民事诉讼证据作用的物品极易腐败变质;易于灭失的痕迹等。出现上述情况,当事人可以在诉讼过程中向人民法院申请保全证据,人民法院也可以主动采取保全措施。因情况紧急,在证据可能灭失或者以后难以取得的情况下,利害关系人可以在提起诉讼或者申请仲裁前向证据所在地、被申请人住所地或者对案件有管辖权的人民法院申请保全证据。向人民法院申请保全证据,不得迟于举证期限届满前七日。人民法院采取证据保全的方法主要有三种:(1)向证人进行询问调查,记录证人证言;(2)对文书、物品等进行录像、拍照、抄写或者用其他方法加以复制;(3)对证据进行鉴定或者勘验。获取的证据材料,由人民法院存卷保管。

(三)证据的应用

当事人对自己提出的主张,有责任提供证据。当事人及其诉讼代理人因客观原因不能自行收集的证据,或者人民法院、仲裁机构认为审理案件需要的证据,人民法院或者仲裁机构应当调查收集。人民法院或者仲裁机构应当按照法定程序,全面地、客观地审查核实证据。当事人对自己提出的主张应当及时提供证据。人民法院根据当事人的主张和案件审理情况,确定当事人应当提供的证据及其期限。当事人在该期限内提供证据确有困难的,可以向人民法院申请延长期限,人民法院根据当事人的申请适当延长。当事人逾期提供证据的,人民法院应当责令其说明理由;拒不说明理由或者理由不成立的,人民法院根据不同情形可以不予采纳该证据,或者采纳该证据但予以训诫、罚款。人民法院收到当事人提交的证据材料,应当出具收据,写明证据名称、页数、份数、原件或者复印件以及收到时间等,并由经办人员签名或者盖章。

证据应当在开庭时出示,并由当事人互相质证。经过法定程序公证证明的法律事实和文书,人民法院或者仲裁机构应当作为认定事实的根据,但有相反证据足以推翻公证证明的除外。书证应当提交原件。物证应当提交原物。提交原件或者原物确有困难的,可以提交复制品、照片、副本、节录本。提交外文书证,必须附有中文译本。

当事人可以就查明事实的专门性问题向人民法院申请鉴定。当事人申请鉴定的,由双方当事人协商确定具备资格的鉴定人;协商不成的,由人民法院指定。当事人未申请鉴定,人民法院对专门性问题认为需要鉴定的,应当委托具备资格的鉴定人进行鉴定。鉴定人应当提出书面鉴定结论,在鉴定书上签名或者盖章。建设工程纠纷往往涉及工程质量、工程造价等专门性的问题,在诉讼中一般需要进行鉴定。因此,在建设工程纠纷中,鉴定是常用的举证手段。

当事人申请鉴定,应当在举证期限内提出。对需要鉴定的事项负有举证责任的当事人,在人民法院指定的期限内无正当理由不提出鉴定申请或者不预交鉴定费用或者拒不提供相关材料,致使对案件纠纷的事实无法通过鉴定结论予以认定的,应当对该事实承担举证不能的法律后果。

当事人对鉴定意见有异议或者人民法院认为鉴定人有必要出庭的,鉴定人应当出庭作证。经人民法院通知,鉴定人拒不出庭作证的,鉴定意见不得作为认定事实的根据;支付鉴定费用的当事人可以要求返还鉴定费用。

当事人对人民法院委托的鉴定部门作出的鉴定结论有异议申请重新鉴定,提出证据证明存在下列情形之一的,人民法院应予准许:

(1)鉴定机构或者鉴定人员不具备相关的鉴定资格的;

(2)鉴定程序严重违法的;

(3)鉴定结论明显依据不足的;

(4)经过质证认定不能作为证据使用的其他情形。

对有缺陷的鉴定结论,可以通过补充鉴定、重新质证或者补充质证等方法解决的,不予重新鉴定。一方当事人自行委托有关部门作出的鉴定结论,另一方当事人有证据足以反驳并申请重新鉴定的,人民法院应予准许。

四、起诉和受理

如果当事人没有在合同中约定通过仲裁解决纠纷,则只能通过诉讼作为解决纠纷的最终方式。纠纷发生后,如需要通过诉讼解决纠纷,则首先应当向人民法院起诉。起诉必须符合下列条件:

(1)原告是与本案有直接利害关系的公民、法人和其他组织;

(2)有明确的被告;

(3)有具体的诉讼请求和事实、理由;

(4)属于人民法院受理民事诉讼的范围和受诉人民法院管辖。

人民法院对符合规定的起诉,必须受理,应当在 7 日内立案,并通知当事人;认为不符合起诉条件的,应当在 7 日内裁定不予受理;原告对裁定不服的,可以提起上诉。人民法院受理起诉后,首先需要确定在第一审中适用普通程序还是简易程序。基层人民法院和它派出的法庭审理事实清楚、权利义务关系明确、争议不大的简单的民事案件,可以适用简易程序。对于其他民事案件,当事人双方也可以约定适用简易程序。建设工程中发生的纠纷一般都适用普通程序,因此第一审程序只介绍普通程序。

人民法院应当在立案之日起 5 日内将起诉状副本发送被告,被告应当在收到之日起 15 日内提出答辩状。答辩状应当记明被告的姓名、性别、年龄、民族、职业、工作单位、住所、联系方式;法人或者其他组织的名称、住所和法定代表人或者主要负责人的姓名、职务、联系方式。人民法院应当在收到之日起 5 日内将答辩状副本发送原告。被告不提出答辩状的,不影响人民法院审理。

五、第一审开庭审理

人民法院审理民事案件,除涉及国家秘密、个人隐私或者法律另有规定的以外,应当公开进行。离婚案件、涉及商业秘密的案件、当事人申请不公开审理的、可以不公开审理。

开庭审理中需要完成的主要工作是法庭调查和法庭辩论两项工作。

(一)法庭调查

法庭调查按照下列顺序进行:

(1)当事人陈述;

(2)告知证人的权利义务,证人作证,宣读未到庭的证人证言;

(3)出示书证、物证和视听资料和电子数据；

(4)宣读鉴定意见；

(5)宣读勘验笔录。

当事人在法庭上可以提出新的证据。当事人经法庭许可,可以向证人、鉴定人、勘验人发问。当事人要求重新进行调查、鉴定或者勘验的,是否准许,由人民法院决定。

(二)法庭辩论

法庭辩论按照下列顺序进行：

(1)原告及其诉讼代理人发言；

(2)被告及其诉讼代理人答辩；

(3)第三人及其诉讼代理人发言或者答辩；

(4)互相辩论。

法庭辩论终结,由审判长按照原告、被告、第三人的先后顺序征询各方最后意见。法庭辩论终结,应当依法作出判决。判决前能够调解的,还可以进行调解,调解不成的,应当及时判决。原告经传票传唤,无正当理由拒不到庭的,或者未经法庭许可中途退庭的,可以按撤诉处理；被告反诉的,可以缺席判决。被告经传票传唤,无正当理由拒不到庭的,或者未经法庭许可中途退庭的,可以缺席判决。

人民法院适用普通程序审理的案件,应当在立案之日起 6 个月内审结。有特殊情况需要延长的,由本院院长批准,可以延长 6 个月；还需要延长的,报请上级人民法院批准。

六、第二审程序

当事人不服地方人民法院第一审判决的,有权在判决书送达之日起 15 日内向上一级人民法院提起上诉。第二审人民法院应当对上诉请求的有关事实和适用法律进行审查。

第二审人民法院对上诉案件,应当组成合议庭,开庭审理。经过阅卷和调查,询问当事人,对没有提出新的事实、证据或者理由,合议庭认为不需要开庭审理的,可以不开庭审理。第二审人民法院审理上诉案件,可以在本院进行,也可以到案件发生地或者原审人民法院所在地进行。

第二审人民法院对上诉案件,经过审理,按照下列情形,分别处理：

(1)原判决、裁定认定事实清楚,适用法律正确的,以判决、裁定方式驳回上诉,维持原判决、裁定；

(2)原判决、裁定认定事实错误或者适用法律错误的,以判决、裁定方式依法改判、撤销或者变更；

（3）原判决认定基本事实不清的，裁定撤销原判决，发回原审人民法院重审，或者查清事实后改判；

（4）原判决遗漏当事人或者违法缺席判决等严重违反法定程序的，裁定撤销原判决，发回原审人民法院重审。

原审人民法院对发回重审的案件作出判决后，当事人提起上诉的，第二审人民法院不得再次发回重审。

人民法院审理对原审判决的上诉案件，应当在第二审立案之日起 3 个月内审结。第二审人民法院的判决、裁定，是终审的判决、裁定。

七、审判监督程序

审判监督程序，是指为了保障法院裁判的公正，使已经发生法律效力但有错误的判决、裁定、调解协议得以改正而特设的一种程序。它并不是每个案件必经的程序。

各级人民法院院长对本院已经发生法律效力的判决、裁定、调解书，发现确有错误，认为需要再审的，应当提交审判委员会讨论决定。最高人民法院对地方各级人民法院已经发生法律效力的判决、裁定、调解书，上级人民法院对下级人民法院已经发生法律效力的判决、裁定、调解书，发现确有错误的，有权提审或者指令下级人民法院再审。当事人对已经发生法律效力的判决、裁定，认为有错误的，可以向原审人民法院或者上一级人民法院申请再审；当事人一方人数众多或者当事人双方为公民的案件，也可以向原审人民法院申请再审。当事人申请再审的，不停止判决、裁定的执行。

八、执行程序

发生法律效力的民事判决、裁定，当事人必须履行。一方拒绝履行的，对方当事人可以向人民法院申请执行，也可以由审判员移送执行员执行。调解书和其他应当由人民法院执行的法律文书，当事人必须履行。一方拒绝履行的，对方当事人可以向人民法院申请执行。申请执行的期间为 2 年。人民法院自收到申请执行书之日起超过 6 个月未执行的，申请执行人可以向上一级人民法院申请执行。上一级人民法院经审查，可以责令原人民法院在一定期限内执行，也可以决定由本院执行或者指令其他人民法院执行。

发生法律效力的民事判决、裁定，以及刑事判决、裁定中的财产部分，由第一审人民法院或者与第一审人民法院同级的被执行的财产所在地人民法院执行。法律规定由人民法院执行的其他法律文书，由被执行人住所地或者被执行的财产所在地人民法院执行。被执行人或者被执行的财产在外地的,可以委托当地人民法院代为执行。受委托人民法院收到委托函件后,必须在 15 日内开始执行,不得拒绝。执行完毕后,应当将执行结果及时函复委托人民法院;在 30 日内如果还未执行完毕,也应当将执行情况函告委托人民法院。受委托人民法院自收到委托函件之日起 15 日内不执行的,委托人民法院可以请求受委托人民法院的上级人民法院指令受委托人民法院执行。

被执行人未按执行通知履行法律文书确定的义务,人民法院有权向有关单位查询被执行人的存款、债券、股票、基金份额等财产情况。人民法院有权根据不同情形扣押、冻结、划拨、变价被执行人的财产。人民法院查询、扣押、冻结、划拨、变价的财产不得超出被执行人应当履行义务的范围。人民法院决定扣押、冻结、划拨、变价财产,应当作出裁定,并发出协助执行通知书,有关单位必须办理。被执行人未按执行通知履行法律文书确定的义务,人民法院有权扣留、提取被执行人应当履行义务部分的收入。但应当保留被执行人及其所扶养家属的生活必需费用。被执行人未按执行通知履行法律文书确定的义务,人民法院有权查封、扣押、冻结、拍卖、变卖被执行人应当履行义务部分的财产。

执行员接到申请执行书或者移交执行书,应当向被执行人发出执行通知,并可以立即采取强制执行措施。被执行人未按执行通知履行法律文书确定的义务,应当报告当前以及收到执行通知之日前一年的财产情况。被执行人拒绝报告或者虚假报告的,人民法院可以根据情节轻重对被执行人或者其法定代理人、有关单位的主要负责人或者直接责任人员予以罚款、拘留。被执行人不履行法律文书确定的义务的,人民法院可以对其采取或者通知有关单位协助采取限制出境,在征信系统记录、通过媒体公布不履行义务信息以及法律规定的其他措施。

【本章小结】通过本章的学习,读者应当了解项目管理中产生纠纷的各自解决方式,尤其应当掌握项目管理中劳动争议的解决、项目管理纠纷的民事仲裁和民事诉讼,并且能够在实践中加以应用。

本章进一步阅读材料:

1. 江伟主编:《民事诉讼法》,高等教育出版社、北京大学出版社,2000 年

2. 谭兵主编:《中国仲裁制度研究》,法律出版社,1995 年

3. 黄进等编著:《仲裁法学》,中国政法大学出版社,1997 年
4. 宋连斌、林一飞译编:《国际商事仲裁》,武汉出版社,2001 年

思考题:

1. 项目管理纠纷处理的基本形式有哪些?
2. 劳动争议仲裁委员会由哪些代表组成?
3. 仲裁协议的内容有哪些?
4. 简述仲裁庭的组成。
5. 简述民事诉讼的管辖。
6. 民事诉讼证据的种类有哪些?

第十章 世界银行贷款项目采购程序

【本章导读】从制度建设的角度看,世界银行与项目管理关系最密切的规范性文件是《国际复兴开发银行贷款和国际开发协会信贷采购指南》。本章以此为依据对世界银行的概况作了简单介绍,介绍了世界银行国际竞争性招标采购方式和其他采购方式。

第一节 概述

一、世界银行集团简介

世界银行集团(The World Bank Group)共包括五个成员组织:国际复兴开发银行(The International Bank for Reconstruction and Development)、国际开发协会(The International Development Association)、国际金融公司(The International Finance Cooperation)、解决投资争端中心(The International Centre for the Settlement of Investment Dispute)和多边投资担保机构(The Multilateral Investment Agency)。国际复兴开发银行成立于1945年12月,是世界银行集团中最早成立的机构,它主要向发展中国家国家提供中、长期贷款,贷款利率低于市场利率。国际开发协会成立于1960年,国际金融公司成立于1956年,解决投资争端中心成立于1965年,多边投资担保机构成立于1988年。现在人们把世界银行集团简称为"世界银行",但在世界银行集团业务活动中,"世界银行"是国际复兴开发银行和国际开发协会的统称,目前有186个成员国。

二、世界银行贷款项目的采购原则

世界银行贷款项目的采购原则和采购程序是由《国际复兴开发银行贷

款和国际开发协会信贷采购指南》(简称《采购指南》)规定的。其基本原则有以下三条：

第一,在项目采购中,必须注意经济性和效率性；

第二,世界银行贷款项目为合格的投标人承包项目提供平等的竞争机会,不论投标人来自发达国家还是发展中国家；

第三,世界银行作为一个开发机构,其贷款项目应促进借款国的制造业和承包业的发展。

世界银行贷款项目的采购程序既适用于土建工程,也适用于货物和咨询服务,它们适用同一个程序和原则,即:《国际复兴开发银行贷款和国际开发协会信贷采购指南》规定的采购原则和采购程序。

第二节　国际竞争性招标

国际竞争性招标(International Competitive Bidding,ICB),是指邀请世界银行成员国的承包商参加投标,从而确定最低评标价的投标人为中标人,并与之签订合同的整个程序和过程。世界银行认为,在大多数情况下,实现经济、有效率、公平竞争的要求和意愿的最好办法是通过管理得当的国际竞争性招标。在实践中,国际竞争性招标采购的金额占贷款采购总金额的80%左右,在我国的世界银行贷款项目中,国际竞争性招标采购的金额也占贷款采购总金额的70%以上。因此,国际竞争性招标是世界银行贷款项目采购程序的主要程序。

一、总采购公告

及时将投标机会通知国际社会,在国际竞争性招标中是很重要的。这不但是为了使投标人能及早了解投标机会,并为此做好准备；而且对业主、购货人也有好处。因为,这样做可以促进竞争,并使业主/购货人能进一步了解市场供应情况,有助于经济、有效地达到采购的目的。公开通告投标机会也是世界银行及其他国际开发机构所要求的,目的是使所有合格且有能力、符合要求的投标人能不受歧视地享有公平的投标机会。

世界银行要求,贷款项目中心以国际竞争性方式采购的货物和工程,借款人必须准备并交世界银行一份总采购公告。当某一项目的资金来源已经初步确定(如已初步确定由世界银行提供贷款,本国配套资金也已基本落实),项目初步设计已经完成,项目评估已经或接近完成,在项目评估阶段已经确定了须以国际竞争性招标方法进行采购的那部分设备和工程,就可以准备这样一份总采购通告,并及早送交世界银行,安排免费在联合国出版的《发展商务报》上刊登。送交世界银行的时间最迟不应迟于招标文件已经准备好、将向投标人公开发售之前 60 天。以便及早安排刊登,使可能的投标人有时间考虑,并表示他们对这项采购的兴趣。

二、资格预审

凡采购大而复杂的工程,以及在例外情况下,采购专为用户设计的复杂设备或特殊服务,在正式投标前宜先进行资格预审,对投标人是否有资格和能力承包这项工程或制造这种设备先期进行审查,以便缩小投标人的范围。这样做也可以使不能胜任的厂商避免因准备投标而花费巨大的人力财力。一个项目的具体采购合同是否要进行资格预审,应由借款人和世界银行充分协商后,在贷款协定中明确规定。资格预审首先要确定投标人是否有投标资格(Eligibility),在有优惠待遇的情况下,也可确定其是否有资格享受本国或地区优惠待遇。

除了确定投标资格外,资格预审的目的是为了审定可能的投标人是否有能力承担该项采购任务。资格预审应预先规定评审标准及合格要求,并应将合同的规模和合格要求通知愿意参加预审的厂商。经过评审后,凡符合标准的,都应准予投标,而不应限定预审合格的投标人的数量。资格预审一结束,就应将招标文件发给预审合格的投标人,其间的时间间隔不宜太长。因为相距时间太长,时过境迁,原来已合格的可能不再合格,原来不合格的可能又具备了合格条件,这样,正式投标时将不得不重新进行资格预审或至少再进行资格定审。

三、准备招标文件

招标文件是评标及签订合同的依据。它向未来的投标人提供与所需采购的货物或工程有关的一切情况、投标应注意的一切事项和评标的具体标准。它还规定了业主与投标人之间的权利和义务,并提出了授予合同后业主与供货人/承包商之间的权利义务关系,作为今后签订正式合同的基础。招标文件的各项条款应符合《采购指南》的规定。世界银行虽然并不“批准”招标文件,但需其表示“无意见”(No objection)后招标文件才可以公开发售。在准备招标文件或世界银行审查过程中,也可能有忽略或产生错误。但招标文件一经制定,世界银行也已表示“无意见”,并已公开发售后,则除非有十分严重的不妥之处或错误,即使其中有些规定不符合《采购指南》,评标时也必须以招标文件为准。例如,世界银行要求,投标保证金可以采用存入现金、开出支票,或由银行开具保函或开出不可收回的信用证的方式。如果是后者,则保函或信用证的开出行应位于业主所在国境内,或虽位于国外但为业主所接受者。也有经世界银行表示"无意见"的招标文件规定,开具投标保证金保函的银行必须位于业主所在国内。这一规定不符合世界银行要求,但既已作为招标文件正式规定,就应按此实行。

招标文件的内容必须明白确切。应说明工程内容、工程所在地点、所需提供的货物、交货及安装地点、交货或竣工进程表、保修和维修要求,以及其他有关的条件和条款。如有必要,招标文件还应规定将采用的测试标准及方法,用以测定交付使用的设备是否符合规格要求。图纸与技术说明书内容必须一致。

招标文件还应说明在评标时除报价以外需考虑的其他因素,以及在评标时如何计量或用其他方法评定这些因素。如果允许对设计方案、使用原材料、支付条件、竣工日程等提出替代方案,招标文件应明确说明可以接受替代方案的条件和评标方法。招标文件发出后如有任何补充、澄清、勘误或更改,包括对投标人提出的问题所作出的答复,都必须在距招标截止期足够长的时间以前,发送原招标文件的每一个收件人。

招标文件所用的语言应选用国际商业通用的语言,即英、法、西班牙文三者之一,并以该种文字的文本为准。但根据世界银行1985年12月新规定,如果借款人愿意,他可以在以英、法或西班牙文发出招标文件外,同时发出本国文字的招标文件。只有本国投标人可选择用本国文字投标。

四、具体合同招标广告(投标邀请书)

除了总采购通告外,借款人应将具体合同的投标机会及时通知国际社会。为此,应及时刊登具体合同的招标广告,即投标邀请书。与总采购通告有所不同,这类具体合同招标广告不要求、但鼓励刊登在联合国《发展商务报》上。至少应刊登在借款人国内广泛发行的一种报纸上;如有可能,也应刊登在官方公报上。招标广告的副本,应转发给有可能提供所需采购的货物或工程的合格国家的驻当地代表(如使馆的商务处),也应发给那些看到总采购通告后表示感兴趣的国内外厂商。如系大型、专业性强或重要的合同,世界银行也可要求借款人把招标广告刊登在国际上发行很广的著名技术性杂志、报纸或贸易刊物上。

从发出广告到投标人作出反应之间应有充分时间,以便投标人进行准备。一般,从刊登招标广告或发售招标文件(两个时间中以较晚的时间为准)算起,给予投标商准备投标的时间不得少于 45 天。

对大型工程和复杂的设备,为了使预期的投标人熟悉情况,便于准备投标,应鼓励业主在投标前召集投标准备会议,组织现场考察,以求投标更切合实际。

五、开标

在招标文件《投标人须知》中应明确规定投交标书地址、投标截止时间和开标时间及地点。投交标书的方式不得加以限制(如规定必须寄交某邮政信箱),以免延误。应该允许投标人亲自或派代表投交标书。开标时间一般应是投标截止时间或紧接在截止时之后。招标人应规定时间当众开标。应允许投标人或其代表出席开标会议,对每份标书都应当众读出其投标人、报价和交货或完工期;如果要求或允许提出替代方案,也应读出替代方案的报价及完工期。标书是否附有投标保证金或保函也应当众读出。不能因为标书未附投标保证金或保函而拒绝开启。标书的详细内容是不可能也不必全部读出的。开标应作出记录,列明到会人员及会宣读的有关标书的内容。如果世界银行有要求,还应将记录的副本送交世界银行。开标时一般不允许提问或作任何解释,但允许记录和录音。

在投标截止期以后收到的标书,尤其是已经开始宣读标书以后收到的标书,不论出于何种原因,一般都可加以拒绝。

上述公开开标的程序是竞争性招标最常采用的开标程序,也是世界银行要求其贷款项目采用国际竞争性招标方法时必须遵循的程序。公开开标也有其他变通办法,一个办法是所谓"两个信封制度"(Two Envelope System),即要求投标书的技术性部分密封装入一个信封,而将报价装入另一个密封信封。第一次开标会时先开启技术性标书的信封;然后将各投标人的标书交评标委员会评比,视其是否在技术方面符合要求。这一步骤所需时间短至几小时,长至几个星期。如标书在技术上不符合要求,即通知该标书的投标人。第二次开标会时再将技术上符合要求的标书报价公开读出。技术上不符合要求的标书,其第二个信封不再开启。如果采购合同简单,两个信封也可能在一次会议上先后开启。

六、评标

评标主要有审标、详评、资格定审三个步骤。

(一)审标

审标是先将各投标人提交的标书就一些技术性、程序性的问题加以澄清并初步筛选。如,投标人是否具备投标资格、是否附有要求交纳的投标保证金、是否已按规定签字、是否在主要方面均符合招标文件提出的要求、是否有重大的计算错误、其他方面是否都符合规定等。

(二)详评

借款人将仅对被确定为实质上响应招标文件要求的投标文件进行详评。按招标文件所明确规定的标准和评标方法,评定各标书的评标价。评比时既要考虑报价,也要考虑其他因素。投标书如有各种与招标文件所列要求不重大的偏离者,应按招标文件规定办法以在评标中加以计算。有些问题则可以通过双方一同举行澄清会议,寻求一致意见,加以解决。然后按评标价高低,由低至高,评定各标书的评标次序。

在评标中,借款人对土建工程合同的国内承包人,给予 7.5% 的优惠。在具体操作上,是将国外投标人的投标加上相当于其投标金额的 7.5%。另外,世界银行鼓励投标人同时投多个标段,因为一个承包人同时中标多个标段,将减少借款人的管理工作量。因此,投标人在第一个标段中标后,在后面标段的评标中将有 4% 的评标优惠。

【案例 10−1】:运用经评审的最低投标价法进行评标

使用世界银行贷款建设的两段互相衔接的公路施工招标,招标人在招标时将这两段公路分为甲、乙两个标段。招标文件规定:国内投标人有 7.5% 的评标价优惠;同时投两个标段的投标人如果第一个标段中标,第二个标段有 4% 评标扣减;投标工期以 24～30 个月内为合理工期,评标时两个标段都以 24 个月为基准,每增加 1 个月在评标时加上 0.1 百万元。有 A、B、C、D、E 五个承包商的投标文件是合格的,其中 A、B 两投标人同时对两个标段进行投标,B、D、E 为国内承包商。承包商的投标情况如下:

投标人	报价(百万元)		投标工期(月)	
	甲段	乙段	甲段	乙段
A	10	10	24	24
B	9.7	10.3	26	28
C		9.8		24
D	9.9		25	
E		9.5		30

评标结果如下：

甲段为：

投标人	报价(百万元)	修正因素		评标价
		工期因素	本国优惠	
A	10		＋0.75	10.75
B	9.7	＋0.2		9.9
D	9.9	＋0.1		10

因此，甲段的中标人应为投标人 B。

乙段为：

投标人	报价(百万元)	修正因素			评标价
		工程因素	两个标段优惠	本国优惠	
A	10			＋0.75	10.75
B	10.3	＋0.4	−0.412		10.288
C	9.8			＋0.735	10.535
E	9.5	＋0.6			10.1

因此，乙段的中标人应为投标人 E。

(三)资格定审

如果在投标前未进行过资格预审，则应在评标后对标价最低、并拟授予合同的标书的投标人进行资格定审，以便审定其是否有足够的人力财力资源有效地实施采购合同。资格定审的标准应在招标文件中明确规定，其内容与资格预审的标准相同。如果评标价最低的投标人不符合资格要求，就应拒绝这一投标，而对次低标的投标人进行资格定审。定审结果，如果认定其有资格，又有足够的人力、财力资源承担合同任务，就应报送世界银行，建议授予合同。

评标只是对标书的报价和其他因素，以及标书是否符合招标程序要求和技术要求进行评比，而不是对投标商是否具备实施合同的经验、财务能力和技术能力的资格进行评审。对投标商的资格审查应在资格预审或定审中进行。评标考虑的因素中，不应把属于资格审查的内容包括进去。

七、授予合同或拒绝所有投标

按照招标文件规定的标准,对所有符合要求的标书进行评标,得出结果后,应将合同授予其标书评标价最低,并有足够的人力财力资源的投标人。在正式授予合同之前,借款人应将评标报告,连同授予合同的建议,送交世界银行审查,征得其同意。

招标文件一般都规定借款人有拒绝所有投标的权利。借款人在采取这样的行动之前应先与世界银行磋商。借款人不能仅仅为了希望以更低价格采购到所需设备或工程而拒绝所有投标,再以同样的技术规格要求重新招标。但如果评标价最低的投标报价也大大超出了原来的预算,则可以废弃所有投标而重新招标。或者作为替代办法,可在废弃所有投标后再与最低标的投标人谈判协商,以求取得协议。如不成功,可与次低标的投标人谈判。

如果所有投标均有重大方面不符合要求,或招标缺乏有效的竞争,借款人也可废弃所有投标而重新招标,但不能随意这样做。例如,某项目通过国际竞争性招标采购水泵。有两家厂商投标,其中一家的投标在技术上不符合要求。由于符合要求的投标只剩下一份,因而借款人预备重新招标,符合要求的唯一的那一家厂商则认为他已为原投标花了不少时间和金钱,他的投标报价合理,符合要求,应被授予合同。而且如果重新投标,由于他的报价已为人所共知,将使他处于不利地位。世界银行认为该投标人所持理由充分,因而不同意借款人重新招标。

八、合同谈判和签订合同

中标人确定后,应尽快通知中标的投标商准备谈判。在正式通知授予合同后,业主/购货人就须与承包商/供应商进行合同谈判。但合同谈判并不是重新谈判投标价格和合同双方的权利义务,因为对投标价格的必要的调整已在评标的过程中确定;双方间的权利义务以及其他有关商务条款,招标文件中都已明确规定。而且《采购指南》还规定:"不应要求投标人承担技术规格书中没有规定的工作责任,也不得要求其修改投标内容作为授予合同的条件。"这就是说,合同价格是不容谈判的,也不得在谈判中要求投标人承担额外的任务。但有些技术性或商务性的问题是可以而且应该在谈判中确定的。如原招标文件中规定采购的设备、货物或工程的数量可能有所增减,合同总价也随之可按单价计算而有增减;投标人的投标,对原招标文件中提出的各种标准及要求,总会有一些非重大性的差异,如技术规格上某些重大的差别、交货或完工时间提前或推迟、工程预付款的多少及支付条件、损失赔偿的具体规定、价格调整条款及所依据的指数的确定等等,都应在谈判中进一步明确。

合同谈判结束,中标人接到授标信后,即应在规定时间内提交履约担保。双方应在投标有效期内签署合同正式文本,一式两份,双方各执一份,并将合同副本送世界银行。

九、采购不当(Misprocurement)

如果借款人不按照借款人与世界银行在贷款协定中商定的采购程序进行采购,世界银行的政策就认为这种采购属于"采购不当"。世界银行将不支付货物或工程的采购价款,并将从贷款中取消原分配给此项采购的那一部分贷款额。

【案例 10－2】:小浪底水利枢纽主体土建工程国际招标

小浪底水利枢纽位于河南省洛阳市以北 40km 黄河中游最后一段峡谷的出口处,坝址以上控制流域面积 69.4 万 km^2,占黄河流域面积的92.3%。水库总库容 126.5 亿 m^3,其中后期有效库容 51 亿 m^3,是黄河干流在三门峡水库以下唯一能够取得较大库容的控制性工程,在黄河治理开发中具有重要战略地位。

小浪底水利枢纽部分资金利用世界银行贷款。从 1988 年起,世界银行先后 15 次组团对小浪底水利枢纽建设项目进行考查和评估。1993 年 5 月,小浪底水利枢纽工程项目顺利通过世界银行的正式评估。1994 年 6 月,世界银行董事会正式决定为小浪底工程提供 10 亿美元的贷款,其中一期贷款 5.7 亿美元,二期贷款 4.3 亿美元。在世界银行贷款中,其中 1.1 亿美元软贷款用于移民安置。

小浪底水利枢纽工程按照世界银行采购导则的要求面向世界银行所有成员国进行竞争性国际招标。小浪底主体工程的土建国际合同分为三个标:大坝工程标(I 标);泄洪排沙系统标(II 标);引水发电系统标(III 标)。小浪底水利枢纽主体工程三个国际土建标严格按照世界银行的要求和国际咨询工程师联合会(FIDIC)推荐的招标程序进行招标。

一、资格预审

1992 年 2 月,业主(黄河水利水电开发总公司)通过世界银行刊物《发展论坛》(Development Business)刊登了发售小浪底水利枢纽主体工程三个土建国际标资格预审文件的消息。资格预审邀请函于 1992 年 7 月 22 日同时刊登在《人民日报》和《中国日报》上。

业主发出资格预审邀请函后,总共有 13 个国家的 45 个土建承包商(公司)购买了资格预审文件。在截止递交资格预审申请书日期 35 天前,承包商如对资格预审文件中的内容有疑问,可以向业主提出书面询问,业主在截止日 21 天前作出答复,并通知所有承包商。到截止日期 10 月 31 日时,共有 9 个国家的 37 家公司递交了资格预审申请书。其中单独报送资格预审文件的有 2 家承包商,其他的 35 家公司组成了 9 个联营体。这些承包商或联营体分别申请投独立标或投联合标的资格预审。

为了进行资格评审工作,业主成立了"资格预评审工作组"和"资格预评审委员会"。资格评审分两个阶段进行,第一阶段由评审工作组组成三个小组:第一小组审查资格预审申请者法人地位合法性,手续完整性及合法签字,表格填写是否完整,商业信誉及过去的施工业绩等;第二小组根据承包商提供的近两年的财务报告审查其财务状况,核查用于本工程流动资产总额是否符合要求,以及其资金来源、银行信用证、信用额度和使用期限等;第三小组为技术组,对照资格预审要求和承包商填写表格,评价承包商的施工经验、人员能力和经验、组织管理经验以及施工设备的状况等。最后,汇总法律、财务和技术资格分析报告,由"资格评审委员会"评审决定。评审时按预审文件中其资格作出分析。评审标准分以下两类:

(1)必须达到的标准,若达不到,申请会被拒绝(即"及格或不及格"标准);

(2)计分标准,用以确定申请人资格达到工程项目要求的何种程度。

根据评审结果,9 个联营体和一个单独投标的承包商资格预审合格。1993 年 1 月 5 日业主向世行提交了预审评审报告。世行于 1993 年 1 月 28 日、29 日在华盛顿总部召开会议,批准了评审报告。

二、招标和投标

(一)招标文件

小浪底水利枢纽工程招标文件由黄委设计院和加拿大国际工程管理公司(CIPM)从 1991 年 6 月开始编制。

一、二、三标招标文件的基本结构和组成是一样的。主要包括四卷共十章:第一卷,包括投标邀请书、投标须知和合同条款;第二卷,技术规范;第三卷,投标书格式和合同格式,包括投标书格式、投标担保书格式及授权书格式、工程量清单、补充资料细目表、合同协议书格式、履约担保书格式与预付款银行保函格式;第四卷,图纸和资料。

招标文件是严格按照世行招标采购指南的要求和格式编制的。其中对有关世行要求的内容,如投标的有效期和投标保证金、合同条款、招标文件的确切性、标准、商标的使用、支付的限制、货币规定(包括投标所用的货币、评标中货币的换算、支付所用的货币等)、支付条件和方法、价格调整条款、预付款、履约保证金、运输和保险、损失赔偿和奖励条款、不可抗力,以及争端的解决等,都有详细和明确的规定。

招标文件经水利部审查后于 1993 年 1 月提交世行,并于 1993 年 2 月 4 日获世行批准。

1993 年 3 月 8 日,业主向预审合格的各承包商发出招标邀请函并开始发售标书,所有通过资格预审的承包商均购买了招标文件。投标截止日定在 1993 年 7 月 13 日。

(二)现场考察与标前会

现场考察是土建工程项目招标和投标过程中的一个重要环节。通过考察,投标人可以在报价前认真、全面、仔细地调查、了解项目所在地及其周围的政治、经济、地理、水文、地质和法律等方面的情况。这些不可能全部包括在招标文件之内,条款的规定,投标人提出的投标报价一般被认为是在审核招标文件后并在对现场全面而深入了解的基础上编制的,一旦投标,投标人就无权因现场情况不了解而提出修改标价或补偿。

标前会议是在开标日期以前就投标人对招标文件所提出问题或业主关于招标文件中的某些不当地方做修改而举行的会议。

小浪底土建工程国际标的各家投标商的代表于 1993 年 5 月 7 日至 12 日,参加了黄河水利水电开发公司组织的现场考察、标前会和答疑。根据惯例,由业主准备了标前会和答疑的会议纪要,并分发各投标商。

(三)招标文件的修改

在小浪底土建国际招标过程中,业主对各投标商提出的疑问作了必要澄清,并将三次澄清通信分送给各投标商。

此外,黄河水利水电开发总公司还通过四份补遗发出了补充合同条款及其他修改内容。这些补遗都构成了合同的一部分。根据多数投标商要求,有一份补遗通知将投标截止日期推迟到 1993 年 8 月 31 日。

(四)投标和开标

根据世行招标采购指南,准备投标和送交标书之间需留出适当的时间间隔,以便使预期的投标人有足够的时间进行调查研究和准备标书。这个时间一般从邀请投标之日或发出招标文件之日算起,根据项目的具体情况及合同的规模和复杂性进行确定,对大型项目一般不应少于 90 天。鉴于小浪底工程的规模和复杂性,从 1993 年 3 月 8 日开始发售标书,至原来预定的在 7 月 31 日开标,投标准备历时 149 天。后来由于投标商普遍要求推迟,所以业主决定将开标日期推迟至 1993 年 8 月 31 日。

所有通过资格预审的投标人都投了标。按照国际竞争性招标程序的要求,开标以公开的方式进行。业主于 1993 年 8 月 31 日下午 2 点(北京时间)在中国技术进出口总公司的北京总部举行开标仪式,开标时各投标商代表均在场。

在投标截止日期后收到的标书,一概不予考虑。同时,一般情况下不应要求或允许任何投标人在第一个投标书开启后再进行任何变更。除非出于评标的需要,业主可以要求任何投标人对其标书进行澄清,但在开标后,不能要求或允许任何投标人修改其标书的实质性内容或价格。

三、评标、合同谈判及授予合同

根据世界银行的招标采购指南,评标的目的是为了能在标书评标价的基础上对各投标书进行比较,以确定业主对每份投标所需的费用。选择的原则是将合同授予评标价最低的标书,但不一定是报价最低的标书。

小浪底土建工程国际招标的评标工作从 1993 年 9 月开始,至 1994 年元月上旬结束,历时 4 个多月。主要分为初评和终评两个阶段。初评即全面审阅各投标商的标书,并提出重点评审对象,确定短名单;终评包括问题澄清、详细评审,在对中标商的初步建议和意见的基础之上,完成评标报告并报送世界银行审批。

(一)初步评审

1.初步评审的主要内容

初步评审的主要内容包括:(1)投标书的符合性检验;(2)投标书标价的算术性校验和核对,即对那些能符合招标文件的全部条款和技术规范的规定,而无重大修改和保留土建的投标书(所谓有重大修改和保留土建的投标书,是指投标人对招标文件所描述和要求的工程在价格、范围、质量和完整性以及工期和管理施工方式等方面有了重大改变;或是业主和投标人在责任和义务等方面有了重大改变和受到了重大限制),评标工作组将对其标价进行细致的算术性校核。当数字金额与大写金额有差异时,以大写金额为准,除非评标组认为单价的小数点明显错位,在这种情况下则应以标价的总额为准。按以上程序进行调整和修改并经投标人确认的投标价格,才对投标具有约束力。如果投标人不接受经正确修改的投标价格,其投标书将不予接受并没收其投标保证金。

在以上两项工作的基础上,将符合要求的投标书按标价由低到高进行排队,从而挑选出在标底以下或接近标底的、排在最前面的数家有竞争性的投标人进入终评。

2.评标标准

对小浪底土建三个标的评标标准已按世行《采购导则》确定并在招标文件中作出了规定,因此在对各投标书评审时,均按以下原则进行考虑。

(1)标书均按人民币进行评价,报价外币按投标截止日前28天资格银行公布外汇售价汇率折合成人民币。

(2)与招标要求不符的任何标书均不予受理。

(3)工程量清单或招标书格式中的计算错误按招标文件中规定的程序予以更正。

(4)评标时对关税不予考虑,因为投标商所报关税仅供参考。评标时仅保留工程量表总价和计日工费。

(5)评标时对任何拟用财务或技术替代方案均不予考虑。只有当投标商中标后,黄河水利水电开发总公司才在签订合同前考虑其拟用替代方案(若有的话),但黄河水利水电黄河总公司并没有义务采纳此替代方案。

(6)个别偏差如改变预付款的支付条件等,适当时可以考虑。但评标时应采用一个合适的改正计算值。

另外,业主还邀请各标预审合格的投标商报出联合中标后的降价,以便降价后的联合报价与相应的最低单个标的标价总和相比较。但是,业主并没有义务一定要授联合标。

3.初步评审结果

开标后,首先对各投标书按照要求逐条进行了符合性检查。经过检查,所有投标书基本符合要求。

随后在对投标书进行算术性校验和核对时,发现不少投标书都存在一些错误,主要是小的计算错误,包括工程量清单中的乘法与加法错误。还有些投标商未按招标文件规定将关税打进开标价。对计算错误按投标商须知中的有关规定进行了更正。

关于附加条件保留条件,在商务方面有几家投标商提出了商务附加或保留条件,主要涉及:预付款支付方法;进、出场费支付方法;滞留金之有关规定;调价条款的实施;保险风险;出口信贷先决条件;关税;合同终止;地质条件变化以及黄河水利水电开发总公司提供的营地设施等。这些附加和保留条件的要求虽尚未构成断然否决任一投标书的理由,但投标商应予撤销。

另外,还发现有些标书有下列情况,比如,在补充资料细目表中有些内容没有或者不全;有些地方,中国关税没有适当指明;调价公式(外币部分)

有些系数没有提供或者不完整;在总报价中有些分项与工程量汇总表中所列分项不符等等。这些情况均要求投标商做了澄清。

评标工作组校对计算机结果并作出商务、技术分析后,在初步评审的基础上,汇总了有关材料,并于 1993 年 10 月 18 日向评标委员会报告。初步评审报告主要概括了对标书的分析结果,并列出在商务和投标书附加和保留条件方面需要投标商澄清的问题。

经评标委员会评议后,确定了各标的投标商短名单。

(二)最终评审

1. 澄清会

对投标书中与招标文件不符或不明确的地方,以及投标商的附加和保留条件,业主将其列了出来,于 1993 年 11 月 15 日向列入短名单前三名的投标商发出局面澄清函,随后各投标商均作了书面答复。由业主于 1993 年 11 月 23 日～30 日在郑州举行了澄清会。

在澄清会上,投标商对所有要求澄清的问题作了澄清。大多投标商主动放弃了附加和保留条件,但某些投标商要求保留在材料价差管理费、预付款和滞留金的有关规定方面的附加条件或建议。但业主坚持要求投标商撤销这些附加条件,否则将对其他投标商造成不公正。

会议形成的纪要随后也成为合同的一部分。

2. 技术和进度评审

对投标书的施工组织方案、所采取的主要措施、派往现场的主要管理和工作人员、提供的主要施工机械设备等进行了详细的审阅。同时,对施工方案、主要技术措施以及进度的可靠性、合理性、科学性和先进性进行深入具体的分析,主要包括:

(1)分析设备数量、能力、适应性和可靠性是否满足工程实际需要;

(2)对投标人现场机构及人员的经验、资历和数量进行审核;

(3)投标人对劳务、材料及临时设施是否作出了详细计算和安排;

(4)确定施工进度、完工日期是否满足招标文件的要求;

(5)审查主要的施工方案和方法,并确定是否有切实可行的措施保证;分析投标商的施工布置是否符合招标文件的要求;

(6)审查分包商的资格和能力;

(7)检查投标人的质量保证体系和措施。

除了按以上内容评审投标书以外,对一些投标书在技术方面提出的一些小的技术偏离和或保留条件,大多涉及个别工程项目的拟用施工方法、拟用施工公差、拟选择的料场等,也均要求承包商对这些偏离和保留予以澄清。

为了更好地评标,业主还要求投标商提供某些补充资料,尤其是以下几方面的情况:

(1)某些施工任务的施工方法报告(如防护工程、坝料运输与填筑、防渗墙、材料加工、基础处理、地下工程等);

(2)个别施工任务之计划施工进度;

(3)计划生产强度;

(4)更详细的施工设备之更详细的情况;

(5)拟用的混凝土温控措施;

(6)拟用现场设施等。

3.确定评估价

按照世行的授标原则,合同将授予那些评估标价最低的投标人,而不是投标标价最低的投标人。根据世行采购导则,其评估标价一般由以下因素构成:(1)基本标价,即经评审小组进行算术校核后并已被投标人所认可的标价;(2)汇率引起的差价;(3)现金流动不同而引起的利差;(4)预付款的利息;(5)投标书所规定的国内优惠;(6)扣除暂定费用和应急费,但须计入计日工费用。

如上所述,在投标书审查过程中发现,多数投标书提出了某些与投标文件规定不符的附加和保留条件。但经过澄清后,除了有两个联营体对Ⅱ标和Ⅲ标仍坚持某些附加和保留条件,需完全撤销外,其余各标的投标商均撤销了各自所提出的附加和保留条件。个别偏离条件按世行导则和招标文件规定,可考虑预以适当的接受,但在计算评标价时应按招标书规定,计入合适的定量修正值。所以,在确定小浪底土建三个标的评标价时,对承包商提出的预付款支付及扣还以及滞留金扣除等两项偏离招标书要求的条件,以贴现方式进行了定量计算并计入了评标价。

4.评审报告

在最终评审的基础上,评标委员会准备了评审报告,经招标领导小组审定和国家有关部门批准,确定了中标意向,并报世界银行审核确认。

(三)合同谈判和授标

根据评审报告,业主于1994年2月发出了中标意向性通知,从1994年2月12日至1994年6月28日进行了合同谈判。

小浪底土建国际标的合同谈判分两步进行。第一步是预谈判,即就终评阶段的澄清会议所未能解决的一些遗留问题,再次以较为正式的方式与拟定的中标商进行澄清和协商,为正式合同谈判扫清障碍;第二步即正式合同谈判和签订合同协议书。在小浪底的合同谈判中,除了形成合同协议书外,还签署了合同协议备忘录及一系列附件,这个备忘录及其附件构成了合同的一个重要组成部分。备忘录的主要目的是明确某些合同条款的具体执行和操作办法和对合同条款作必要的补充。其主要内容是澄清会议所澄清的主要问题。附件主要是一些补充协议。

业主分别于 1994 年 4 月 30 日和 1994 年 6 月 8 日与 I 标、II 标及 III 标正式签订了合同。中标单位如下:

项目	I 标大坝标	II 标泄洪工程标	III 标引水发电系统标
联营体	黄河承包商 YRC	中 德 意 联 营 体 CGIC	小浪底联营体 XJV
责任公司及所占股份	英波吉罗(意大利)IM－PREGILOS. P. A(36.5%)	旭普林(德)Z_BLIN(26%)	杜 美 兹 (法)DU-MEZ(44%)
成员公司及所占股份	Hochtief A. G(德)(36.5%)Italsfrade S. P. A(意)(14%)中国水电 14 局(13%)	Strabag(德)(18%)Wagss&Freytag A. G(德)(15%)* Del Favero S. P. A(意)(15%)Salini S. P. A(意)(14%)中国水电 7 局(6%)中国水电 11 局(6%)	Holzmann (德)(44%)中国水电 6 局(12%)
中标时间	1994.4.30	1994.6.8	1994.4.30
草签协议时间	1994.5.28	1994.6.28	1994.5.28
正式签约时间	1994.7.16	1994.7.16	1994.7.16
中标金额	5.6 亿人民币	10.9 亿人民币	3.16 亿人民币
	2.16 亿美元	5.06 亿德国马克	8421 万美元
合同工期	91 个月	84 个月	74 个月
完工日期	2001.12.31	2001.6.30	2000.7.31
进场时间	1994.6	1994.7	1994.6

(*1995 年经业主批准,II 标成员公司之一的意大利 Del Favero S. P. A 公司退出联营体,由法国 Spie 公司代替进入联营体)

第三节　国际竞争性招标以外的其他招标方式

世界银行贷款项目的采购并非一概排斥其他招标(采购)方式。有限国际招标(LIB)、国内竞争性招标(LCB)、国际及国内询价采购等采购方式,在一定条件下也可采用,但往往有较严格的限制,如世界银行规定,对一般借款国而言,10～25 万美元以上的货物采购合同,大中型的工程采购合同,都应采用国际竞争性招标。我国由于贷款项目金额一般都比较大,因而世界银行的国际竞争性招标采购限额也放宽一些。

一、有限国际招标

有限国际招标是采用不公开刊登招标广告而直接邀请供应商或承包商进行投标的一种采购方式。这种采购方式主要用于以下情况:采购金额较小;能够提供货物或服务的供应商数目有限;有其他特殊理由证明不能完全按照国际竞争性招标方式进行采购。

二、国内竞争性招标

国内竞争性招标是指在借款国范围内进行的招标采购,招标通告只在国内主要报纸刊登,招标文件一般也只采用本国文字书写。但是,如果外国公司有兴趣投标,也应允许其参加投标。这种采购方式主要用于不可能吸引外国竞争的采购活动。

三、国际和国内询价采购

询价采购是对外国或国内(通常至少三家)几家供应商的报价进行比较为根据的一种采购方式。这种采购方式主要用于采购现货或价值较小的标准规格设备,或者用于小型、简单的土建工程。

四、直接采购和自营工程

(一)直接采购

直接采购是指不通过招标或者货比三家等方式,而是由项目单位直接和供货单位进行谈判而签订的合同。

(二)自营工程

自营工程是指土建工程项目中采用的一种采购方式,它是由借款人直接使用自己国内的施工队伍来承建的土建工程。

【本章小结】通过本章的学习,读者应当了解世界银行的采购方式,特别是掌握国际竞争性招标的程序和评标方法,能够运用世界银行的规定对国际竞争性招标进行评标。对有限国际招标、国内竞争性招标、国际和国内询价采购、直接采购和自营工程有所了解即可。

本章进一步阅读材料:

1. 何伯森编著:《国际工程招标与投标》,水利水电出版社,1994 年

2. 朱宏亮主编:《国际经济合作法律基础》,中国建筑工业出版社,1996 年

3. [英]Andrew Baldwin,Ronald McCaffer,Sherif Oteifa 著,王辉、孔德权译:《国际工程投标案例研究》,人民交通出版社,2000 年

4. 李小林主编:《招标采购专业实务》,中国计划出版社,2012 年

5. Ministry of Finance People′s Republic of China. *Chinese Model Bidding Documents Procurement of Works* (*International Competitive Bidding*). Tsing University Press,May 1997.

思考题:

1. 世界银行贷款项目的采购原则有哪些?

2. 国际竞争性招标的程序有哪些?

3. 世界银行国际竞争性招标以外的其他招标方式有哪些?

第十一章　FIDIC 施工合同条件

【本章导读】本章介绍了 FIDIC 和 FIDIC 合同文本，按照 FIDIC 合同条件的权利义务条款、涉及费用管理的条款、涉及进度控制的条款、涉及质量控制的条款和有关争端处理的规定的分类，对 FIDIC 施工合同条件进行了全面介绍。

第一节　概述

一、FIDIC 简介

FIDIC 是指国际咨询工程师联合会，它是由该联合会的法文名称字头组成的缩写词。1913 年，欧洲四个国家的咨询工程师协会组成了 FIDIC。经过 90 年的发展，该联合会已拥有 80 多个代表不同国家和地区的咨询工程师专业团体会员国（它的会员在每个国家只有一个），是被世界银行认可的国际咨询服务机构，总部设立在瑞士洛桑。中国工程咨询协会代表我国于 1996 年 10 月加入该组织。

FIDIC 下属有四个地区成员协会：FIDIC 亚洲及太平洋地区成员协会（ASPAC）、FIDIC 欧洲共同体成员协会（CEDIC）、FIDIC 非洲成员协会集团（CAMA）和 FIDIC 北欧成员协会集团（RINORD）。FIDIC 还下设许多专业委员会，主要的有业主咨询工程师关系委员会（CCRC）、土木工程合同委员会（CECC）、电器机械合同委员会（EMLC）及职业责任委员会（PLC）等。

为了规范国际工程咨询和建设承包活动，FIDIC 先后发布过很多重要的管理性文件和标准化的合同文本。尤其是合同文本，不仅已被 FIDIC 组织成员国广泛采用，而且世界银行、亚洲开发银行、非洲开发银行等金融机构所编制的合同文本,也基本上以 FIDIC 文本为基础。

二、FIDIC 合同文本简介

FIDIC 组织编写的最新版本的合同文本包括《施工合同条件》(*Conditions of Contract for Construction*,由于这些出版物封面使用不同的颜色,根据他们的颜色将其称为相应的"皮书",施工合同条件是用红色的,因此又称"红皮书",1999 年第 1 版)、《业主/咨询工程师标准服务协议》(*Client/Consultant Model Services Agreement*,"白皮书",1998 年第 3 版)、《生产设备和设计－施工合同条件》(*Conditions of Contract for Plant and Design－Build*,"黄皮书",1999 年第 1 版)、《设计采购施工(EPC)/交钥匙工程合同条件》(*Conditions of Contract for EPC/Turnkey Projects*,"银皮书",1999 年第 1 版)和《简明合同格式》(*Short Form of Contract*,"绿皮书",1999 年第 1 版)。

FIDIC 组织除编写上述合同文本外,还编写出版与咨询业务相配套的很多出版物,如:指导如何使用这些合同的指南(白皮书指南、红皮书指南等)、招标程序、咨询业务商务指南等等。

在 FIDIC 编制的合同条件中,以施工合同条件影响最大,应用最广。而 1999 年出版的施工合同条件是从 FIDIC 土木工程施工合同条件发展而来的。在本章的以下内容中,如果没有特别指明,FIDIC 合同条件仅指 FIDIC 施工合同条件。

1957 年,FIDIC 与欧洲建筑工程联合会(FIEC)一起在英国土木工程师协会(ICE)编写的《标准合同条件》(*ICE Conditions*)基础上,制定了《FIDIC 土木工程施工合同条件》(第一版)。第一版主要沿用英国的传统作法和法律体系。1969 年 FIDIC 出版了《FIDIC 土木工程施工合同条件》(第二版),第二版没有修改第一版的内容,只是增加了适用于疏浚工程的特殊条件。1977 年《FIDIC 土木工程施工合同条件》(第三版)出版,对第二版作了较大修改,同时出版了《土木工程合同文件注释》。1987 年《FIDIC 土木工程施工合同条件》(第四版)出版,1988 年又出版了第四版订正版。第四版出版后,为指导应用,FIDIC 又于 1989 年出版了一本更加详细的《土木工程合同条件应用指南》。经过修订,1999 年又出版了《FIDIC 施工合同条件》第一。

FIDIC 合同条件得到了美国总承包商协会(FIFG)、中美洲建筑工程联合会(FIIC)、亚洲及西太平洋承包商协会国际联合会(IFAWPCA)的批准,由这些机构推荐作为土建工程实行际招标时通用的合同条件。

三、FIDIC 合同条件的构成

FIDIC 合同条件由通用合同条件和专用合同条件两部分构成,且附有合同协议书、投标函和争端仲裁协议书。

(一)FIDIC 通用合同条件

FIDIC 通用合同条件是固定不变的,工程建设项目只要是属于房屋建筑或者工程的施工,如工民建工程、水电工程、路桥工程、港口工程等建设项目,都可适用。通用条件共分 20 方面的问题:一般规定;业主;工程师;承包商;指定分包商;职员和劳工;工程设备;材料和工艺;开工、误期和暂停;竣工检验;业主的接收;缺陷责任;测量和估价;变更和调整;合同价格和支付;业主提出终止;承包商提出暂停和终止;风险和责任;保险;不可抗力;索赔、争端和仲裁。

由于通用合同条件是可以适用于所有土木工程的,条款也非常具体而明确。因此,当我们脱离具体工程从宏观的角度讲 FIDIC 合同条件的内容时,如讲课、编讲义时,仅指 FIDIC 通用合同条件。

FIDIC 通用合同条件可以大致划分为涉及权利义务的条款、涉及费用管理的条款、涉及工程进度控制的条款、涉及质量控制的条款和涉及法规性的条款等五大部分。这种划分只能是大致的,因此有相当多的条款很难准确地将其划入某一部分,可能它同时涉及费用管理、工程进度控制等几个方面的内容,但为了使 FIDIC 合同条件具有一定的系统性,从条款的功能、作用等方面做的一个初步归纳。

(二)FIDIC 专用合同条件

FIDIC 在编制合同条件时,对土木工程施工的具体情况做了充分而详尽的考察,从中归纳出大量内容具体详尽且适用于所有土木工程施工的合同条款,组成了通用合同条件。但仅有这些是不够的,具体到某一工程项目,有些条款应进一步明确,有些条款还必须考虑工程的具体特点和所在地区的情况予以必要的变动。FIDIC 专用合同条件就是为了实现这一目的。通用条件与专用条件一起构成了决定一个具体工程项目各方的权利义务及对工程施工的具体要求的合同条件。

专用条件中的条款的出现可起因于以下原因。

第一,在通用条件的措词中专门要求在专用条件中包含进一步信息,如果没有这些信息,合同条件则不完整。

第二,在通用条件中说到在专用条件中可能包含有补充材料的地方。

但如果没有这些补充条件,合同条件仍不失其完整性。

第三,工程类型、环境或所在地区要求必须增加的条款。

第四,工程所在国法律或特殊环境要求通用条件所含条款有所变更。此类变更是这样进行的:在专用条件中说明通用条件的某条或某条的一部分予以删除,并根据具体情况给出适用的替代条款,或者条款之一部分。

四、FIDIC 合同条件的具体应用

FIDIC 合同条件在应用时对工程类别、合同性质、前提条件等都有一定的要求。

(1)FIDIC 合同条件适用的工程类别。FIDIC 合同条件适用于房屋建筑和各种工程,其中包括工业与民用建筑工程、疏浚工程、土壤改善工程、道桥工程、水利工程、港口工程等。

(2)FIDIC 合同条件适用的合同性质。FIDIC 合同条件在传统上主要适用于国际工程施工。但对 FIDIC 合同条件进行适当修改后,而且同样适用于国内合同。

(3)应用 FIDIC 合同条件的前提。FIDIC 合同条件注重业主、承包商、工程师三方的关系协调,强调工程师(我国称为监理工程师)在项目管理中的作用。在土木工程施工中应用 FIDIC 合同条件应具备以下前提:① 通过竞争性招标确定承包商;② 委托工程师对工程施工进行监理;③ 按照单价合同方式编制招标文件(但也可以有些子项采用包干方式)。

五、应用 FIDIC 合同条件的程序

应用 FIDIC 合同条件,大致需经过以下主要程序。

(1)确定工程项目,设法筹措到足够的资金。

(2)选择工程师,签订监理委托合同。

(3)委托勘察设计单位对工程项目进行勘察设计,也可委托工程师对此进行监理。

(4)通过竞争性招标,确定承包商。

(5)业主与承包商签订施工承包合同,作为 FIDIC 合同文件的组成部分。

(6)承包商办理合同要求的履约担保、动员预付款担保、保险等事项,并取得业主的批准。

(7)业主支付动员预付款。这是在开始施工前由业主在其满意的条件下支付给承包商一定数额的资金,以供承包商进行施工人员的组织、材料设

备的购置及进入现场、完成临时工程等准备工作。动员预付款的有关事项，如数量、支付时间和方式、支付条件、偿还方式等，在专用合同条件或投标书附件中规定。

(8)承包商提交工程师所需的施工组织设计、施工技术方案、施工进度计划和现金流量估算。

(9)准备工作就绪后，由工程师下达开工令，业主同时移交工地占有权。

(10)承包商根据合同的要求进行施工，而工程师则进行日常的监理工作。这一阶段是承包商与工程师的主要工作阶段，也是 FIDIC 合同条件要规范的主要内容。

(11)根据承包商的申请，工程师进行竣工检验。若工程合格，则由工程师签发移交证书，业主归还部分保留金。

(12)承包商提交竣工报表，工程签发支付证书。

(13)在缺陷通知期，承包商应完成剩余工作并修补缺陷。

(14)缺陷通知期满后，经工程师检验，证明承包商已根据合同履行了施工、竣工以及修补所有工程缺陷的义务，工程质量达到了工程师满意的程度，则由工程师签发解除缺陷责任证书，业主应归还履约保证金及剩余保留金。

(15)承包商提出最终报表，工程师签发最终支付证书，业主与承包商结清余款。随后，业主与承包商的权利义务关系即告终结。

六、FIDIC 合同条件下合同文件的组成及优先次序

在 FIDIC 合同条件下，合同文件除合同条件外，还包括其他对业主、承包方都有约束力的文件。构成合同的这些文件应该是互相说明、互相补充的，但是这些文件有时会产生冲突或含义不清。此时，应由工程师进行解释，其解释应按构成合同文件的如下次序进行：(1)合同协议书；(2)中标函；(3)投标书；(4)合同条件第二部分(专用条件)；(5)合同条件第一部分(通用条件)；(6)规范；(7)图纸；(8)资料表及其他构成合同组成部分的文件。

第二节　FIDIC 合同条件的权利义务条款

FIDIC 合同条件中涉及权利义务的条款主要包括业主的权利与义务、工程师的权力与职责、承包商的权利与义务等内容。

一、业主的权利与义务

业主是指在合同专用条件中指定的当事人以及取得此当事人资格的合法继承人,但除非承包商同意,不指此当事人的任何受让人。业主是建设工程项目的所有人,也是合同的当事人,在合同的履行过程中享有大量的权利并承担相应的义务。

(一)业主的权利

业主的权利包括以下几个方面。

1.业主有权批准或否决承包商将合同转让给他人

施工合同的签订意味着业主对承包商的信任,承包商无权擅自将合同转让给他人。即使承包商转让的是合同中的一部分好处或利益,如选择分包商,也必须经业主同意。因为这种转让行为可能损害业主的权益。

2.业主有权将工程的部分项目或工作内容的实施发包给指定的分包商

指定分包商是指业主或工程师指定、选定或批准完成某一项工作内容的施工或材料设备的供应工作的承包商。指定分包商一般拥有某项专业技术和设备,有其独特的施工方法,善于完成某项专业工程项目。指定分包商虽由业主或工程师指定,但他仍是分包商,他不与业主签订合同,而是与承包商签订分包合同。这样做是为了便于施工中的管理与协调。

3.承包商违约时业主有权采取补救措施

承包商违约时业主有权采取以下补救措施。第一,施工期间出现的质量事故,如果承包商无力修复;或者工程师考虑工程安全,要求承包商紧急修复,而承包商不愿或不能立即进行修复。此时,业主有权雇用其他人完成修复工作,所支付的费用从承包商处扣回。第二,承包商未按合同要求进行投保并保持其有效,或者承包商在开工前未向业主提供说明已按合同要求投保并生效的证明。则业主有权办理合同中规定的承包商应当办理而未办理的投保。业主代替承包商办理投保的一切费用均由承包商承担。第三,承包商未能在指定的时间将有缺陷的材料、工程设备及拆除的工程运出现场。此时业主有权雇用他人执行工程师的指令承担此类工作,由此产生的一切费用均由承包商承担。

4.承包商构成合同规定的违约事件时,业主有权终止合同

在发生下述事件后,业主有权向承包商发出终止合同的书面通知,终止对承包商的雇用:(1)承包商未能按要求及时提交履约保证或按照工程师的通知改正过失;(2)放弃工程,或明确表示不继续按照合同履行其义务的意向;(3)承包商无正当理由不按时开工、拖延工期或不及时拆除、移走重建不合格的工程设备、材料或工艺缺陷,或实施补救工作;(4)承包商擅自将整个

工程分包出去或转让合同;(5)承包商经济上无力执行合同,根据法律规定,无力偿还到期债务,如破产、停业清理等;(6)承包商存在各种贿赂行为。

如果发生上述承包商违约情况,业主可在发出书面通知14天后终止合同,将承包商逐出现场,后两种情况下可立即终止合同。业主可以自己完成该工程,或雇用其他承包商完成该工程。业主或其他承包商为了完成该工程,有权使用他们认为合适的承包商的任何货物和设计等文件。承包商的设备和临时工程可由业主出手以弥补承包商对业主的欠款(如有时),但多余的款额应退还承包商。承包商要自负风险和费用安排上述设备和临时工程的撤离,不得拖延。

(二)业主的义务

业主的义务包括以下几个方面。

1.业主应在合理的时间内向承包商提供施工场地

业主应随时给予承包商占有现场各部分的范围及占用各部分的顺序。业主提供的施工场地应能够使承包商根据工程进度计划开始并进行施工。因此,在工程师发出开工通知书的同时,业主应使承包商根据合同中对于工程施工顺序的要求占有所需部分现场(包括应由业主提供的通道)。

2.业主应在合理的时间内向承包商提供图纸和有关辅助资料

在承包商提交投标书之前,业主应向承包商提供根据有关该项工程的勘察所取得的水文及地表以下的资料。开工后,随着工程进度的进展,业主应随时提供施工图纸。特别是工程变更时,更应避免因图纸提供不及时而影响施工进度。

3.业主应按合同规定的时间向承包商付款

FIDIC合同条件对业主向承包商付款有很多具体的规定。在工程师签发任何临时支付证书、最终支付证书后,业主应按合同规定的期限,向承包商付款。如果业主没有在规定的时间内付款,则业主应按照标书附件规定的利率,从应付日期起计算利息付给承包商。

4.业主应在缺陷通知期内负责照管工程现场

颁发移交证书后,在缺陷通知期内的现场照管由业主负责。如果工程师为永久工程的某一部分工程颁发了移交证书,则这一部分的照管责任随之转移给业主。

5.业主应协助承包商做好有关工作

业主这方面的协助义务是多方面的。如协助承包商办理设备海关手续、协助承包商获得政府对设备再出口许可。

业主应承担的风险有以下几个方面:

(1)战争、敌对行动(不论宣战与否)、入侵、外敌行动;

(2)叛乱、革命、暴动,或军事政变、篡夺政权、内战等;

(3)由于任何有危险性物质所引起的离子辐射或放射性污染;

(4)以音速或超音速飞行的飞机或其他飞行装置产生的压力波;

(5)暴乱、骚乱或混乱,但对于完全局限在承包商或其分包商雇用人员中间且是由于从事本工程而引起的此类事件除外;

(6)由于业主提前使用或占用任何永久工程的区段或部分而造成的损失或损害;

(7)因工程设计不当而造成的损失或损害,而这类设计又不是由承包商提供或由承包商负责的;

(8)一个有经验的承包商通常无法预测和防范的任何自然力的作用。

发生上述事件,业主应承担风险,如这已包括在合同规定的有关保险条款中,凡投保的风险,业主将不再承担任何费用方面的责任和义务。如果在风险事件发生之前就已被工程师认定是不合格的工程,对该部分损失业主也不承担责任。

二、工程师的权力与职责

工程师由业主任命,与业主签订咨询服务委托协议书,根据施工合同的规定,对工程的质量、进度和费用进行控制和监督,以保证工程项目的建设能满足合同的要求。如果业主准备替换工程师,必须提前不少于 42 天发出通知以征得承包商的同意。如果要求工程师在行使某种权力之前需要获得业主批准,则必须在合同专用条件中加以限制。

(一)工程师的权力

1.工程师在质量管理方面的权力

第一,对现场材料及设备有检查和控制的权力。对工程所需要的材料和设备,工程师随时有权检查。对不合格的材料、设备、工程师有权拒收。承包商的所有设备、临时工程和材料,一经运至现场,未经工程师同意,不得再运出现场。第二,有权监督承包商的施工。监督承包商的施工,是工程师最主要的工作。一旦发现施工质量不合格,工程师有权指令承包商进行改正或停工。第三,对已完工程有确认或拒收的权力。任何已完工程,由工程师进行验收并确认。对不合格的工程,工程师有权拒收。第四,有权对工程采取紧急补救措施。一旦发生事故、故障或其他事件,如果工程师认为进行任何补救或其他工作是工程安全的紧急需要,则工程师有权采取紧急补救措施。第五,有权要求解雇承包商的雇员。对于承包商的任何人员,如果工程师认为在履行职责中不能胜任或出现玩忽职守的行为,则有权要求承包商予以解雇。第六,有权批准分包商。如果承包商准备将工程的一部分分包出去,他必须向工程师提出申请报告。未经工程师批准的分包商不能进入工地进行施工。

2.工程师在进度管理方面的权力

第一,有权批准承包商的进度计划。承包商的施工进度计划必须满足合同规定工期(包括工程师批准的延期)的要求,同时必须经过工程师的批准。第二,有权发出开工令、停工令和复工令。承包商应当在接到工程师发出的开工通知后开工。如果由于种种原因需要停工,工程师有权发布停工令。当工程师认为施工条件已达到合同要求时,可以发出复工令。第三,有权控制施工进度。如果工程师认为工程或其他任何区段在任何时候的施工进度太慢,不符合竣工期限的要求,则工程师有权要求承包商采取必要的步骤,加快工程进度,使其符合竣工期限的要求。

3.工程师在费用管理方面的权力

第一,有权确定变更价格。任何因为工作性质、工程数量、施工时间的变更而发出的变更指令,其变更的价格由工程师确定。工程师确定变更价格时应充分和承包商协商,尽量取得一致性意见。第二,有权批准使用暂定金额。暂定金额的使用必须按工程师的指示进行。第三,有权批准使用计日工。如果工程师认为必要,可以发出指示,规定在计日工的基础上实施任何变更工作。对这类变更工作应按合同中包括的计日工作表中所定项目和承包商在其投标书中所确定的费率和价格向承包商付款。第四,有权批准向承包商付款。所有按照合同规定应由业主向承包商支付的款项,均需由工程师签发支付证书,业主再据此向承包商付款。工程师还可以通过任何临时支付证书对他所签发的任何原有支付证书进行修正或更改。如果工程师认为有必要,他有权停止对承包商付款。

4.工程师在合同管理方面的权力

第一,有权批准工程延期。如果由于承包商自身以外的原因,导致工期的延长,则工程师应批准工程延期。经工程师批准的延期时间,应视为合同规定竣工时间的一部分。第二,有权发布工程变更令。合同中工程的任何部分的变更,包括性质、数量、时间的变更,必须经工程师的批准,由工程师发出变更指令。第三,颁发移交证书和缺陷责任证书。经工程师检查验收后,工程符合合同的标准,即颁发移交证书和缺陷责任证书。第四,有权解释合同中有关文件。当合同文件的内容、字义出现歧义或含糊时,则应由工程师对此作出解释或校正,并向承包商发布有关解释或校正的指示。第五,有权对争端作出决定。在合同的实施过程中，如果业主与承包商之间产生了争端，工程师应按合同的规定对争端作出决定。第六，工程师可以随时对其助理授权或者收回授权，在授权范围内，他们向承包商发出的指示、批准、开具证书等行为与工程师具有同等效力。

（二）工程师的职责

1.认真执行合同

这是工程师的根本职责。根据 FIDIC 合同条件的规定，工程师的职责有：合同实施过程中向承包商发布信息和指标；评价承包商的工作建议；保证材料和工艺符合规定；批准已完成工作的测量值以及校核，并向业主送交支付证书等工作。这些工作既是工程师的权力，也是工程师的义务。在合同的管理中，尽管业主、承包商和工程师之间定期召开会议，但和承包商的全部联系还应该通过工程师进行。

2.协调施工有关事宜

工程师对工程项目的施工进展负有重要责任，应当与业主、承包商保持良好的工作关系，协调有关施工事宜，及时处理施工中出现的问题，确保施工的顺利进行。

三、承包商的权利和义务

承包商是指其标书已被业主接受的当事人，以及取得该当事人资格的合法继承人，但不指该当事人的任何受让人（除非业主同意）。承包商是合同的当事人，负责工程的施工。

（一）承包商的权利

1.有权得到工程付款

这是承包商最主要的权利。在合同履行过程中，承包商完成了他的义务后，他有权得到业主支付的各类款项。

2.有权提出索赔

由于不是承包商自身的原因，造成工程费用的增加或工期的延误，承包商有权提出费用索赔和工期索赔。承包商提出索赔，是行使自己的正当权利。

3.有权拒绝接受指定的分包商

为了保证承包商施工的顺利进行，如果承包商认为指定的分包商不能与他很好合作，承包商有权拒绝接受这个分包商。

4.如果业主违约，承包商有权终止受雇和暂停工作

如果业主发生如下违约事件，承包商有权提出终止受雇：（1）承包商按约定发出停工通知后42天内，业主未提供财务安排的合理证据的；(2)工程师未能在收到报表及证明文件后56天内签发付款证书；(3)在合同约定的付款期限届满后42天内，承包商未能收到其中付款证书证明的应付款项（根据索赔条款的扣款除外）；(4)业主实质上未能履行其合同义务；(5)承包商中标后，业主在规定时间内未与承包商签订合同或者未经承包商同意转让合同的；(6)长期停工影响到整个工程的；(7)业主破产或资不抵债、停业清理的。由此造成的损失由业主承担。

(二)承包商的义务

1.按合同规定的完工期限、质量要求完成合同范围内的各项工程

合同范围内的工程包括合同的工程量清单以内及清单以外的全部工程和工程师要求完成的与其有关的任何工程。合同规定的完工期限则是指合同工期加上由工程师批准的延期时间。承包商应按期、按质、按量完成合同范围内的各项工程，这是承包商的主要义务。

2.对现场的安全和照管负责

承包商在施工现场，有义务保护有权进入现场人员的安全及工程的安全，有义务提供对现场照管的各种条件，包括一切照明、防护、围栏及看守。并应避免由其施工方法引起的污染，直到颁发移交证书为止。

3.遵照执行工程师发布的指令

对工程师发布的指令，不论是口头的还是书面的，承包商都必须遵照执行。但对于口头指令，承包商应在2天内以书面形式要求工程师确认。承包商对有关工程施工的进度、质量、安全、工程变量等内容方面的指示，应当只从工程师及其授予相应权限工程师代表处获得。

4.对现场负责清理

在施工现场，承包商应随时进行清理，保证施工井然有序。在颁发移交证书时，承包商应对移交证书所涉及的工程现场进行清理，并使原施工用地恢复原貌，达到工程师满意的状态。

5.提供履约担保

如果合同要求承包商为其正确履行合同提供担保，则承包商应在收到中标函后28天内，按投标书附件中注明的金额取得担保，并将此保函提交给业主。履约保证金一般为合同价的10%。

6.应提交进度计划和现金流通量的估算

这样，有利于工程师对工程施工进度的监督，有利于业主能够保证在承包商需要时提供资金。

7. 保护工程师提供的坐标点和水准点

承包商除了对由工程师书面给定的原始坐标点和水准点进行准确的放线外，也有义务对上述各类的地面桩进行仔细保护。

8. 保障业主免于承受人身或财产的损害

承包商应保障业主免受任何人员的死亡或受伤及任何财产（除工程外）的损失及其产生的索赔。

9. 遵守工程所在地的一切法律和法规

承包商应保证业主免于承担由于违反法律法规的罚款和责任。由于遵守法律、法规而导致费用的增加，由承包商自己承担。

第三节 FIDIC 合同条件中涉及费用管理的条款

FIDIC 合同条件中涉及费用管理的条款范围很广，有的直接与费用管理有关，有的间接与费用管理有关。概括起来，大致包括有关工程计量的规定、有关合同履行过程中结算与支付的规定、有关合同被迫终止时结算与支付的规定、有关工程变更和价格调整时结算与支付的规定、有关索赔的规定等方面的内容。

一、有关工程计量的规定

（一）工程量的计量

在制定招标文件时，应列出工程量清单，显示工程的每一类目或分项工程的名称、估计数量以及单位。而单价和合价则由投标者填写，然后成为投标文件的组成部分。这些工程量是在图纸和规范的基础上对该工程的估算工程量，它们不能作为承包商履行合同规定的义务过程中应予完成工程实际和确切的工程量。

承包商在实施合同中完成的实际工程量要通过计量来核实，以此作为结算工程价款的依据。由于 FIDIC 合同是固定单价合同，承包商报出的单价是不能随意变动的，因此工程价款的支付额是单价与实际工程量的乘积之和。

（二）工程计量的程序

除另有规定的以外，工程师应根据合同通过计量来核实和确定工程的价值，承包商则应得到该价值的付款。当工程师要求对任何部位进行计量时,都应适时地通知承包商授权的代理人。承包商授权的代理人接到工程师的计量通知后,应进行以下工作:(1)立即参加或派出一名合格的代表协助工程师进行上述计量;(2)提供工程师所要求的一切详细资料。

如果承包商不参加,或由于疏忽或遗忘而未派其代表参加,则由工程师进行的或由其批准进行的计量应视为对工程该部分的正确计量。

在对永久工程进行计量需要记录和图纸时,工程师应在工作过程中准备好记录和图纸。而当承包商被书面要求对记录和图纸进行审查时,应到场与工程师进行检查和协商,并就此类记录、图纸与工程师达成一致后在记录上签名。如果承包商不出席此类记录、图纸的审查时,则应认为这些记录和图纸是正确无误的。

如果承包商在审查后认为记录和图纸是不正确的,则必须在审查后14天内向工程师提出申诉,申明上述记录、图纸中不正确的各个方面;工程师则应在接到这一申诉通知后复查这些记录和图纸,予以确认或修改。如不及时提出申诉,即使承包商不同意上述记录和图纸,或不签字表示同意,它们仍将被认为是正确的。

(三)工程计量的方法

工程计量应当计量净值,不能依照通常的和当地的习惯进行计量。如有例外情况,应在规范和工程量清单中加以说明,例如若干开挖中对超挖部分的计量方法。如果合同中另有规定的,则依合同规定进行计量。如果编制技术规范和工程量清单时,使用了国际或某国的标准计量方法,则应在合同条款中加以说明,并在测量实际完成的工作量时使用同一方法。具体的计量方法则根据工程的不同而有所不同,可采用均摊法、凭据法、分解计量法等方法。

(四)包干项目分项计量

承包商应在接到中标函后28天之内把包含在投标书中的每一包干项目的分项表提交给工程师,以便包干项目能够分项进行计量,但分项表应得到工程师的批准。

二、有关合同履行过程中结算与支付的规定

(一)承包商应提交现金流通量的估算

中标通知书发出后,在合同规定的时间内,承包商应按季度向工程师提交根据合同有权得到的现金流通量估算,以供其参考。此后,如果工程师提出要求,承包商还应按季度提供修订的现金流通量的估算。因为业主将需要一份估算表,使他能够明确在何时保证能向承包商提供多少资金。但工程师对该表的批准,并不解除承包商的责任。

(二)工程进度中的结算与支付(中期付款)

中期付款如按月进行即为月进度支付。对此,承包商应先提交月报表,交由工程师审核后填写支付证书并报送业主。

工程师接到月结算报表后,在 28 天内应向业主报送他认为应该付给承包商的本月结算款额和可支付的项目,即在审核承包商报表中申报的款项内容的合理性和计算的准确性后,工程师应按合同规定扣除应扣款额,所得金额净值则为承包商本月应得付款。应扣款额主要是以前支付的预付款额、按合同规定计算的保留金额、以及承包商到期应付给业主的其他金额。如果最后计算的金额净值少于投标书附件中规定的临时支付证书最少金额时,工程师可不对这月结算作证明,留待下月一并付款。另外,工程师在签发期中付款证书时,有权对以前签发的证书进行修正;如果他对某项工作的执行情况不满意时,也有权在证书中删去或减少该项工作的价值。

(三)暂定金额的使用

暂定金额也叫备用金,是指包括在合同中并在工程量表中以该名称标明,供工程任何部分的施工,或提供货物、材料、设备、服务,或供不可预料事件之费用的一项金额。暂定金额按照工程师的指示可全部或部分地使用,也可根本不予动用。承包商仅有权使用工程师决定的与暂定金额有关的工作、供应或不可预料事件的费用数额。工程师应将有关暂定金额所作的任何决定通知承包商,同时将一份副本呈交业主。

暂定金额的使用范围为:①在招标时还不能对工程的某个部分作出足够详细的规定,从而使投标人不能开出确定的费率和价格;②招标时不能确定某一具体工作项目是否包括在合同之内;③给指定分包商工作的付款。

(四)保留金的支付

保留金亦称滞留金,是每次中期付款时,从承包商应得款项中按投标书附件中规定比例扣除的金额。一般情况下,从每月的工程结算款中扣除 7%～10%,一直扣到工程合同的 5%为止。

当颁发整个工程的移交证书时,工程师应开具支付证书,把一半保留金支付给承包商。如果颁发的是分部工程的移交证书时,则应向承包商支付按工程师计算的这部分永久工程所占合同工程的比例相应的保留金额的五分之二。

当工程的缺陷通知期满时,另一半保留金将由工程师开具支付证书支付给承包商。如果有不同的缺陷通知期适用于永久工程的不同区段或部分时,只有当最后一个缺陷通知期满时才认为该工程的缺陷通知期满。但其中某一区段或部分的缺陷通知期结束时,承包商可以获得与该区段对应的保留金的另一个五分之二。

(五)竣工报表及支付

颁发整个工程的移交证书之后 84 天内,承包商应向工程师呈交一份竣工报表,并应附有按工程师批准的格式所编写的证明文件。竣工报表应详细说明以下几点:

第一,到移交证书证明的日期为止,根据合同所完成的所有工作的最终价值;

第二,承包商认为应该支付的任何进一步的款项;

第三,承包商认为根据合同将支付给他的估算数额。

工程师应根据竣工图对工程量进行详细核算,对承包商的其他支付要求加以审核,最后确定工程竣工报表的支付金额,上报业主批准支付。

(六)最终报表与最终支付证书

在颁发履约证书后 56 天内,承包商应向工程师提交一份最终报表草案供其考虑,并应附按工程师批准的格式编写的证明文件。如果工程师不同意或不能证实该草案的任何一部分,则承包商应根据工程师的合理要求提交进一步的资料,并对草案进行修改以使双方可能达成一致。随后,承包商应编制并向工程师提交双方同意的最终报表。当最终报表递交之后,承包商根据合同向业主索赔的权利就终止了。

在提交最终报表时,承包商应给业主一份书面结清单,进一步证实最终报表的总额,相当于由合同引起的或与合同有关的全部和最后确定应支付给承包商的所有金额,但结清单只有当最终证书中的款项得到支付和业主退还履约保证书以后才能生效。

工程师在接到最终报表及书面结清单后 28 天内,向业主发出一份最终付款证书,主要内容有:(1)工程师认为按照合同最终应支付的款额;(2)业主按合同(除拖期违约罚款外)对以前所支付的所有款项,以及应得到各项款额加以确认后,业主还应支付给承包商,或承包商还应支付给业主的余额(如有的话)。

(七)承包商对指定分包商的支付

承包商在获得业主按实际完成工程量的付款后,扣除分包合同规定承包商应得款(如提供劳务、协调管理的费用等)和按比例扣除滞留金后,应按时付给指定分包商。工程师在颁发支付证书前,有权要求承包商提交合理的证据,证明指定分包商已收到按照此前付款证书应付的所有金额,如果承包商无法提供证明,且没有合法的理由,则业主有权根据工程师的证明直接向该指定的分包商支付在指定分包合同中已规定、而承包商未支付的所有费用(扣除保留金)。然后,业主以冲账方式从业主应付或将付给承包商的任何款项中将上述金额扣除。

三、有关合同被迫终止时结算与支付的规定

合同被迫终止可以分为由于承包商的违约终止合同、由于特殊风险而终止合同、因业主违约终止合同三种情况。

(一)由于承包商的违约终止合同的结算和支村

首先,对合同终止时承包商已完工作进行估价。由于承包商违约而使业主终止对承包商的雇用之后,工程师应尽快地确定并证明:(1)在合同终止时,承包商就其按合同规定实际完成的工作,已经合理地得到或理应收入的款额;(2)未曾使用或部分使用了的材料、承包商的设备以及临时工程的价值。其次,进行合同终止后的付款。合同终止后,工程师应查清施工、竣工及修补任何缺陷的费用,竣工拖延的损害赔偿费以及由业主支付的所有其他费用,并开具支付证书。在此之前,业主没有义务向承包商支付合同规定的任何进一步的款项。承包商仅有权得到扣除经工程师证明的上述款额后工程合格完工后应得款额的余额。如果扣除的款额超过了合格完工时支付给承包商的款额,则承包商应将超过部分付给业主。此超出部分应被视为承包商欠业主而应付的债务。

(二)由于特殊风险而终止合同时的结算和付款

由于合同规定的特殊风险而终止合同时,业主除应以合同规定的单价和价格向承包商支付在合同终止前尚未支付的已完工程量的费用外,还应支付以下几种费用:第一,工程量表中涉及的任何施工准备项目,只要这些项目的准备工作或服务已经进行或部分进行,则应支付该项费用或适当比例的金额;第二,为工程需要而订货的各种材料、设备或物资中,已交发给承包商或承包商有法定义务要接收的那一部分订购所需的费用,业主支付此项费用后,上述物资、设备即成为业主财产;第三,确属承包商为合理完成整个工程已开支的、而这笔费用又未能包括在上述各项之中的合理支出费用;第四,终止合同前,因特殊风险发生而导致的施工费用增加或修复费用;第五,承包商撤离自己设备的迁移费,但这部分费用应该是合理的,应该是撤回基地或费用更低的目的地所需费用;第六,承包商雇用的所有与工程施工有关的职员、工人,在合同终止时的合理遣返费。

另外,业主也有权要求索还任何有关承包商的设备、材料和工程设备的预付款的未估算余额,以及在合同终止时按合同规定应由承包商偿还的任

何其他金额。上述应支付的金额均应由工程师在同业主和承包商适当协商后确定,并应相应地通知承包商,同时将一份副本呈交业主。

(三)因业主违约终止合同的结算和支付

由于业主违约而终止合同时,业主对承包商的义务除与因特殊风险而终止合同时的付款条件一样外,还应再付给承包商由于该项合同终止而造成的损失赔偿费。

四、有关工程变更和价格调整时结算与支付的规定

(一)工程变更的范围

如果工程师认为有必要对工程的形式、质量或数量作出任何变更,他应有权指示承包商进行下述任何工作:第一,增加或减少合同中所包括的任何工作的数量;第二,省略任何工作(但省略的工作由业主或其他承包商实施者除外);第三,改变工作的性质、质量或类型;第四,改变工程任何部分的标高、基线、位置和尺寸;第五,实施工程竣工所必需的任何种类的附加工作;第六,改变工程任何部分的任何规定的施工顺序或时间安排。

上述变更不应以任何方式使合同作废或失效,但对变更的影响应按合同规定估价。如果工程师发出变更工程的指示是由于承包商的违约或负有责任,则由此造成的附加费用应由承包商承担。

(二)工程变更的估价

对工程变更的估价可以采用以下两种方式。

第一,使用工程量表中的费率和价格。对变更的工作进行估价,如果工程师认为适当,可以使用工程量表中的费率和价格。

第二,制定新的费率和价格。如果合同中未包括适用于该变更工作的费率或价格,则应在合理的范围内使用合同中的费率和价格作为估价的基础。如做不到这一点,则要求工程师与业主、承包商适当协商后,再由工程师和承包商商定一个合适的费率或价格。当双方意见不一致时,工程师有权确定一个他认为合适的费率或价格,同时将副本呈送业主。在费率和价格经同意和决定之前,工程师应确定暂行费或价格,以便有可能作为计算暂付款的依据包括在每月中期结算发出的证书之中。工程师在行使与承包商商定或单独决定费率的权力时,应得到业主的明确批准。工程师应在发布工程变更指令的 14 天内或变更工程开始之前,向承包商发出要求其就额外付款或费率的确定意图通知工程师的文件,或是直接将他确定费率或价格的意图通知承包商,以便双方进行协商。

(三)价格调整

所谓价格调整,就是对工程中主要材料、人力、设备的价格,根据市场变化的情况,按照合同规定的方法进行调整,以对合同价格进行增加或扣除相应的调整金额。因此,这里所说的价格调整,并不是对清单中的单价进行调整。

价格调整主要适用于长期合同,即施工期超过一年的合同。对于短期合同,要求固定价格是合理的。合同可以规定,合同价格不能因劳务费、材料费以及影响合同实施费用的任何其他事项费用之涨落而加以调整。

第四节   FIDIC 合同条件中涉及进度控制的条款

FIDIC 合同条件中涉及工程进度控制的条款主要包括有关工程进度计划管理的规定、有关工程延期的规定、有关移交证书和解除缺陷责任证书的规定等方面的内容。

一、有关工程进度计划管理的规定

承包商在中标函签发日之后,在合同专用条件规定的时间内,应以工程师规定的适当格式和详细程度,向工程师递交一份工程进度计划,以取得工程师的同意。一般要求投标人连同投标书一起提交一份施工初步进度计划,并附以下内容:一份承包人设备的主要项目清单;一份劳务、职员以及合同期内各种货币(如适用的话)开支的预测。一旦合同签订,承包商则应再提交一个相对准确、最新修订过的进度计划。提交进度计划的时间时,就考虑到合同签订后,承包商要做的各项工作。时间太短将导致准备工作仓促,进而有引起差错的危险。

在工程计划的实施中,承包商应不断地进行实际进度值与计划值的比较,按期对工程进度计划进行修订。承包商应按要求在规定的时间间隔内(如 3 个月)递交定期报告,对进度计划进行修改。如果工程师发现工程的实际进度不符合已同意的进度计划时,承包商应根据工程师的要求提出一份修订过的进度计划,表明为保证工程按期竣工而对原进度计划所作的修改。

二、有关工程延期的规定

由于承包商以外的原因造成施工期的延长,称为工程延期。它与由于承包商自身的原因造成施工期的延长(工程延误)不同。经过工程师批准的工程延期,所延长的时间属于合同工期的一部分。工程竣工的时间,等于投标书附件中规定的时间加上工程师可能允许的延长工期。得到工程师批准的工程延期,所延长的工期已经属于合同工期的一部分。因而,承包商可以免除由于延长工期而向业主支付误期损失赔偿费的责任。由于工程延期所增加的费用将由业主承担。

三、有关移交证书和履约证书的规定

当全部工程基本完工并圆满通过合同规定的任何竣工检验时,承包商可将此结果通知工程师,并将一份副本呈交业主,同时附上一份在缺陷通知期内以应有速度及时地完成任何未完工作的书面保证。此项通知书和书面保证应视为承包商要求颁发移交证书的申请。工程师应于上述通知书发出之日起 28 天内,或者发给承包商一份移交证书,说明根据合同要求工程已基本完工的日期,同时将一份副本交业主;或者给承包商书面指示,以工程师的意见详细说明在发给该证书之前,承包商尚需完成的全部工作。移交证书具有以下几项作用:第一,划分工程阶段。移交证书将确认工程已基本竣工,工程已能够被业主按照预定目的占有和使用。在工程师未颁发移交证书前,即使承包商完成了合同范围内的全部工作,也不能说该工程已经竣工。移交证书还规定达到基本竣工的日期,在该日期由业主接受工程,工程的缺陷通知期即开始。第二,解除承包商对工程照管的责任。按规定,从开工之日起,承包商应对工程、材料、待安装的工程设备等的照管负完全责任。但对于颁发移交证书的工程,照管责任应随移交证书一起交给业主,业主应及时承担起照管责任并办理保险(如果业主愿意的话)。第三,是确定工程误期损失赔偿和竣工奖金的依据。如果承包商未能按合同规定的竣工期限完成整个工程,或未能按规定的期限完成相应的任何区段工程,则承包商应向业主支付损失赔偿费。如果承包商提前完成了工程项目,业主应向承包商支付竣工奖金。而考核承包商完成工程的时间,就是依据移交证书签发的时间。

缺陷通知期从移交证书中的工程竣工日期开始计算。如果工程师对整个工程只颁发了一份移交证书,则各个单位工程的缺陷通知期从被证明竣工的日期分别开始计算。即一个工程可以有多个缺陷通知期。缺陷通知期的长短应填入投标书的附件中。移交证书并不是工程的最终批准,不解除承包商对工程质量及其他方面的任何责任。只有工程师签发的履约证书,才是对工程的批准。一个工程只签发一个履约证书。在一项工程中,由于

不同区段(或部分)有不同的竣工时间,往往有多个不同时间的移交证书。这样,不同区段(或部分)的缺陷通知期满也不在同一个时间。但是,一个工程项目只能签发一个履约任证书。当一项工程有多个移交证书时,只在最后签发的移交证书的缺陷通知期满后,才颁发一个履约证书。

第五节　FIDIC 合同条件中涉及质量控制的条款

FIDIC 合同条件中涉及质量控制的条款包括有关承包人员素质的规定、有关合同转包与分包的规定、有关施工现场的材料和工程设备的规定、有关施工质量及验收的规定等内容。

一、有关承包人员素质的规定

工程的施工最终要由承包人员来完成,因此,承包人员的素质是一切质量控制的基础。因此,工程师有权对承包人员的素质进行控制。如果工程师提出要求,承包商应按工程师可能预先规定的某种格式和时间间隔,向工程师送交表明承包商在现场随时雇用的职员及各种等级的劳务人员数量的详细报告。这能够使工程师对承包人员的数量和质量有大概的了解,这也是对承包商雇用劳务人员的一种约束。

承包商的管理人员中应有合理比例的人员能使用合同专用条件中规定的语言进行工作,或者承包商应有足够数量的胜任的口译人员随时在工程现场,以确保指示和信息的正确传达。应当鼓励承包商适当并合理地雇用工程施工所在国国内的职员和劳务人员。

工程师有权建议解除承包商不合格的雇员。工程师有权要求承包商立即从该工程中撤掉其有渎职行为的或不能胜任工作的任何人员,以及工程师从其他方面考虑认为不宜留在施工现场的人员。从该工程撤走的任何此类人员,应尽快予以更换。

二、有关合同转包与分包的规定

由于工程建设具有一次性和不可逆的特点,工程施工复杂而期限长,不可能像对工业产品的检验那样只检验成品。确保工程质量是从复杂的承包商选择程序开始的(如公开招标)。业主选中了承包商,不仅仅是相信了承包商的质量承诺,更是对承包商的信誉、能力、技术水平的信任。因此,在合同履行中如果出现新的承包商，即使有质量承诺（以合同形式），业主仍无法相信工程能够达到合同的质量要求。基于以上考虑，FIDIC 合同条件对承包商进行合同转包、分包有严格的控制。

三、有关施工现场的材料、工程设备和工艺的规定

施工使用的材料、工程设备是确保工程质量的物质基础，工程师必须对此严格控制。一切材料、工程设备和工艺均需经过工程师的检验。一切材料、工程设备和工艺均应达到合同中所规定的相应品级，并符合工程师的指示要求。承包商应随时按工程师可能提出的要求，在制造、装配或准备地点，或在施工现场，或在合同可能规定的其他地点或某个地点，供工程师进行检验。工程师及所需人员有随时进入施工现场的权力。承包商应为检验任何材料、工程设备、工艺提供通常所需要的协助、劳务、电力、燃料、备用品、装置和仪器，并应在用于工程前，按工程师的选择和要求，提交有关材料样品，以供检验。

如果在商定的时间和地点，供检验的材料或工程设备未准备好，或者根据检验结果工程师确认材料或工程设备是不符合合同规定的，那么工程师可以拒收这些材料或工程设备。

四、有关施工质量及验收的规定

承包商应严格按合同施工，并遵守工程师的指示。除法律上或实际上不可能的情况外，承包商应严格按照合同进行工程施工和竣工，并修补其任何缺陷，以达到工程师满意的程度。在涉及或关系到该项工程的任何事项上，无论这些事项在合同中是否写明，承包商都要严格遵守与执行工程师的指示。承包商应当只从工程师或其代表那里取得指示。

没有工程师的批准，工程的任何部分均不得覆盖或使之无法查看。承包商应保证工程师有充分的机会，对将上盖或无法查看的工程的任何部分进行检查，以及对工程的任何部分将置于其上的基础进行检查。当工程的这些部分已经或即将作好检查准备时，承包商应通知工程师，工程师应参加工程的此类部分的检查，且不得无故拖延。如果工程师认为检查并无必要，则应通知承包商。

工程师对覆盖后工程的检查。对于覆盖后才发现的问题，工程师可以要求对已覆盖的工程进行检查。承包商则应按工程师随时发出的指示，移去工程的任何部分的覆盖物，或在其内或贯穿其中开孔，并将该部分恢复原状和使之完好。

在工程师颁发移交证书前,承包商应将场地或地表面恢复原状。在移交证书中未对此作出规定,不能解除承包商自费进行恢复原状工作的责任。

工程师在颁发移交证书前,应对工程进行全面检验,移交证书将确认工程已基本竣工。基本竣工并不意味着承包商没有任何要完成的剩余工作了。一般来说,当工程能够按照预定目的被业主占有和使用时,工程就可称为已基本竣工了。如果工程师认为工程尚未基本竣工,则应向承包商指出工程中影响基本竣工的所有缺陷,并向承包商发出书面指令,说明在发给移交证书前承包商尚需完成的全部工作。

第六节　FIDIC合同条件中有关争端处理的规定

一、对争端的理解

对争端应作广义的理解,当事人对合同条款和合同的履行的不同理解和看法都是争端。凡是当事人对合同是否成立、成立的时间、合同内容的解释、合同的履行、违约的责任,以及合同的变更、中止、转让、解除、终止等发生的争端,均应包括在内;也包括对工程师的任何意见、指示、决定、证书或估价方面的任何争端。

二、争端发生后业主和承包商应采取的措施
(一)应将争端提交给工程师

不论争端产生在哪一个阶段,也不论是在否认合同有效或合同在其他情况下终止之前还是之后,此类争端事宜应首先以书面形式提交给工程师,并将副本提交给另一方。这样,能够使工程师尽早了解争端的内容及当事人的看法。

(二)承包商应继续进行施工

除非合同已被否认或被终止,在任何情况下,承包商都应以应有的精心继续进行工程施工,而且承包商和业主应立即执行工程师作出的每一项此类决定。

三、工程师对争端的决定

如果业主与承包商之间产生争端,并且问题得不到澄清以使双方满意,

双方中任何一方可立即将此争端提交工程师,要求其作出决定。由工程师作出决定,可以较快、较经济地解决争端,应当首先采用。工程师则应当在收到有关争端文件后 42 天内将其决定通知业主和承包商。

如果工程师已将其对争端所作的决定通知了业主和承包商,而业主和承包商在收到工程师有关此决定的通知 70 天后(包括 70 天),双方均未发出要将该争端提交仲裁的通知,则该决定将被视为最后决定,并对业主和承包商双方均有约束力。

对于具有法律性质的争端,工程师最好在听取法律咨询后作决定。

四、争端裁决委员会的裁决

如果双方对工程师的决定不满,可以将争端提交争端裁决委员会(Dispute Adjudication Board,DAB)。争端裁决委员会是根据投标函附录中的规定设立的,由 1 人或者 3 人组成(具体由投标函附录中规定)。若争端裁决委员会成员为 3 人,则由合同双方各提名一位成员供对方认可,双方共同确定第三位成员作为主席。如果合同中有争端裁决委员会成员的意向性名单,则必须从该名单中进行选择。合同双方应当共同商定对争端裁决委员会成员的支付条件,并由双方各支付酬金的一半。

争端裁决委员会在收到书面报告后 84 天内对争端作出裁决,并说明理由。如果合同一方对争端裁决委员会的裁决不满,则应当在收到裁决后的 28 天内向合同对方发出表示不满的通知,并说明理由,表明准备提请仲裁。如果争端裁决委员会未在 84 天内对争端作出裁决,则双方中的任何一方均有权在 84 天的期满后的 24 天内向对方发出要求仲裁的通知。如果双方接受争端裁决委员会的裁决,或者没有按照规定发出表示不满的通知,则该裁决将成为最终的决定。

争端裁决委员会的裁决作出后,在未通过友好解决或者仲裁改变该裁决之前,双方应当执行该裁决。

五、争端的友好解决

在合同发生争端时,如果双方能通过协商达成一致,这比通过仲裁、诉讼程序解决争端好得多。这样既能节省时间和费用,也不会伤害双方的感情,使双方的良好合作关系能够得以保持。事实上,在国际工程承包合同中产生的争端大都可以通过友好协商得到解决。因此,如果工程师对争端的决定不被接受,双方应尽量自行友好解决,而不应立即开始对这一争端申请仲裁。在合同一方发出对争端裁决委员会裁决不满的通知后,必须经过 56

天才能申请仲裁。这 56 天的时间是留给争端的友好解决的。

当然,如果没有特别的协议,友好解决并非必须采取的步骤。为了避免解决争端的协商无限期拖延,只要过了一定期限,不论是否做了友好解决的努力,双方均可提出仲裁申请。

六、争端的仲裁

仲裁的规定,其意义不仅在于寻找一条解决争端的途径和方法,更重要的是仲裁条款的出现使当事人双方失去了通过诉讼程序解决合同争端的权利。因为当事人在仲裁与诉讼中只能选择一种解决方法,因此,该规定实际决定了合同当事人只能把提交仲裁作为解决争端的最后办法。

在仲裁制度上,国际上的通行做法都是规定仲裁机构的裁决是终局性的,当事人无权就仲裁机构的裁决向法院起诉。因为国际上的仲裁机构都是民间组织,申请仲裁是当事人基于对仲裁机构的信任及双方的自愿。冲裁机构接受仲裁申请必须经双方当事人的同意(在合同中有仲裁条款或仲裁协议),同时,这种同意也排除了法院对合同争端的管辖权。

仲裁裁决具有法律效力。但仲裁机构无权强制执行,如一方当事人不履行裁决,另一方当事人可向法院申请强制执行。

如果争执双方没有另外的协议,仲裁可以在当事人将此争端提交仲裁的意向通知(也就是表示不满的通知)发出后 56 天后开始。

在工程竣工前后均可诉诸仲裁。但在工程进行过程中,业主、工程师、承包商各自的义务不得以仲裁正在进行为理由而加以改变。

【本章小结】通过本章的学习,读者应当了解 FIDIC 合同文本的构成和具体应用,掌握 FIDIC 合同条件的权利义务条款、FIDIC 合同条件中涉及费用管理的条款、FIDIC 合同条件中涉及进度控制的条款、FIDIC 合同条件中涉及质量控制的条款、FIDIC 合同条件中有关争端处理的规定的内容,能够在实践中加以应用。

本章进一步阅读材料:

1. 国际咨询工程师联合会、中国工程咨询协会编译:《FIDIC 施工合同条件(1999 年第 1 版)》,机械工业出版社,2002 年

2. 张水波、何伯森编著:《FIDIC 新版合同条件导读与解析》,中国建筑工业出版社,2003 年

3. 何伯森主编:《国际工程合同与合同条件》,中国建筑工业出版社,

1999年

4. 田威著:《FIDIC合同条件应用实务》,中国建筑工业出版社,2002年

思考题:

1. 简述FIDIC合同条件的构成。

2. FIDIC合同条件中业主的义务有哪些?

3. 简述FIDIC合同条件中工程计量的程序。

4. FIDIC合同条件中工程变更的估价可以用哪些方式?

5. 简述FIDIC合同条件中有关争端处理的规定。

再版后记

在市场经济条件下,项目管理必须依法进行,因此,从事或者将要从事项目管理的人员有必要了解项目管理相关的法律法规和国际惯例。但是,围绕项目管理写法律法规和国际惯例还仅仅是一种探索。经过与丛书总主编戚安邦教授、南开大学出版社胡晓清编辑讨论,几经修改,确定以项目管理的内容分章论述相关的法律法规和国际惯例。但是,在编写详细大纲的过程中又涉及这样的问题:第一,有的项目管理内容基本没有法律法规和国际惯例,如项目的时间管理,这样的项目管理内容完全由市场中当事人双方通过合同确定,法律法规并不予以干预;第二,有些问题,从项目管理的角度和从法律法规的角度理解有所不同,如从项目管理的角度看,合同法是规范项目采购的法律;但从法律制度的角度看,合同法则是远非采购法律制度所能包含的,规范合同的法律法规和国际惯例也很多,包括我国的合同法、合同示范文本制度、FIDIC 合同条件等,因为从法律的角度看,不但采购行为要接收合同法的规范,其他的项目管理内容也要以合同为依据。因此,最后确定的大纲是以项目管理的内容为主线分章,同时也考虑法律制度在项目管理中的重要性而增减内容。

因此,读者在阅读本书时,应当考虑项目管理的内容,围绕和结合项目管理的内容进行阅读;同时,还应当学习法律法规自有的体系,完整理解和掌握相关法律法规的知识。

本书第一版在 2006 年出版后,受到广大读者的欢迎,也被许多高校列为相关专业的教材或者参考书。但从 2006 年至今,相关的法律法规许多已经作出了修改,也颁布了一些新的相关法律法规,相关的研究也有了进一步的发展。为此,对本书进行了重大修改。在修改过程中,征求了多所大学从事本课程教学的教师的意见。特别是李德华、王伟、梁倩、李晓宁、贾清雅、余利勇、崔翠敏等老师,提出了许多具体的修改意见。对他们的辛苦工作表示感谢!

　　虽然本书的第一作者何红锋老师长期在天津大学和南开大学从事项目管理相关的法律法规和国际惯例的教学与研究，第二作者赵军老师目前在天津理工大学从事项目管理相关的法律法规和国际惯例的教学与研究，但我们仍对本书的体例和内容心怀忐忑。不妥之处，希望能够得到广大读者的批评指正。

　　本书写作的分工如下：第一章、第五章、第六章、第九章、第十章、第十一章由何红锋写作；第二章、第三章、第四章、第七章、第八章由赵军写作。

作　者

2013 年 3 月